사회적 신앙인의 발자취

국립중앙도서관 출판예정도서목록(CIP)

사회적 신앙인의 발자취 = In the footsteps of public faith models / 지은이: 김도일, 민경식, 박종수, 서성환, 송민호, 장동학, 정연수, 조성돈, 조용선, 조은하. -- 서울 : 동연, 2017
 p. ; cm

ISBN 978-89-6447-352-8 03230 : ₩15000

기독교인[基督敎人]
전기(인물)[傳記]

230.9911-KDC6
270.092-DDC23   CIP2017005374

사회적 신앙인의 발자취

2017년 3월 2일 초판 1쇄 인쇄
2017년 3월 9일 초판 1쇄 발행

지 은 이 ㅣ 김도일 민경식 박종수 서성환 송민호
          장동학 정연수 조성돈 조용선 조은하
펴 낸 이 ㅣ 김영호
펴 낸 곳 ㅣ 도서출판 동연
등   록 ㅣ 제1-1383호(1992. 6. 12)
주   소 ㅣ 서울시 마포구 월드컵로 163-3
전   화 ㅣ (02)335-2630
전   송 ㅣ (02)335-2640
이 메 일 ㅣ yh4321@gmail.com

Copyright ⓒ 한국기독교교육학회, 2017

이 책은 저작권법에 따라 보호받는 저작물이므로
무단 전재와 복제를 금합니다.
잘못된 책은 바꾸어드립니다.
책값은 뒤표지에 있습니다.

ISBN 978-89-6447-352-8 03230

이기풍 여메례 류영모 유일한 함석헌 손양원 한경직 이호운 김계용 김찬국의 삶과 사상

사회적 신앙인의 발자취

김도일 민경식 박종수 서성환 송민호
장동학 정연수 조성돈 조용선 조은하 지음

동연

추 천 사

／한국에 수용된 지 130여 년이 넘는 기독교는 한국 사회의 근대화에 기여하면서 선한 영향력을 끼치면서 그동안 많은 인물들을 배출했습니다. 그러나 최근에는 한국 사회가 기독교회를 걱정해줄 정도로 연민의 대상이 되었습니다. 이 책의 저자들은 한국의 기독교회가 왜 그렇게 되었는가를 고민하면서, '개인구원과 축복'에만 머문 '반쪽짜리 신앙'을 극복하는 것이 우선 과제라는 데에 뜻을 같이했습니다. 그래서 여러 중진 기독교 학자들이 신앙적 사표(師表)가 되는 몇 분의 간단한 전기를 펴내 한국교회와 사회의 요청에 부응하고자 하였습니다. 이 책에 선정된 이들은 성실한 목회자, 위대한 순교자, 기독교 사상가, 양심적 기업인, 여성운동가 그리고 민주화 운동가 등 다양한 분야에서 기독교적 신앙과 행동으로 한국 사회를 깨우치고 전범(典範)이 되어 온 분들입니다.

교회와 기독교교육을 걱정하는 이들이 읽는다면 스스로를 새롭게 하는 데에 큰 도움이 될 것입니다. 특히 이 책이 종교개혁 500주년을 맞는 한국 교회에 새로운 전기를 맞는 계기가 되기를 기원하면서 추천합니다.

| 이만열 | 숙명여자대학교 명예교수, 전 국사편찬위원회 위원장

／ 우리 민족의 지도자로 활동하였던 신앙인들을 찾아보는 일은 매우 귀한 일입니다. 그분들의 신앙과 사상뿐만 아니라 몸으로 실천한 삶은 오늘의 시대를 살아가는 그리스도인들에게 자신을 살피고 나아가야 할 인생의 방향을 제시합니다. 한국교회 그리스도인들은 오랫동안 듣는 일에는 익숙해 있지만 보고 따라가는 일에는 소홀한 바가 있습니다. 그렇기 때문에 성경에서 예수님의 말씀을 읽고 배우고 암기하고 필사도 하지만 예수님 자신을 주목하고 그분이 역사 속에서 살아가신 모습은 간과하고 있습니다. 삶을 놓치고 교훈에만 주목하는 신앙은 세상을 변화시키는 힘을 나타낼 수 없습니다.

신앙에 기초가 되는 성경은 개인이나 영혼의 문제에만 관계하지 않습니다. 성경은 전 세계와 관계하고 통치하는 하나님을 증거합니다. 성경은 하나님의 존재나 활동을 예전적 범주에만 제한하지 않습니다. 모든 인간이 살아가는 삶의 영역들, 일상의 모든 순간과 현장이 하나님과의 관계에서 진행되고 있음을 증언합니다. 그리스도인이 된다는 것은 세상에 존재하는 모든 것들을 사랑하고 관계하고 회복하기를 원하시는 하나님을 믿는 것이며 동시에 그 뜻을 실천하는 사람이 된다는 것입니다.

짧은 한국기독교 역사에 발자취를 남긴 신앙의 스승들을 굳이 '사회적 신앙인'이라 이름을 붙인 것은 한국교회가 소홀히 하고 있는 사회적 차원을 회복하려는 목적이 있기 때문입니다. 신앙을 개인적 차원, 영적 차원, 내세적 차원에 국한시키고 이 세상과는 무관한 초월적 종교로 전락시킨 잘못을 바로잡으려는 의지가 돋보이는 책입니다. 우리는 단지 귀로 들을 뿐 아니라 그분들이 살아가신 모습을 보고 본받아야 합니다. 그런 점에서 본서에서 소개한 신앙의 위인들은 다양한 영역에서 활동하고 살아가신 분들이지만 공통적으로 하나님을 사랑하고, 나라를 사랑하고, 이웃을 사랑하는 삶을 위해 누구보다 앞서서 노력하신 분들입니다. 본서의 위대한 스승의 발자취를 통해 방향을 잃고 혼돈에 처한 오늘의 시대에 한국교회와 사회가 걸어가야 할 분명한 길을 발견할 수 있기를 바랍니다.

| 한국일 | 장로회신학대학교 선교학 교수

／ 2017년은 종교개혁 500주년이 되는 해입니다. 15세기에서 16세기, 전 유럽을 풍미하였던 르네상스(Renaissance) 운동이 중세를 지양해 그리스-로마 고전고대의 '재생'(rebirth)을 기치로 삼은 반면, 알프스 이북 독일 지역에서 발생한 종교개혁(Reformation)은 중세를 넘어 근세를 지향한 '개혁'을 모토로 하였습니다. 르네상스인들이 인문주의(Humanismus)를 통해 시도한 중세의 해체, 새로운 세계의 구성은 복음의 재발견에 근거한 새로운 신학적 사고가 삶의 모든 영역에 작용함으로 종교개혁에서 비로소 구현되었습니다.

130여 년 한국개신교 역사는 종교개혁 500년, 초대교회까지 소급해 2,000년 기독교 역사에 비추어보면 그렇게 긴 역사라고 할 수는 없습니다. 하지만 한국교회는 길지 않은 역사 가운데에도 복음(福音)을 받아들여 개인은 물론 민족의 삶을 변화시키고자 한 적지 않은 신앙인들을 낳았습니다. 이기풍, 여메레, 류영모, 유일한, 함석헌, 손양원, 한경직, 이호운, 김계용, 김찬국. 이분들은 복음의 능력을 삶의 모든 영역, 개인과 사회, 민족과 역사의 현장에서 증거한 종교개혁자의 후예들이었습니다. 우리 민족의 근-현대 고난의 시기에 복음을 삶의 자리에서 살아낸 이분들의 족적을 통해 오늘 오히려 개혁의 대상이 된 우리를 새롭게 할 수 있는 귀감(Paragon)을 예비하신 하나님의 손길이 놀랍습니다. 이 책은 우리 안의 종교개혁을 이미 살았던 분들의 이야기입니다. 밖에서가 아닌 우리 안의 믿음의 선배들의 삶에서 오늘의 문제의 해답을 찾고자 시도한 책임 집필자 김도일 교수님의 혜안과 성찰, 집필자들의 동역이 고마울 따름입니다.

한국교회의 개혁과 회복, 새 출발을 다짐하는 분들께 이 책을 권합니다.

| 임재훈 | 독일 칼스루에벧엘교회 담임목사, 유럽기독교미술연구원장

／ 하나님을 믿는 신앙으로 사람들을 사랑하고 민족과 조국을 위해 헌신한 분들의 이야기에 가슴이 뭉클해집니다. 저와 같은 시대에 공부하고 가르친 분의 이야기도 읽으며 사람은 떠나도 역사는 남는다는 것을 새삼 느끼며 역사 앞에 더욱 큰 책임을 느낍니다. 선배 신앙인들의 발자취 속에서 미래를 향한 푯대를 찾고자 하는 저자들의 수고와 열정에 고마움을 표합니다. 무지하고 어둡던 시대에 하나님의 종으로 택함을 받았던 선배들의 이야기가 잠자던 내 마음을 깨우쳐주었습니다. 이 책이 내일을 고민하며 기도하는 이들에게 새로운 이정표를 제시해 주리라 확신합니다.『사회적 신앙인의 발자취』를 읽고 많은 후배들이 일어나 이 땅에 새로운 역사를 일으킬 것을 믿으며, 많은 사람들이 이 책을 읽기를 간절히 바라며 진심으로 추천합니다.

| **주선애** | 장로회신학대학교 명예교수

／ 그이들 삶으로 펼쳐낸 예수 믿음이 결 곱고 올곧습니다.
그이들 마음 닿은 곳마다 예수 사랑이 아름답고 아름답습니다.
골방에도 사랑방에도, 강단에도 교단에도, 공장에도 광장에도,
그이들 발길 머문 곳마다 예수 숨결이 가슴 뜨겁고 가슴 벅찹니다.
그이들 믿음과 사랑과 숨결을 찰진 마음씨와 글솜씨로 엮어내신 목사님들 교수님들 고맙습니다.
그이들 못 다한 이야기들은 우리네 '사회적 신앙'으로 억세게 이어가야 하나 봅니다.

| **주현신** | 과천교회 담임목사

／ 참 좋은 책이 기획 출간되었다.

좋은 책이란, 우선 시의적절해야 한다. 그리고 한 번만 읽는 책이 아니라, 여러 번 읽어 뜻을 깊이 새겨야 할 책이다. 그리고 되도록이면 널리 많은 이들이 읽도록 해야 할 책이다. 그리고 무엇보다 책 안에 힘이 있어, 세상과 미래를 바꾸어 나가는데 길이 보이는 책이어야 한다. 그런데 출간 직전의 편집 상태에서 필자가 마주한 이 책이야말로 앞의 요건을 두루 갖춘 책으로 여겨진다. 서슴없이 힘주어 권하고, 함께 나누고 싶은 좋은 책이다.

한국 사회와 교회는 위기에 봉착한 것이 사실이다. 한두 사람의 기우(杞憂)가 아니라, 대다수 우리가 느끼고 말하는 현재에 대한 진단이 바로 위기라는 것이다. 사회도 교회도 신뢰가 무너졌고 희망이 사라졌다. 현상을 근근이 유지하고자 하는 안간힘이 있을 뿐이다. 위기에 대한 평가도 여럿 등장하고, 비판과 절망, 심지어 종언(終焉)을 고하는 의견도 있으며, 그것을 또한 부정하여 말리기도 쉽지 않은 것이 사실이다. 그러나 성실한 그리스도의 제자들은 극도의 절망 중에서도 겨자 씨앗 같은 희망을 놓지 않는다. 희망을 잃지 않는 소수가 있는 것만으로도 위기는 극복될 수 있다고 믿는다.

필자는 국내외의 교회사와 종교사 영역에서 줄곧 역사를 공부해왔다. 역사를 무엇이라고 여기고 평생을 거기에 매달려왔을까. 낡아 부스러지는 사료 한 장, 먼지가 뽀얗게 앉은, 오랫동안 잊혀진 세월을 털어 내어 숨어있던 기록 한 점을 목숨처럼 소중히 여기며 좇기도 했다. 때로는 무슨 의미가 있다고, 이렇듯 고리타분한 일을 쉬지 않고 계속해야 하는가, 지 간 과거 역사의 면면들이 도대체 나에게, 우리에게 무슨 의의가 있을까에 회의한 적도 적지 않다. 에잇, 이쯤에서 그만두자, 흥미에 기대에 하는 역사 공부는 이제 그만두자, 이 세상에 새롭고 싱싱하며, 가슴 뛰는 일들이 얼마나 많은가, 나처럼, 우리처럼 '세련된' 사람들은 이제 역사학의 험준한 너울에서 벗어나서, 차라리 현재와 미래에 주목하자며 몇 번을 돌아서기도 하였다.

그러나 그것은 잘못이었다. 역사는 곧바로 미래이다. 미래를 위한 가장 충분한 준비는 역사를 정리해 내는 것이다. 결국 역사학은 미래학이다. 현재와 미래의 거울로서 존재하지 못할 역사는 없다. 그것이 결과적으로 역사에서 손을 놓지 못하는 필자의 개인적 이유인 동시에, 역사가 지닌 기본적 의의이다.

위기를 말하는 사람들이 가장 긍정적인 선택을 할 때, 우선은 역사를 돌아보아야 한다. 그리고 거기서 밝혀지고 제시되는 해답을, 교육이라는 방법을 통해 꾸준히 퍼트려야 한다. 즉 역사는 소프트웨어이고, 교육은 하드웨어이다. 역사는 처방의 내용이고, 교육은 그 방법이다.

한국기독교의 역사 속에는 지금보다 작고, 미미한 교회가 있었다. 그러나 신앙과 실천, 기독교 핵심을 가로질러 살아온 신앙의 거인들이 다수 존재했다. 그들 신앙 선배들의 자취는 그대로 이 시대 한국교회의 위기를 치료할 가장 적절한 처방전이라고 여긴다.

대부분 기독교 교육학자들인 이 책의 집필자들은 오늘날의 위기 극복과 대안 제시의 처방, 그 정곡으로 바로 들어갔다. 누가 보아도 한국기독교 역사 속에서 선견적, 선취적 생애를 살아간 대표적인 큰 선배들을 택하고, 그들의 자취를 한국교회, 한국 사회에 다시 심어 새로운 시대의 거름으로 삼고자 하였다.

한국교회 선교의 초석을 놓은 초대목사 이기풍(서성환 집필), 불모지와 같은 한국 근대여성사의 단비와 같은 여메례(조은하 집필), 한국적 기독교 사상의 실천가 류영모(장동학 집필), 한국크리스천 기업가의 선구적 모델 유일한(박종수 집필), 씨알사상, 행동하는 신앙 양심 함석헌(조성돈 집필), 신앙의 기개, 사랑 실천의 거목 손양원(김도일 집필), 청빈과 온유의 목회자 한경직(조용선 집필), 역사가요, 예언자 이호운(정연수 집필), 출중한 선교사요, 목회자 김계용(송민호 집필), 시대의 고난을 함께한 신학자 김찬국(민경식 집필) 등등, 한국기독교 역사의 교과서이다.

문체는 평이하지만, 자료와 고증, 해석은 치밀하다. 그리고 교육학자들의 집필답게 의의 전달의 핵심이 뚜렷하다. 그리고 무엇보다 이 시대를 고뇌하는 학자들의 냉철한 목표의식과 함께, 온기 가득한 가슴으로 역사의 인물을 마주하는 존경의 정서가 농후하다.

특히 이 책의 기획자와 집필자들은 책의 제목에서 보듯이 '사회적 신앙인'이라는 테마에 주목하였다. 자칫 신앙은 교회 안의 것으로, 혹은 개인의 내면에 국한되는 것으로 오해하는 경향이 있다. 그러나 역사를 통해 배우는 참 그리스도교의 신앙은 사회적 지평 위에서 구현되지 않으면 안 된다. 그것을 판별하여, '사회복음' 등의 편향적 관점에서 특정할 필요도 없다. 예수 그리스도의 사상, 가르침 그것을 있는 그대로 따르고 실천하는 신앙은 역사의 국면, 국면에서 발로되는 행동과 결단이 될 수밖에 없다. 이 책에서 조망하는 신앙 선배들의 삶이 바로 그렇기 때문에 '사회적 신앙인'의 표본으로 모아질 수 있었을 것이다. 사실 필자는 이 책의 기획에 처음부터 참여한 것은 아니기 때문에 기획자와 집필자들이 '사회적 신앙인'의 주제를 먼저 정하고, 역사적 인물의 선정에 나선 것인지, 반대로 이들 인물들을 먼저 정하고 책으로 묶을 때에야 '사회적 신앙인'의 주제적 공통점을 발견한 것인지의 선후관계는 알 수 없다. 그러나 결과적으로 그것은 별로 의미가 없을 정도로 호환되고 관통하는 구조인 것이 더욱 중요하다고 하겠다.

책임 집필자 김도일 교수를 비롯한 열 분의 집필자들의 노고를 크게 치하한다. 사실 이러한 주제와 콘텐츠를 생산해야 할 책임이 역사가들의 몫일 수 있으나, 대부분의 교육학자들인 집필자들은 현장의 필요에 더욱 성실한 자세로, 지난(至難)한 작업에 임하였다. 한국 기독교사를 한 부분의 전문영역으로 하는 추천자로서 부끄러움과 더불어 큰 감사와 경의를 표하며, 널리 이 책을 추천하는 바이다. 이 또한 하나님이 기뻐 받으시는 영광이기를 빈다.

| **서정민** | 일본 메이지가쿠인대학明治学院大学 교수, 동 대학 그리스도교연구소 소장

머리말

    종교개혁은 1517년 10월 31일 마르틴 루터(Martin Luther, 1483-1546)가 〈면죄부(免罪符)에 관한 95개조 논제〉의 항의문을 자신이 교수로 재직하고 있던 비텐베르크 대학의 성(城) 교회 정문에 게시한 사건이 발단이 되었다고 알려져 옵니다. "오직 의인은 믿음으로 말미암아 살리라"는 성경 말씀에 근거하여 오직 말씀대로 살기를 간절히 소망했던 마틴 루터는 당시 거의 절대 권력이었던 가톨릭교회라는 권력에 정면으로 도전한 것입니다. 이제 세월이 흘러 어느덧 종교개혁 500주년을 맞는 2017년이 되었습니다. 종교개혁은 한번으로 완성될 수 없고 우리의 삶 가운데서 늘 일어나야 합니다. 왜냐하면 모든 인간은 늘 개혁하지(Reforming) 않으면 또다시 타락하기 때문입니다. 여기 우리의 신앙 선배가 남긴 신앙생활의 발자취를 살피는 책을 세상에 내어놓습니다.

    비록 130여 년의 짧은 역사를 가진 한국의 기독교이지만 우리는 실로 자랑스러운 믿음의 선배들을 많이 보유하고 있습니다. 무엇보다 이들은 예수 그리스도를 믿는다는 것이 개인의 구원과 축복에만 머무르는 반쪽짜리 신앙에 머무르지 않았다는 것입니다. 혼자 잘 믿고 천국 가는 것을 결코 그들 신앙생활의 목적으로 삼지 않았다는 것입니다. 주를 믿는다는 의미는 신앙을 통전적인 선물로 받아들인다는 의미를 내포합니다. 이 말은 신앙이 결코 개인적인 영역에만 머무는 것이 아니라 사회적이고 공적인 영역도 포함한다는 의미가 됩니다. 사실 신앙이 개인적이며 동시에 사회적이라는 말은 너무도 당연한데 후자를 등한시하는 이유는 책임과 헌신이 따르기 때문입니다. 그리고 실제 오늘의 한국교회는 신앙의 개인적이고 기복적인 면만을 지나치게 강조하는 경향을 띠고 있다고 봅니다. 그러다 보니 1970-80년대를 거쳐 오면서 개인 구원과 전도, 그리고 교회 성장만을 지나치게 강조했던 적도 있었음을 참회하는 심정으로 고백할 수밖에 없습니다. 20세기 초, 일제에 나라를 잃고 고난의 강을 통과할 때만 해도 기독교는 개인 구원과 나라 사랑의 양면을 다 가지고 있었고 이는 기독교의 개인적이고 사회적인 면을 동시에 품었음을 증명해 줍니다. 심지어 예수를 믿지 않는 이들도 기독교가 사회와 나라를 위하여 공헌한 사실을 인정합니다. 그러한 인식이 교회를 신뢰하게 만들었고 교회는 그 신뢰를 바탕으로 엄청난 수적 부흥을 한 것도 부인할 수 없는 사실입니다. 그러나 오늘날 많은 교회가 사회적으로 신뢰 받지 못하고 있습니다. 기독교를 노골적으로 싫어하고 비판하며 과연 교회가 사회를 위하여 한 것이 무엇이냐고 외치는 이들이 많아진 것도 사실입니다.

물론 모든 교회가 다 개인적인 신앙만을 가르치거나 모든 신자가 다 개인적인 신앙에만 머무르는 것은 아닙니다. 꾸준히 개인적이며 사회적인 신앙의 통전성을 잘 가르치고 강조하면서 균형 잡힌 신앙인을 양육하며 삶 속에서 예수를 드러내는 것이 중요하다고 강조하는 교회도 적지 않습니다. 그러나 어느덧 한국교회는 개혁의 주체이기보다는 개혁의 대상이 되어야 하는 기관이 되었고 근본부터 바로 잡아야하는 곳이 되었습니다. 이제라도 신앙의 본질인 개인적이며 사회적인 양면을 붙잡아야 합니다. 본서에서 다루는 우리 교회사의 인물들은 사회적인 신앙의 진면목을 잘 보여준 이들입니다. 더욱이 본서에 등장하는 신앙의 선배들은 신앙의 양면을 잘 붙잡은 건강한 신앙인들입니다. 그들의 발자취를 살펴보고 따라가는 오늘의 신앙인들이 되기를 소망하는 마음으로 본서를 세상에 내어놓습니다.

『사회적 신앙인의 발자취』는 제목에 드러나는 것처럼 기독신앙이 개인적 신앙에 머무는 것이 아니라 사회와 민족을 위한 공적 신앙이라는 함의가 담겨 있으며, 2014년에 출간된 『참스승』의 후속편으로 발간되는 것입니다.

본서가 쓰이기까지 서성환, 조은하, 장동학, 박종수, 조성돈, 김도일, 조용선, 정연수, 송민호, 민경식(게재 순서) 열 명의 저자는 집필에 최선을 다하였으며 목회자와 교수가 협동하여 만든 책이기에 더 큰 의미가 있다고 봅니다. 경험해 본 사람은 알겠지만 책은 여러 사람이 쓸 때 만남과 교제의 기쁨이 넘칩니다. 물론 다양한 의견을 조율하고 글의 모양새를 맞춰나가는 것이 결코 쉬운 일은 아닙니다. 그래도 하기를 잘했다는 생각이 듭니다. 본서를 위하여 도서출판 동연의 김영호 사장은 넉넉한 인품과 역사적 안목을 가지고 도와주었습니다. 책임 집필자를 신뢰하여 시작된 이 작업은 책이 만들어지기까지 그 신뢰와 사랑이 끊어지지 않고 있습니다. 동연의 모든 직원들의 노력에 진심으로 감사드립니다. 모쪼록 『사회적 신앙인의 발자취』가 빛을 잃어가고 사회적 신뢰를 상실해가는 한국교회에 새로운 기운을 불어 넣어주고 하루하루 하나님의 말씀 위에 서서 최선을 다해 개혁하는 삶을 추구하려는 모든 크리스천들에게 다소나마 활력소가 되기를 간절히 소망합니다.

2017년 2월 14일

책임 집필자 김 도 일

차 례

추천사 • 5
머리말 • 12

거친 파도를 타고 복음의 대양(大洋)으로 나아간 이기풍 _ 서성환 • 19
여성을 세웠던 여성, 여메레 _ 조은하 • 51
지도자들의 스승, 다석 류영모 _ 장동학 • 81
유일한, 한 줄기 향기가 되다! _ 박종수 • 109
겨레의 선생, 함석헌 _ 조성돈 • 131
죽었으나 살아서 말하는 이, 손양원 _ 김도일 • 169
삶을 나누고, 모범을 보이는 교육자, 한경직 _ 조용선 • 193
이호운, 하늘 쟁기로 땅을 가꾼 사람 _ 정연수 • 215
김계용, 우리가 찾는 진실한 목회자의 모형 _ 송민호 • 231
김찬국, 시대의 예언자 _ 민경식 • 259

저자 소개 • 285

일러두기

_ 본문에 나오는 성경 말씀은 개역개정판을 사용하였습니다.
_ 인물들의 게재 순서는 출생 순서를 따랐습니다.
_ 함석헌기념사업회(함석헌, 류영모), 여인갑 장로님(여메례), 이원규 교수님(이호운), ㈜유한양행(유일한), 김은규 교수님(김찬국) 등 사진 자료를 제공해 주신 분들께 감사드립니다.

이기풍
1868–1942

사 회 적 신 앙 인 의 발 자 취

" 망국과 일제강점기의 격동과 고난의 시대에 이기풍은
어둠과 죽음이 깔려있는 가장 고통스럽고 어려운 지역, 제주와 전라남도
여러 지역을 찾아가 그들을 오직 복음으로 보듬었다.
그는 그런 시대, 그런 지역에서 목회하였기에 순교라는
절대 순종으로 그 거친 시대의 격랑을 헤치고
고통받는 사람과 시대를 짊어지고 앞서가는 예수를 따라
복음의 대양으로 나아갔다. "

거친 파도를 타고
복음의 대양(大洋)으로 나아간 이기풍

서성환

우학리 가는 뱃전에서

청명한 여름날이었다. 해풍이 싱그러웠다. 배를 타고 여행하기에 딱 좋은 날씨였다. 여수 돌산 신기항에서 연안 여객선을 타고 이기풍 목사의 마지막 선교지 여수시 남면 금오도 우학리로 향했다. 뱃길은 순탄했다. 금오도는 남해의 절경을 그대로 품고 해상국립공원으로 지정된 참으로 아름다운 곳이다. 이기풍은 1938년, 70세 정년 은퇴를 하고 우학리로 갔다. 지금이야 편안한 연안 여객선을 타고 드나들 수 있는 곳이지만 당시에는 그렇지 못했다. 여수에서 기껏해야 작은 통통선을 타고 갔거나 그도 아니면 작은 목선을 타고 위태위태하게 갔을 것이다. 드나드는 일 자체가 쉽지 않은 낙도요, 오지였다. 뱃전에서 '이기풍은 은퇴한 후 편안한 노년을 보내지 않고 말년에 왜 식솔들을 이끌고 이 후미진 낙도로 향했을까?' 하는 생각이 떠나지 않고 계속 맴돌았다.

생각해보니 이기풍의 목사로서의 삶은 뱃길에서 시작해서 뱃길에서 끝나는 것이었다. 나이 40세에 목사 안수를 받고 난 후 첫 부임지가 제주 였다. 제주 뱃길에서 시작한 것이다. 목포에서 배를 타고 제주로 가던 중 파선하여 죽을 고비를 넘기기도 하였다. 그리고 나이 70세 마지막 목회지가 금오도 우학리였다. 일제의 모진 고문에 병보석으로 풀려 배로 실려 와 우학리에서 삶을 마쳤다. 그 사역의 마침에 우학리 뱃길이 있다. 섬에서 시작하여 섬에서 마친 셈이다.

| 우학리교회 이기풍 순교기념관

그는 1868년 11월 21일에 태어났다. 그의 출생연대에 대하여 1865년과 1868년 두 가지 설이 있다. 이기풍의 삶의 궤적(1928년 회갑, 1938년 정년은퇴 등)에 더 부합된다 생각하여 1868년 설을 취한다. 평양에서 태어난 이기풍은 섬이나 뱃길과 별 연관이 없는 사람이었다. 평양 대동문 밖 농사꾼의 아들로 태어났으니 섬에 갈 일도 배를 탈 일도 없었을 것이다. 더욱이 첫 번째 뱃길에서 난파를 당하였으니 뱃길 트라우마라 할까, 이기풍에게 뱃길은 언제나 두렵고 싫었을 것이다. 그럼에도 이기풍은 뱃길에서 시작하여 뱃길에서 마감하였다. 이기풍에게 이 뱃길은 무엇이었으며, 어떻게 이 뱃길을 견뎌냈으며, 이 뱃길을 통해서 나아가려고 했던 곳은 어디였을까?

격동의 시대, 고난의 시대를 복음으로 가로질러

어느 누구도 시대에 완전히 자유로운 사람은 없다. 그 시대의 영향을 받을 수밖에 없고, 시대와 함께 살아가면서 시대에 영향을 주기도 하고 시대에 매몰되기도 한다. 이기풍도 시대의 아들이었다. 이기풍의 삶도 이런 역사적인 맥락에서 살펴보아야 제 모습을 바로 볼 수 있다. 이기풍이 살았던 1868년에서 1942년까지의 세월은 격동의 시대였다. 500여 년 지속되어온 조선왕조가 무너지고, 잔악한 제국주의 일본의 침략, 강점, 수탈이 정점에 이른 고난의 시대였다. 그 격동의 시대가 이기풍의 삶의 자리였고, 무대였다. 1863년 집권한 흥선대원군의 치하에서 벌어진 제너럴셔먼호사건(1866), 병인양요(1866), 신미양요(1871)는 쇄국정책을 더욱 강화하는 계기가 되었다. 그러나 명치유신으로 힘을 얻은 일본에서 정한론(征韓論)이 대두되었고 운요호 사건을 빌미로 치욕적인 불평등 조약인 병자수호조약(1876년)이 체결되었다. 이를 계기로 일본을 비롯한 열강의 침탈이 거세게 시작되었다. 명성황후 민씨 정권 하에서 수구파와 개화파 사이의 권력다툼의 와중에서 일어난 임오군란(1882년)과 갑신정변(1884년)은 더욱 국운을 기울게 하였으며 열강의 외세 개입을 불러와 급기야 동학혁명(1894년)과 청일전쟁(1894~5년)으로 치달았다.

이기풍이 유년과 청년의 때를 보내는 시기는 격동의 시대가 막을 올리고 있는 때였고 그 시대적인 고통이 심화되고 있는 때였다. 명석한 두뇌를 가진 어린 이기풍은 6세 때 사서삼경을 줄줄 외우고, 백일장에 나가 붓글씨 장원을 하는 재원으로 자라났다. 하지만 시대적인 상황으로 인해 그의 꿈과 포부를 펼칠 수 없어 평양의 불량배와 어울려 조직적인 폭력을 자행하기도 하였다. 이기풍이 청년시절에 외국 선교사에 대해 지극히 적대적인 행위를 서슴지 않았던 것은 단순히 청년의 혈기만이 아니라 시대적 상황과 절망이라는 맥락에서 생각해 볼 수 있다. 당시 한학을 공부한 폐쇄적인 지식인들이 그랬듯이 젊은 이기풍도 한학공부를 통해 척사위정(斥邪衛正) 사상에 동조하여 배외적인 쇄국주의 운동에 동조했던 바, 넓게는 기독교를 서양 오랑캐(洋夷)의 종교로 보고 그것을 배척했고, 좁게는 서양 선교사에게 박해를 가한 것으로 이해할 수 있다. 열강들의 외세 침탈을 목도하면서, 속수무책 휘둘리는 국권을 보면서 청인, 왜인, 양인 가릴 것 없이 외세에 대해 배타적이고 적대적이 되는 것은 어쩌면 자연스러운 일이라 할 수 있다. 청일전쟁의 격렬한 전쟁터가 이기풍이 살던 평양이었다. 청일전쟁 당시 26~7세의 청년 이기풍은 전쟁의 참화에 대한 두려움과 외세들의 전쟁터로 전락한 강토를 보며 울분을 삭일 수가 없었을 것이다. 외세에 대해서는 한없이 무력하나 자국 백성에 대해서는 부당한 권력을 마구 휘두르던 권력자들에 대한 항거는 그 울분의 폭발이라고 할 수 있다. 이는 탐관오리의 학정과 무능한 국정에 반기를 들고 일어난 홍경래의 난에 분연히 참여한 그의 할아버지의 의기가 이어진 모습이라고도 하겠다.

　이런 격동의 시기에 예수 그리스도의 복음이 이 땅에 전해지기 시작했다. 하나님의 섭리였다. 1885년 4월 5일 부활절에 제물포항으로 한국에 들어온 선교사 언더우드와 아펜셀러를 통해서 하나님은 이 땅에 복음의 문을 활짝 여셨다. 한국교회사가 민경배 교수는 복음이 본격적으로 전해지기 시작한 1885년부터 이기풍이 순교하는 1942년까지의 한국교회를 신앙고백적인 면에서 다섯 시기로 구분하였다. 이기풍의 삶은 이 다섯 시기와 맞물려 있다.

제1시기는 한국이 개신교를 처음 접촉했을 때부터 명성황후 시해 사건이 일어난 1895년까지다. 강력한 서양문명의 후광을 업고 동서 간 문명의 낙차 에너지를 선교의 동력으로 삼았던 시기이다. 이기풍은 아직 신앙을 가지지 않았던 시기로 격동하는 시대의 절망 속에서 불의와 외세에 항거하는 열혈 청년의 때를 살았다. 거리의 불량배들과 어울리기도 하고, 말단 포졸로 삶의 목표와 방향 없이 살아가던 시기였다. 불의한 탐관오리 평양 좌수를 거리에서 폭행한 일과 노방 전도하던 마포삼열(Samuel A. Moffett) 선교사에게 돌팔매질하고 장대현 교회건축을 방해한 일화는 그런 단면을 보여준다.

제2시기는 일본의 명성황후 시해사건(1895년) 이후 1907년 평양대부흥운동 직전까지 시기이다. 한국 민중이 자각하는 시기였고 민족의식이 강력하게 형성되어 각지에서 일제에 대한 의병활동이 활발하게 일어나는 시기이다. 초기 선교사들이 고종을 호위하는 중에 기독교가 우리 편이라는 인식이 심어졌고, 이런 흐름에서 조선은 한 겨레이고, 악한 일제를 심판하시는 정의롭고 전능하신 하나님에 대한 신앙고백으로 성장해 가는 시기였다. 이 시기에 청일전쟁(1894-1895년)을 피해 원산에 가 있던 이기풍이 회심한다. 이기풍의 회심은 사도 바울의 회심과 같은 극적인 것이었다. 원산에서 소안련(Willam L.Swallen) 선교사가 노방전도를 하는 모습에서 과거 자신이 돌팔매질을 했던 마포삼열 선교사를 떠올리며 부끄러움을 느끼고 있었다. 그러던 중, 장터에서 한 조선인으로부터 예수 믿으라는 전도를 받고 뒤척이다가, 환상 속에서 "기풍아, 기풍아,

왜 나를 핍박하느냐? 너는 나의 증인이 될 사람이다"라는 예수님의 음성을 듣고 통회 자복하였고, 그 길로 소안련 선교사에게 가서 예수님을 구주로 영접하였다.

시대의 절망 속에서 기독교를 양이(洋夷)로 보고 외세에 반항하여 선교사와 교회를 핍박하던 이기풍이 성령의 강권하시는 역사 속에서 회개하고 기독교로 개종하고 선교사와 화해를 이루고 그들과 함께 일하게 되었다. 회심 후 1896년 봄에 세례를 받고 소안련 선교사의 조사로서 함경도와 황해도에서 복음사역을 하였다. 황해도에서 조사로 일할 때, 후에 대한민국 임시정부의 주석이 된 김구 선생과 만남과 교유는 이런 시대적인 흐름에서 이해할 수 있다. 이후 1901년 평양 장대현교회에서 장로로 임직 받고, 목사후보자로 신학수학(1903-1907년)을 받게 되었다. 신학수학을 하는 중, 1903년 이기풍은 평생 사역의 반려인 윤함애와 결혼한다. 이기풍은 첫 부인이 아들을 낳고 사별한 후, 마포삼열 선교사의 중매로 게일 선교사의 양딸이었던 당시 25세의 윤함애와 결혼한다. 윤함애는 "윤함애가 없었으면 이기풍도 없었을 것"이라는 말을 들을 정도로 복음에 충성을 다한 이기풍의 동역자였다. 노일전쟁(1904년)에 승리한 일제가 강압하여 1905년 체결된 을사늑약은 반일(反日) 민족의식을 교회 내에 더 깊게 뿌리내리게 하였다. 이기풍의 내면에도 이런 민족의식이 깊게 자리하게 되는 시기였다.

제3시기는 1907년 평양대부흥운동에서 삼일운동까지 시기이다. 기독교 신앙의 핵심이 드러나는 시기로 종교적인 동기가 구조적으로 작용하는 신앙과 교회로 세워지는 시기였다. 1910년 경술국치를 당하여 국권을 완전히 잃었고, 일제의 무단통치가 10년간 진행되었고, 유럽에서는 세계 제1차 대전(1914년 7월 14일 ~ 1918년 11월 11일)이 진행되었다. 격동과 절망과 혼돈 속에서 한국교회가 신앙의 틀을 잡아가고, 공교회로서 조직되어가던 시기였다. 1907년 대한예수교장로회 독노회가 조직되었고, 1912년 대한예수교장로회 총회가 조직되었다. 이기풍은 1907년 평양신학교를 졸업하고 첫 독노회에서 한국 최초로 안수 받은 일곱 목사 중의 한 사람으로 세워져, 나이 사십에 한국교회 최초 선교사로 제주도에서 선교사역을 시작하였다. 이기풍은 제1차 제주선교사역을 1908년부터 1915년까지 감당하였고, 성음부족증이라는 병으로 제주선교를 중단하고 전남 광주에서 휴양 치유 받은 후 1916년 전남 광주 북문안 교회에서 시무하다가 1918년 다시 발병하여 약 1년간 휴양하였다. 1919년에 일어난 삼일운동에는 참여할 수가 없었다. 교회사가 이만열 교수는 이를 하나님의 놀라우신 경륜으로 보았다. 삼일운동 당시 많은 목사들과 성도들이 살해, 투옥당했음을 고려할 때 ⋯ 하나님께서 그런 병을 '그 시기'에 허락하신 것으로 보았다. 1919년 가을부터 병이 완치되어 순천교회에서 목회를 하였다.

   제4시기는 1920년에서 1930년대의 시기로서 일제의 수탈이 심화되면서 사회과학적인 사조의 도전 앞에서 교회가 사회계몽 운동이나 내세적 신앙 운동으로 나아가던 시기라 하겠다. 삼일운동 후 일제의 소위 문화통치하에서 지속적으로 친일파를 양산하고 수탈이 심화되는 중에 공산주의 운동의 확산과 이에 대응하는 신앙인들의 사회 계몽운동이 맞물리고, 길선주의 말세론적 신앙운동과 이용도의 신비주의적 신앙 운동이 혼재하던 시기라 할 수 있다. 이기풍이 순천교회에서(1919-1923년), 고흥교회(1924-1926)에서 목회하였고, 제주성내교회를 중심으로 제2차 제주선교(1927-1931)에 임하였던 때였다. 다시 지병과 여러 사정으로 제주 선교를 지속할 수 없었던 아픔을 감내해야 했던 시기였고, 전남 벌교교회(1931-1938)에서 정년은퇴를 할 때까지 목회하던 시기였다. 이 기간에 이기풍은 제10회 총회장(1921년)을 역임했고, 전남노회장(1920,1929년), 제주노회장(1931년), 순천노회장(1933년)을 역임하였다(이 시기의 연대는 자료에 따라 차이가 있다). 이기풍이 목회와 공교회적인 사역에 전념하던 시기이다.

제5시기는 일제가 중일전쟁(1937년), 태평양전쟁(1941년)을 일으키며, 내선일체(內鮮一體)의 깃발아래 전시총력체제를 구축하면서 창씨개명, 한국어 금지, 민족말살정책을 펼치고 전쟁에 사람과 물자를 총동원하는 등 가장 극렬하게 수탈하여 고난이 점철된 시기이다. 기독교 신앙에서는 일제의 천황 기축의 주체와 싸운 신사참배 반대 운동의 시기이다. 순정한 복음 신앙과 권력화된 천황 신앙이 맞부딪히면서 굴복, 훼절과 순교의 갈림길에서 선택해야 했던 시기이다. 한국천주교회가 1936년, 감리교회가 1936년, 장로교회가 1938년 9월 9일 신사참배 할 것을 공식적으로 결의하였다. 일제가 조선이 개신교 여러 교단들을 조선 혁신교단으로 통폐합하고, 종국에는 일본기독교 조선교단으로 흡수하여 한국기독교의 말살을 획책하던 시절이었다. 이기풍이 전남 벌교교회에서 목회를 하다가 1938년 목사 정년을 맞이한다. 1940년 제29회 총회에서 순천노회의 헌의로 총회에서 생활비를 지급하는 총회 원로목사로 추대되었다. 전무후무한 일이라 한다. 정년 은퇴 후 전남 금오도 우학리에서 마지막 복음선교의 불꽃을 불태우며, 신사참배 반대운동의 선두에서 순교의 길을 걸어가는 시기였다.

고난의 시대를 살아내는 힘, 기질과 성품

이기풍은 이 격동과 고난의 시대를 수많은 역경 속에서 살아내었다. 그건 물론 복음의 능력이었다. 그건 틀림없는 사실이지만, 하나님께서는 이기풍의 기질과 성품도 아름답게 쓰신 것으로 보인다. 이기풍의 내면적 기질과 성품을 살필 수 있는 자료가 많지 않다. 기질이나 성품은 한 인간의 내면적인 영역이므로 그 속내가 잘 드러나지 않는다. 요즈음처럼 기질테스트나 의료기록이 있던 시대가 아니므로 본인의 자전적인 글이나 가족, 가까운 사람들의 증언을 통해 추정해 볼 뿐이다. 이기풍의 기질과 성품은 그의 삶과 사역을 정확하게 이해하기 위해서 더 많은 연구가 필요한 부분이라 생각된다. 그런 중에 이기풍의 막내딸 이사례 권사의 증언을 종합해 보면 이기풍은 매우 강직한 기질을 가진 인물이라 하겠다. 이 기질은 예수 믿기 이전이나 이후나 일관되었던 것으로 보인다.

다만 그 강직함이 예수 믿기 전에는 목표도 없고, 다듬어지지도 않아 물불 가리지 않는 망나니패의 괴수로 살았지만, 예수 믿은 후에는 성령님의 감화로 그 강직함이 진실함을 더하게 되었고, 하나님 앞에서 변함없는 충성된 삶으로 이어지게 되었다고 본다. 그렇게 다듬어진 이기풍의 성품을 말할 때 빼놓을 수 없는 두 가지 말이 있다. 그것은 이기풍이 직접 쓴 두 단어다. 하나는 백인(百忍)이고 다른 하나는 관용(寬容)이다. 백인은 온갖 어려움을 참고 이겨냄을 뜻하고, 관용은 너그럽게 용납하고 있는 그대로 받아들임을 뜻한다. 이 단어들은 모두 이기풍이 큰 붓글씨로 벽에 써 붙이고, 예수 믿은 이후 복음의 일꾼으로 살면서 자신의 삶을 끊임없이 돌아보며 채찍질한, 삶의 좌우명처럼 삼은 것이다. 강직한 기질에서 나오는 진실함이 없다면 초지일관(初志一貫) 그렇게 살지는 못했을 것이다.

이기풍은 "성도들의 강한 무기는 참는 것이고", "특별히 사랑이 많은 사람일수록 오래 참는 힘이 있다"라고 말하였다 한다. "어떠한 슬픈 일이나 어려운 역경이 엄습할지라도 그때마다 십자가에 달리신 예수님의 못 자국에서 흐르는 피를 바라보라고 일러 주었고, 억울한 일을 당할 때마다 천대와 멸시를 받으신 예수님을 생각하며 참으라고 가르쳐 주었다"라고 그의 막내딸 이사례 권사는 기억하고 있다. 부인인 윤함애도 막내딸에게 비슷한 말을 한 것을 보면, 이기풍 내외는 서로 영향을 주며 백인(百忍)의 삶을 산 것으로 미루어 볼 수 있다. 이러한 가르침은 그저 자녀교육용으로 한 말이 아니다. 이기풍은 몸소 그와 같은 인내의 삶을 살았고, 인내를 통해 승리로 나아갔다.

예수님을 믿은 직후 이기풍은 집안과 주위로부터 당시로서는 거금인 수만 원 상당의 재산의 업(業)을 빼앗기며, 말할 수 없이 무서운 핍박을 받았다. 이기풍은 1898년에서 1901년까지 함경도 함흥, 북청 등지에서 스왈론 선교사의 매서인(賣書人)으로 일했고, 1902년에서 1907년까지 스왈론 선교사의 조사(助事)로 황해도 안악, 문화, 신천, 장연, 해주 지역에서 일하면서 항상 핍박을 당하였다. 목사 안수를 받고 최초의 제주선교사로 겪은 고통과 괴로움은 말로 다할 수 없을 정도였다. 목사로서 평생 가난과 고통과 아픔을 안고 살았다. 선교지에서 건강을 잃기도 하였다. 제주에서 성음부족증(실음증)으로 제주선교를 접어야 했고, 그 이후에도 목회하는 중에 세 번에 걸쳐 장기 치료와 요양을 해야 할 만큼 병고에 시달리기도 하였다. 목회지에서 가난으로 인해 자식이 죽은 아픔도

세 차례나 겪어야 했다. 신사참배 반대로 인해 일경에게 당한 심문과 고문과 차별은 인간적인 인내의 한계를 훨씬 넘는 것들이었다. 그 모든 고난과 핍박을 오직 십자가만 바라보며 인내하였다. 이기풍은 그 삶을 통해 주님을 위한 백인(百忍)을 보여주었다.

그런 이기풍의 백인(百忍)은 그 자신의 능력으로 감당한 일이 아니었다. 평양성의 제일의 망나니 괴수였던 시절이었으면 상상할 수도 없는 인내였다. 이기풍은 오직 예수님께 사로잡혀 그 가시밭길을 인내로서 걸어갔다. 제1차 제주선교 초기에 너무나도 척박한 선교 환경에 이기풍은 마음이 약해져서 더 이상 인내할 수 없게 되자, 마포삼열 선교사에게 편지를 썼다고 한다. 도저히 선교를 할 수 없으니, 소환해 달라는 내용이었다. 두 달 만에 받은 마포삼열 목사의 답장은 이러했다. "이기풍 목사의 편지를 잘 받았소이다. 그런데 당신이 내 턱을 때린 흉터가 아직 아물지 않고 있는데, 이 흉터가 아물 때까지 더욱 분투노력하시오." 이 편지를 받고 이기풍은 과거에 하나님 앞에서 잘못했던 죄책감으로 인해 그 자리에 쓰러져 대성통곡하며 회개하였다고 한다. 얼마간 울다가 일어나니 이기풍의 마음에는 기쁨이 넘쳐흘렀다고 한다. 성령님이 역사하신 것이다. 이기풍은 평양으로 돌아가려던 계획을 바꾸어서 제주선교에 새롭게 임하였다고 한다. 이기풍의 백인(百忍)은 성령님의 도우심으로 이루어진 그의 고귀한 성품이었다.

다음, 관용(寬容)이다. 이기풍은 막내딸을 위하여 이 두 글자를 직접 붓으로 써서 액자에다 넣어주면서, "관용이라는 뜻은 너그러운 마음을 가지라는 뜻인데, 모든 일에 있어서 남의 사정을 나의 사정으로 빨리 바꾸어 생각하는 사람이 관용하는 사람이다"라고 설명해 주었다고 한다.

그저 보기 좋은 명언이 아니라 그의 삶이 담긴 믿음의 교훈이었다. 이 관용에는 "남의 아홉 가지 허물을 보지 않고 한 가지의 장점을 볼 수 있는 눈을 가진 사람에게는 하나님께서 크게 축복해 주시리라고 믿는 믿음"이 담겨있다. 이기풍은 이 같은 관용의 마음으로 사람들 사이를 잘 화해시켜 주었다고 한다. 이기풍은 자신이 목회하는 교회에서뿐 아니라, 노회나 총회를 섬길 때도 이 관용의 마음으로 많은 일들을 감당하였다. 관용하는 마음이 없었다면 많은 것이 달랐던 첫 선교지 제주에서 복음사역을 잘하지 못했을 것이다. 그런 의미에서 관용은 그의 인내와 뗄 수 없는 관계가 있다고 하겠다.

이기풍이 젊었을 때, 예수님을 영접하기 전에는 한학을 공부한 폐쇄적인 지식인이었다. 그는 척사위정(斥邪衛正) 사상에 동조하여 배외(排外)적인 쇄국 운동에 경도되었던 사람이었다. 선교사를 배척하고 교회를 박해하였던 것도 그런 배타적인 생각의 결과였다. 관용과는 거리가 먼 삶을 살았던 셈이다. 그러던 이기풍이 철저하게 관용의 사람으로 변화된 것은 성령님의 감화에 따른 예수님을 따르고자 하는 믿음에서 비롯된 것이라 하지 않을 수 없다. 이기풍의 관용은 그리스도의 사랑이 그를 강권하심에 순종한 고귀한 성품이었다.

이런 진실한 강직함에서 나오는 백인과 관용은 주님과의 관계에서는 충성의 모습으로 드러났다. 오직 주님만 바라보는 믿음은 백인과 관용의 근거와 힘일 뿐 아니라, 백인과 관용의 내용이기도 하였다. 평생을 개척하는 선교사로 살았던 이기풍은 참으로 착하고 충성된 주님의 종이었다. 이와 같은 충성이 없었다면 그의 선교도, 순교도 불가능했을 것이다.

이기풍의 진실한 강직함에서 비롯된 백인과 관용은 특히나 인간관계에서 더욱 귀중한 모습으로 드러난다. 가족들에게는 따뜻한 부성(父性)으로 나타난다. 가난 속에서도 자녀들의 교육에 최선을 다하고, 세 자녀를 잃는 슬픔으로 인해 더욱 각별해지는 자녀 사랑으로 나타난다. 성도들을 위해서 교인수첩을 가지고 한 사람 한 사람 이름을 부르며 기도하며 수시로 심방하는 신실하고 자상함으로 드러난다. 동역자들을 소중히 여기고 존중하는 모습도 특별했다. 제주선교 초기의 이기풍의 특별한 동역자였던 전도인 김홍련, 평양성교회 자매들이 연보하여 파송한 여전도인 이선광, 전도인 김창문, 강병담 등과 좋은 관계 속에서 사역하였다. 후에 제주성안교회의 초대 장로가 된 김재원 장로, 홍순홍 장로, 김행권 집사와 서로 신뢰와 존중 속에서 제주선교의 초석을 닦았다. 이러한 면모는 1915년 군산 영명학교청년회로 보낸 친필 서한에 고스란히 담겨 있다. 이 편지는 영명학교청년회에서 파송한 이수현 청년의 전도활동에 대한 감사와 칭찬을 전하고 있다. 놀라운 전도성과에 대하여 "이십 세 소년 동생이 이와 같은 능력을 어떻게 얻을 수 있었겠습니까? 오직 아버지 하나님께 감사를 드리옵니다"라고 쓰고 있다. 소년 동생이라는 표현이 이기풍이 얼마나 동역자들을 존중했는가를 잘 보여준다고 하겠다.

 교인들과 동역자들과의 아름다운 관계는 제주 2차 선교에서도 잘 드러난다. 이기풍의 제주 2차 선교는 어버이를 그리워하는 성내교회의 간절한 요청을 뿌리칠 수 없어 이루어졌다. 이기풍은 섬기는 목회지마다 그런 아름다운 관계 속에서 목회하였다. 이기풍은 제주 선교 중에도, 부흥회 인도, 노회와 총회 참석 등 전국적으로 사역하였다. 평양신학교 동기 일곱 목사 중에서 제일 연소하였으나, 동기 목사들과 늘 좋은 관계를 유지하였다. 특히 길선주 목사와는 사역에서도 오랜 동지였다. 강직한 기질에서 오는 정직한 백인(百忍)과 관용이 깊이 신뢰할만한 사람으로 만들었다고 하겠다. 독립운동가 김구 선생과 안창호 선생과의 동지적 교유는 이런 단면을 보여준다. 성령님의 감화 속에서 주님을 본받아 살았던 백인(百忍)과 관용(寬容)이 맺은 삶의 열매라고 하겠다.

  이기풍의 이런 기질과 성품은 고난의 시대를 살아가며 사역하는 데 큰 힘이 되었다. 어릴 적에 익혔던 한학과 붓글씨와 묵화는 그의 회심 이전의 생업에도 도움을 주었지만, 그의 사역에서도 귀하게 쓰였다. 달필이었던 그의 붓글씨로 남긴 당회록과 서간들은 이기풍이 인격적으로 얼마나 반듯한 삶을 살았는지를 보여주는 증거로 남아있다. 놀라운 것은 1912년 추수감사절에 쓴 감사시에 곡을 붙인 〈추수감사절 찬송〉이 있다는 사실이다.

  1912년은 이기풍의 제주 사역 5년차였다. 구전되어 내려오던 이 찬송을 주형욱 목사가 기억했고 선재련 목사가 악보로 적은 것으로 추정된다. 4-4-4-4 정형시 운율로 시를 쓴 것은 많은 사람들이 부르기 쉬운 찬송시로 쓰기 위한 것임을 이해할 수 있다. '알록달록', '봉울봉울', '흔들흔들', '휘청휘청' 흔히 쓰는 쉽고 아름다운 의태어를 적절히 사용하여 흥취를 더했다. 제주에서는 보기 어려운 사과, 배, 감 등 육지의 대표적인 가을 열매 대신, '범대콩', '서숙', '목화' 등 제주 주변에서 흔히 볼 수 있는 열매들을 묘사한 것도 아름답다. 이기풍은 더 많은 찬송시와 찬송곡을 남겼을 것으로 보이는데 발견된 것이 하나밖에 없어 아쉬움을 더한다. 이는 이기풍이 정서적으로도 풍성한 삶을 살았던 것을 뜻하는 것이라 하겠다. 복음으로 성숙해진 온화함에 풍부한 예술적인 감성이 자리하는 모습이라 하겠다. 그건 이 고난의 시대를 살아가게 한 힘이었다.

추수감사절 찬송

흑암을 비추는 빛으로, 사망을 물리치는 생명으로

격동과 고난의 시대를 이기풍이 살아낸 삶을 살펴보면 또렷하게 드러나는 두 가지가 있다. 그의 삶 속에 녹아있는 이기풍의 정신이고, 그가 남긴 신앙적인 유산이다. 하나님의 말씀에 정직하고 철저하게 순종하여 산 열매였다. 이기풍이 평생 애송(愛誦)한 하나님의 두 말씀이 그의 삶을 그렇게 이끌어갔다. "스불론 땅과 납달리 땅과 요단 강 저편 해변 길과 이방의 갈릴리여 흑암에 앉은 백성이 큰 빛을 보았고 사망의 땅과 그늘에 앉은 자들에게 빛이 비치었도다 하였느니라"(마태복음 4:15-16)는 말씀과 "너는 장차 받을 고난을 두려워하지 말라 볼지어다 마귀가 장차 너희 가운데에서 몇 사람을 옥에 던져 시험을 받게 하리니 너희가 십 일 동안 환난을 받으리라 네가 죽도록 충성하라 그리하면 내가 생명의 관을 네게 주리라"(요한계시록 2:10)는 말씀이다. 마태복음 4:15-16은 그의 삶을 규정짓는 선교정신, 선교사역을 이끌어 주었다. 요한계시록 2:10 말씀은 그의 삶의 순도를 밝혀주는 순교 정신이며 순교의 길이었다. 필자는 1999년 제주노회 역사위원회 위원으로 이기풍의 삶을 정리하여 〈이기풍선교기념관〉의 역사관을 만들 때, 이 두 말씀을 중심으로 이기풍의 삶을 선교정신과 순교정신으로 요약하였다.

흑암을 비추는 빛으로 – 선교정신과 선교사역

이기풍은 한국교회 최초의 선교사로 제주도로 파송을 받았을 때, 사명의 말씀-비전의 말씀으로 마태복음 4장 15-16절 말씀을 받은 듯하다. 아니면 제주에 도착하여 선교사역을 하다가 이 말씀에 사로 잡혔을 수도 있다. 이기풍은 그의 제주 선교 초창기에 특히 이 말씀을 많이 언급했다. 공식적으로는 1911년, 1912년 제1회, 제2회 전라노회에서 이기풍이 제주 선교 보고를 하기에 앞서서 읽은 말씀으로 알려져 있다. 하지만 그렇게 공식적으로 언급하기 전에 이미 이기풍의 마음에는 이 말씀이 깊이 각인되어 있었다고 볼 수 있다. 그는 이 말씀을 붙잡고 제주를 동양의 예루살렘으로 만들고자 하는 꿈으로 가득하였다.

당시 조선 전체가 흑암에 앉은 것과도 같았다. 을사늑약 체결 때부터 실질적으로 국권을 잃은 상태였다. 가혹한 일제의 식민지 수탈을 당하기 시작한 때였다. 이기풍이 이 말씀을 공식적으로 사용하기 시작한 1911년은 한일합방으로 완전히 국권을 상실하여 명실공히 일제의 식민무단통치가 시작되던 때였다. 초대 조선 총독이었던 데라우치 마사다케(寺内正毅 1910.10.1.-1916.10.14. 재임)는 취임식에서 "이제부터 조선인은 일본의 법률에 복종하든지 그렇지 않으면 죽음을 각오해야 한다"라고 밝힌 무단통치의 신봉자였다. 이러한 기조는 데라우치 총독 이후 해방까지 총독 일곱 명에 의해 좀 더 정교하게, 교활하게 유지된다. 조선은 그동안 일제가 합방 전에 주장해온 문명개화의 대상도, 황인종 형제국도 아닌 후발자본주의 국가인 일본의 가혹한 식민지배의 희생양일 뿐이었다.

이같이 조선 전체가 흑암에 뒤덮여 있는 것 같았다면, 그중에서 제주는 그 흑암이 더 짙게 뒤덮여있었다. 제주는 일제의 식민지가 되기 이전에도 식민지처럼 살았다. 몽골이나 조선은 제주를 식민지 이상으로 생각하지 않았다. 제주의 자본이 형성될 수 없게 심한 수탈로 일관했을 뿐더러, 제주가 스스로 일어설 수 있는 기반을 갖추는 일마저 철저하게 금지하는 정책으로 일관하였다. 일제는 제주에 대한 이런 이중 수탈을 더욱 철저하게 수행하였다. 제주는 그야말로 흑암에 앉은 백성이었고, 사망의 땅이었고, 죽음의 그늘에 앉아있는 사람들이었다. 거기에다 1901년에 일어난 이재수의 난(카톨릭교회에서는 이를 신축교난(辛丑敎難)이라 한다)의 여파로 인하여 민심이 흉흉하고, 외부 세력에 대한 적대감이 팽배해 있었다. 이기풍의 제주선교는 이러한 암담한 현실 속에서 시작되었으며, 그의 일생의 선교사역은 흑암과도 같은 시대에 그리스도의 빛을 비추는 일로 수행되었다.

진실로 예수 그리스도 복음은 이 흑암에 비친 큰 빛이었다. 이기풍은 이를 굳게 믿고 힘을 다하여 복음을 전했다. 특히 이기풍의 초기 제주선교는 눈물겨운 역경의 연속이었다. 제주는 그 누구도 가기를 꺼리는 선교지였다. 그러나 이기풍과 윤함애 사모는 "우리가 안 가면 누가 불쌍한 영혼을 구하겠어요. 두말 말고 속히 떠납시다" 하며 확고한 선교정신으로 자신의 전부를 드렸다. 이 선교정신과 자세는 평생 변함이 없었다. 이러한 선교정신에서 이기풍의 사역은 철저하게 개척 선교였다. 제주에서뿐 아니라 그 이후의 광주, 순천, 고흥, 벌교, 우학리 사역도 사실상 약하고 어려운 지역에서의 개척 선교였다. 벌교에서는 무보수 개척 목사로 일하기도 하였다.

이 같은 이기풍의 선교사역은 수많은 열매를 맺었다. 제주에서 아홉 개 교회를 세운 것을 비롯하여 가는 곳마다 교회를 든든하게 세워갔다. 마지막 임지였던 우학리교회에 부임할 때는 이런 말을 하였다고 한다.

나는 이제 늙었으니 젊은이들에게 큰 교회를 맡기고, 하늘나라에 갈 때까지 작은 섬을 돌아다니면서 불쌍한 영혼을 구원해야 돼.

이기풍은 기쁜 마음으로 우학리에 가서 금오도는 물론, 인근의 돌산, 안도 등 다섯 개의 작은 섬으로 배를 타고 돌아다니면서 전도하였다. 그 열매는 참으로 놀랍다. 현재 여수시 남면(금오도/국립해상공원) 우학리 교회를 중심으로 한 남면 24개 자연마을 중 22개 마을에 교회가 있고, 금오도에는 절간이 하나도 없다고 한다. 두어 번 절간을 세우려고 시도했다가 결국 세우지 못하였다고 한다. 칠십 노구를 이끌고 작은 배를 타고 인근 섬마을까지 열심히 전도한 이기풍의 사역에 하나님께서 열매를 맺게 하신 것이라 하겠다. 교회사가인 이만열 교수는 이기풍의 선교정신을 이렇게 정리하였다.

이기풍은 부흥하고 안정된 교회에 부임하여 그곳에서 목양하는 그런 목회를 한 것이 아니고, 제주도에 첫 선교사로 부임하면서 보였던 개척자적이며 복음에 빚진 자로서의 자세를 일관 되게 보였다. 이것이 그의 목회자로서의 특징이었다. 그리하여 전남노회장과 제10회 총회장을 역임한 한국교회의 원로였던 이기풍 목사는 그가 원한다면 동양의 예루살렘이라고 불릴 정도로 기독교세가 왕성한 평양이나 평안도 지역의 큰 교회에서 대접받아가며 목회할 수 있었음에도 불구하고, 옛날 선교사와 복음을 핍박했던 그런 버림받을 인간이 십자가와 보혈로 구속함을 받게 되었던 그 놀라우신 하나님의 은혜를 항상 생각하면서, 아직도 복음의 빛이 잘 전해지지 않는 호남지방의 시골 교회를 자청해서 찾아갔던 것이다. 그의 목회 생활은 이렇게 항상 개척 전도와 깊은 관련을 갖고 있었다.

이기풍은 신앙의 안내자인 마포삼열 선교사와 함께 일하였던 소안련 선교사를 삶의 거울로 삼고 평생의 신앙적 배필 윤함애 사모와 길선주 목사를 비롯한 수많은 동역자와 성도들과 함께 확고한 선교정신으로 선교사역을 감당하였다.

사망을 물리치는 생명으로 – 순교정신, 순교의 길

이기풍은 선교를 순교로 실천하였다. 이기풍과 같은 선교정신에 따른 선교사역은 순교정신 없이는 불가능하다. 이기풍의 또 하나의 애송 말씀은 요한계시록 2장 10절이다.

네가 죽도록 충성하라 그리하면 생명의 관을 네게 주리라.

이기풍의 순교는 1920년대에 시작되어 1930년대 후반부터 더욱 거세진 일제의 신사참배 강요에 철저하게 불복, 저항하는 데서 이루어졌다. 일본의 신사(神社)는 죽은 일본 천황(天皇)이나 무사들의 영을 섬기는 일을 수행하는 곳이었다. 민경배 교수에 따르면 이 신사참배를 강요한 것은 한국교회의 정신적인 핵심이 되어왔던 민족주의의 골격을 와해하고자 하는 것이었다. 겉으로는 내선일체(內鮮一體)를 내세우고, 신사는 종교가 아니라 국가의식이라고 회유하였지만 그 속내는 처음부터 한민족 와해를 겨냥하고 기독교를 말살하려는 의도가 도사리고 있었다. 아

 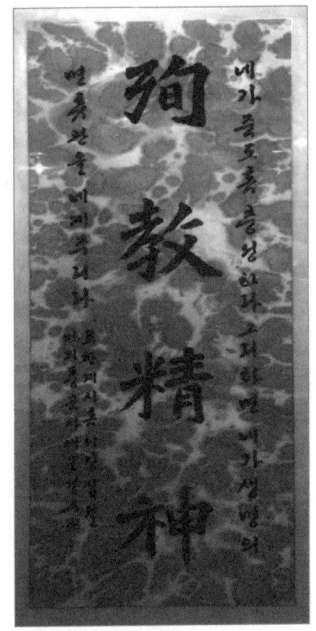

| 선교정신, 순교정신 _ 제주서예가 윤호삼

울러 일본 군국주의의 정신적 단결을 도모하여 전시 총력 동원 체제를 공고히 하려는 데 목적이 있었다. 신사참배 강요는 일제가 할 수 있는 모든 강압적인 수단을 총동원하여 온갖 회유와 협박과 차별과 불이익과 고문과 폭력과 학살로 집요하게 진행되었다.

이기풍은 예수님의 은혜 속에서 하나님만 섬기는 철저한 신앙인이었다. 그의 회심 이후의 삶과 목사와 선교사로 살아온 삶이 이를 증거한다. 동시에 이기풍은 민족의식이 투철한 선각자였다. 이기풍은 삼일 독립운동의 독립선언서에 서명한 민족대표 33인 중의 한 분인 길선주 목사와 깊은 신뢰를 나누었다. 또 대한민국 임시정부의 주석 김구 선생과의 교유와 도산 안창호 선생과의 밀접한 연락에서 이런 면모가 잘 드러난다. 이기풍은 도산 안창호 선생과 밀접하게 연락하면서 무서운 일본 경찰의 눈초리를 받아가며 지하에서 치열한 청년운동을 전개하였다고 이사례 여사는 증언한다. 다만 이기풍의 표면적인 삶에서 독립운동에 참여한 흔적이 나타나지 않는 것은 그가 목사로서 예수 그리스도에게 충성을 다하는 것을 최우선시했기 때문이라 하겠다. 신사참배는 이기풍의 삶을 이루는 이 두 가지를 정면으로 거스르는 것이었다. 하나님에 대한 배교이고, 민족에 대한 배신이었다. 그렇기에 이기풍에게 있어서 신사참배는 절대로 용납할 수 없는 일이었다.

   대한예수교장로회 총회에서 1938년 신사참배할 것을 결의한 후에 오히려 더욱 신사참배 반대운동이 전국적으로 거세게 일어났으며 그에 대한 핍박과 탄압이 가혹하게 가해졌다. 평양신학교를 비롯해서 많은 미션 학교가 폐교되었고 2백여 교회가 문을 닫았으며, 이천여 신도들이 투옥되었고, 50여 교역자들이 순교의 면류관을 썼다. 민경배 교수는 그의 명저『한국기독교회사』에서 이를 "타도 타버리지 않는 숲"이라 서술했다. 이기풍은 그 맨 앞자리에 있었다. 이기풍은 총회에서 신사참배 결의가 있기 훨씬 전부터 신사참배를 적극 반대하였다. 막내딸인 이사례 권사는 1934년 초등학교 5학년 때부터 신사참배를 거부하였다. 죽어도 절하지 마라는 아버지 이기풍의 가르침 때문이었다. 이기풍은 막내딸을 진학시킬 때에도 신사참배를 거부하는 사립학교에만 보냈다. 이기풍은 자신만 신사참배를 거부했을 뿐 아니라, 신사참배하러 가는 사람들의 앞길을 막고 신사참배해서는 안 된다고 역설하였다. 이기풍은 사흘이 멀다 하고 수시로 경찰서에 끌려갔고, 불시에 가택 수색도 당하였고, 쌀 배급에서도 제외되었다. 그러다 1940년 11월 15일 악명 높은 여수경찰서에 의해 악질이라고 지목된, 신사참배를 거부한 17명의 순천노회 목사들이 구속되는 중에 이기풍도 수감되었다. 70이 넘은 병든 노구에 가해진 갖은 고문과 심문은 이기풍을 뼈와 가죽만 남은 쇠잔한 모습으로 만들었다. 이기풍은 취조를 당할 때마다, "나는 죽어도 일본 귀신한테 절할 수 없다. 너희들이 지금 총을 쏘아 죽인다고 해도 나는 하나님 외에 다른 신을 섬길 수 없어" 하며 완강하고 명확하게 거부하였다. 여수경찰서는 이기풍의 건강이 극도로 나빠지자 병보석을 허락하여 우학리에 가게 했다. 병보석에도 이기풍은 남은 16명의 목사들이 모두 석방되기 전에는 나갈 수 없다고 고함쳤다고 한다.

 우학리 목사관으로 돌아온 이기풍은 병석에서 "1907년에 같이 평양신학교를 졸업한 길선주, 양전백, 송인서, 한석진, 방기창, 서경조 이렇게 여섯 동지들은 나보다 먼저 하늘나라로 올라가서 내가 오기를 기다리고 있겠다. 내가 해방을 보고 천당에 가려고 기도를 했다만 이렇게 쇠약해졌으니 불가불 나도 해방을 보지 못한 채 천당에 갈 수밖에 없다"라고 순 평양사투리로 항상 이야기했다고 한다. 그리고 경찰서에 두고 온 목사님들을 위해서 끊임없이 기도하였다. 1942년 6월 13일 주일, 이기풍은 마지막 성찬예식을 거행했다. 마지막 말씀도 절대로 다른 신을 섬겨서는 안 된다는 내용이었고, 아이들이 신사에 가서 놀지 못하도록 신신당부하였다. 이기풍은 일주일 후 6월 20일 주일 오전 8시에 순교했다. 이기풍의 장례식은 너무나도 쓸쓸했다.

 이기풍의 순교는 결연한 신사참배 거부에서 이루어졌다. 하지만 그의 순교는 비단 신사참배 거부만이 아니었다. 이기풍의 삶 자체가 그야말로 살아있는 순교였고, 살아내는 순교였다. 이기풍은 평소 애송한 "네가 죽도록 충성하라 그리하면 생명의 관을 네게 주리라"(요한계시록 2:10)는 말씀대로 살아서 순교의 삶을 살아내었다. 이기풍은 언제나 가장 어려운 선교지로 나아갔다. 평생 가난하게 살았다. 이기풍은 슬하에 4남 2녀를 두었다. 이 중에 아들 둘과 딸 하나를 먼저 잃었다. 거의 가난 때문이었다. 제주 선교사로 부임하던 중 파선되어 하루 반 동안을 표류하기도 했다. 전도하다가 길에서 기진하여 쓰러진 적도 있다. 질병 치유를 위해 일 년 씩 원치 않는 병가를 내야 했던 것이 세 번이나 있을 만큼 건강을 잃기도 하였다. 마지막 임지도 아무도 가려고 하지 않는 낙도로 갔다. 그러나 이런 모든 어려운 여건에도 그는 변함없는 발걸음으로 찬송하며 그가 걸어가야 할 사명자의 길을 걸어갔다. 어떤 순교 못지않은 순교의 삶을 살아낸 것이다.

이기풍이 겪은 일 중에 성음부족증에 대하여 다시 숙고해보아야 한다. 성음부족증은 요즈음으로 하면 성대결절로 인해 목소리가 나오지 않는 병으로 추정된다. 목사에게 성음부족증은 사형선고나 다름없다 하겠다. 이로 인해 이기풍은 제주선교를 접어야 했고, 광주에서 치유 받은 후 광주북문안교회(현 광주제일교회)에서 사역하던 중 재발하여 또 일 년을 쉬어야 했다. 많은 사람들이 성음부족증을 제주의 풍토병으로 여긴다. 그러나 제주에서 사역한 다른 육지 출신의 목사들이 이 병에 걸렸다고 보고된 것이 없고, 이기풍의 경우에는 광주에서 사역하던 중에 다시 이 증세로 인해 목회를 중단하게 된다. 제주의 풍토병으로만 여길 수 없는 이유이다. 이기풍이 생애 두 번이나 성음부족증으로 고생한 것은 달리 해석해볼 수 있다. 이기풍은 제주에서 선교할 때, 많은 어려움을 겪었다. 그 어려움은 제주의 척박한 선교 여건에서 찾을 수 있겠지만, 부족한 선교 지원에서 찾을 수도 있다. 이기풍은 총회에, 선교부에 병원과 학교를 세워 줄 것을 간곡하게 여러 번 요청하였다. 그러나 총회나 선교부는 여력이 없었다. 제주는 언제나 우선순위에서 밀릴 수밖에 없었다. 최초의 선교사로 파송은 하였지만 그에 걸맞은 지속적인 지원은 항상 부족한 상태였다. 이기풍은 아무것도 할 수 없을 때, 하나님께 부르짖고 또 부르짖었을 것이다. 목소리가 다 할 때까지 그렇게 부르짖는 중에 그의 성대는 더 이상 견디지 못했다고 볼 수 있다. 그건 살아있는 순교와도 같은 삶이라고 할 수 있다. 이기풍은 자신의 생명을 다해 흑암에 앉은, 죽음의 그늘에 앉아있는 사람들에게 예수 그리스도의 생명의 빛을 비추어 주었다.

종소리도 들리지 않고

이기풍의 일대기를 다룬 영화 〈순교보(1975)〉에서 이기풍이 순교하였을 때, 그의 막내딸 이사례 권사는 이기풍의 죽음을 알리는 종을 친다. 그 종소리는 금오도 우학리 하늘을 넘어 남해를 넘어 태평양으로 번져간다. 이기풍이 평생 그리했던 것처럼 거친 파도를 타고 복음의 대양(大洋)으로 나아감을 알리는 종소리였다. 그 종소리는 그쳐져서는 안 될 종소리이다. 사람이 알아주든 몰라주든 주님만 바라보고 달려간 이기풍은 생명의 면류관, 승리의 면류관을 받았겠지만, 그를 알지 못하는 후대는 여전히 흑암 속에 헤매고 있는 것은 아닌지, 그들에게 예수 그리스도의 큰 빛은 어떻게 비추어지는지 많은 상념에 잠기게 된다. 이기풍의 종소리를 듣고 있는지, 어떻게 이기풍의 종소리를 듣게 할 수 있는지 함께 묻고 싶은 것이다.

이기풍은 한국교회 첫 선교지 제주에서 첫 선교사로 2차에 걸쳐(1908년~1915년, 1927년~1931년) 만 11년을 사역했다. 전남 광주, 순천, 보성, 벌교, 우학리 등 여러 지역에서 23년간 사역했다. 목사로 임직되기 이전에는 함경남도와 황해도에서 11년(1896년~1907년) 동안 전도자로 살았다. 그럼에도 이기풍의 삶과 사역은 제주에서 시작하고 제주에서 끝을 맺었다고 해도 과언이 아니다. 그만큼 이기풍에게 제주도의 의미는 남다르다 하겠다. 이기풍의 종소리를 제주에서부터 퍼져나가게 해야 한다. 그러나 이기풍의 종소리가 제주에서도 잘 들리지 않는 것 같다. 그의 선교정신과 순교정신은 한국교회, 제주교회에 얼마나 살아있는지, 그 삶과 정신들이 계승되고 있는지를 꼼꼼히 헤아려 보아야 한다. 이기풍이라는 이름만 전해지고 있는 것은 아닌지, 제주와 우학리에 있는 이기풍 선교기념관은 우리 시대에 무엇을 의미하는지 되물어야 할 것이다. 제주에서 이기풍에 대한 생각이 분분하다가 그저 과거의 일이 되어 버리는 느낌이다. 거기에는 몇 가지 이유가 있어 보인다.

먼저 이기풍이 첫 선교사로서 제주에서 종신하지 않고 제주를 떠난 이유에 대해 결코 동의할 수 없는 이상한 주장들이 떠돈다는 사실이다. 이를테면 이기풍이 성음부족증으로 제주를 떠났다고 하나, 총회장이 되고 싶어서 떠났다고 악의적으로 평가하는 흐름을 들 수 있다. 물론 사실도 아니고 동의할 수도 없지만, 이기풍을 잘 모르는 사람들 사이에서 심정적인 동조 여론이 있음을 부인할 수 없다. 이는 결코 해서는 안 되는 이기풍에 대한 모독이다. 그것은 평생 제주에서 사역하고 제주에서 종신한 육지 출신 목사가 없다는 사실에 대한 배신감과 서운함에서 비롯된 것이라 할 수 있다. 그렇지만 백만 보 양보해서 설령 그런 감정에 일리가 있다고 해도 이기풍의 선교정신과 순교정신은 결코 폄하되어서는 안 된다.

이기풍이 40세에 제주에 와서 47세에 제주를 떠날 때, 59세에 다시 제주에 와서 63세에 제주를 떠날 때, 어떤 마음이었을까 상상해 보아야 한다. 두 번째로 제주를 떠날 때 갑판 위에 서서 제주도가 보이지 않을 때까지 묵묵히 바라보면서 하얀 손수건으로 눈물을 닦던 이기풍의 마음을 헤아려 보아야 한다. 무엇이 그 자신의 전부를 바쳤던 제주에서 떠날 수밖에 없게 하였을까 곰곰이 생각해 보아야 한다. 만약에 그가 총회장에 욕심이 있었다면, 당시 장로교의 중심이었던 그의 고향인 평양으로 가야 했지, 어찌해서 변방이었던 광주로 향한 것일까? 제주를 떠날 당시 그의 건강은 총회장 같은 직분을 생각할 수 없는 지경이었다. 이기풍이 제주를 떠난 것은 아직 47세 장년의 몸으로 성음부족증 때문에 제주에서 누워서 죽기를 기다리기보다는 병을 고치고 선교현장에서 죽기를 소원하는 마음이었다고 하겠다. 이기풍이 치유된 직후 제주로 돌아오지 못한 것은 그의 치유를 도운 광주북문안교회의 너무나도 간곡한 청빙 때문이었다. 또 이기풍이 치유 받고 있을 때 제주교회들이 이기풍의 회복을 위해서 한 일이 아무 곳에서도 발견되지 않는 것도 생각해 볼 문제이다. 무슨 염치로 그런 말들을 지어낼 수 있을까? 무엇보다도 당시 총회장은 지금과 같이 많은 사람들이 탐내는 그런 자리가 아니었다.

물론 이기풍의 종소리가 제주에서조차 잘 들리지 않는 데는 이기풍을 깊이 이해하고 함께 일한 육지출신의 목사들이 제주에서 장기사역을 하지 못한 것도 한 원인으로 보인다. 당시 교단이 제주선교를 지속적으로 감당하기에는 역부족이기도 하였고, 이기풍의 선교를 기억하는 해방 전 제주교회가 너무 미약했던 것도 한 원인이라 하겠다. 일제 말의 혹독한 시련과 해방 후의 혼란과 제주 4.3의 와중에서 이기풍에 대한 온당한 자리매김을 할 수 있는 증언과 자료들을 거의 잃어버린 것도 중요한 원인으로 지적할 수 있다. 그리고 한국전쟁으로 제주에 피난 온 사람들이 건립한 교회들이 제주교회의 한 흐름을 형성하여 제주교회의 주 관심사가 교회성장으로 옮겨지면서 이기풍의 선교적, 역사적 의미가 퇴색된 것도 중요한 이유일 수 있다. 무엇보다도 한국전쟁 피난민 목회자들의 잦은 이도(離島)로 인해 육지 출신 목사에 대한 신뢰가 무너져, 제주교회의 역사적 맥과 기반인 이기풍에 주목하지 못하게 된 것도 아픈 이유 중 하나라고 생각할 수 있다.

온갖 장애를 넘어 이기풍의 온당한 자리매김은 우리 시대의 어두움을 밝히고, 죽음의 그늘을 걷어내어 시대의 거친 파도를 타고 우리도 복음의 대양(大洋)으로 나아가기 위한 것이라 하겠다. 온전한 〈이기풍 평전〉을

| 이기풍목사제주선교기념비

기다리는 이유이다. 제주도 이기풍 선교기념관에 세워진 〈이기풍목사제주선교기념비문〉은 이를 밝혀주고 있다. 이 비문은 필자가 짓고, 서예가 윤호삼 집사가 썼다. 후에 발견된 자료에 의해 연대 두 곳(1927-1932을 1927-1931년으로, 전남노회장(1920년, 1921년)을 1920년으로)을 수정한다.

"스블론 땅과 납달리 땅과 요단강 저편 해변 길과 이방의 갈릴리여 흑암에 앉은 백성이 큰 빛을 보았고 사망의 땅과 그늘에 앉은 자들에게 빛이 비취었도다"(마4:15-16).

주후 1868년 11월 21일 평양에서 태어나 주후 1942년 6월 20일 신사참배 반대로 모진 고문과 옥고를 겪고 전남 우학리에서 순교한 이기풍 목사는 조선예수교장로회 최초의 일곱 목사 중 한 분으로 조선예수교장로회의 제주 선교사로 파송받아 마태복음4:15-16절 말씀에 사로잡혀 제주가 동양의 예루살렘이 되는 것을 꿈꾸며 1908년부터 1915년까지, 1927년부터 1931년까지 제주선교에 헌신하였다. 이 기간 동안 이기풍 목사와 동역자들이 제주 성안교회를 비롯하여 금성, 삼양, 조천, 성읍, 모슬포, 용수, 한림, 세화교회를 설립하면서 제주복음화의 초석을 닦았다. 이기풍 목사는 조선예수교장로회 독노회 부회장(1909년), 전남노회장(1920년), 제주노회장(1931년), 조선예수교장로회 제10회 총회장(1921년)을 역임하면서 한국교회 창건에도 헌신하였고, 전남 광주, 순천, 고흥, 벌교, 우학리 섬에서 목회하였다.

이에 제주에 복음의 빛을 비추어주신 성삼위일체 하나님께 영광을 돌리며, 이기풍 목사의 선교와 순교정신을 기리며, 새로운 세기에 제주복음화와 세계선교에 헌신할 것을 다짐하며 이 비를 세운다.

주후 1999년 4월 4일 부활절에 제주성안(城內)교회

참고문헌

민경배.『한국기독교회사』. 대한기독교출판사. 1989. 개정11판.
민경배. "한국교회 100년과 우리의 신앙고백" 장로회신학대학동문회 편.『한국교회 2세기, 우리의 디딤돌』. 도서출판 샬롬. 1984. 31-45.
이사례.『순교보』. 기독교문사. 1991. 3판
이만열. "이기풍(李基豊) 목사의 행적" 이사례.『순교보』. 기독교문사. 1991. 3판: 255-276
민족문제연구소 편.『거대한 감옥, 식민지에 살다』. 민족문제연구소. 2010.
차종순.『제주성안교회 90년사』. 제주성안교회. 1999.
김인수 · 박정환.『한국교회 첫 선교지 살리는 공동체 100년-제주성안교회 100년사』. 도서출판 맘에드림. 2010.
연규홍.『제주성내교회 100년사』. 유토피아. 2008.
김인주.『제주기독교 100년사』. 쿰란출판사. 2016.

여 메 레 1872-1933

사 회 적 신 앙 인 의 발 자 취

" 여성계몽가, 교육가, 목회자였던 여메레. 슬프고도 고단했던 어린 시절의 아픔을 딛고 여성을 세우는 여성, 시대를 밝히는 여성으로 우뚝 섰던 그녀. 그녀의 별과 같은 신앙, 여성을 향한 사랑, 시대 계몽을 위한 열정은 민들레 홀씨되어 오늘, 지금의 시간에도 꽃을 피우고 있습니다. "

여성을 세웠던 여성, 여메레*

조은하

시대의 여명을 밝히다

조선 여자는 대체로 아름답지 않다. 슬픔과 절망, 힘든 노동, 질병, 애정의 결핍, 무지 그리고 흔히 수줍음 때문에 그들의 눈빛은 흐릿해졌고 얼굴은 까칠해졌으며, 상처투성이가 되었다. 그래서 스물다섯이 넘은 여자에게서 아름다움 비슷한 것을 찾으려는 것은 헛일이었다. 다만 아직 무거운 걱정거리나 힘든 노동에 시달리지 않는 나이 어린 소녀들과 젊은 부인들 중에는 종종 예쁘고 깜찍한, 그리고 가끔 드물기는 하나 아름답기도 한 활짝 핀 우아한 모습을 한 이를 볼 수 있다(Lilias H. Underwood, 1984,23).

---

* 여메레에 관한 역사적 자료는 별로 많지 않아 이덕주 교수의 선행 연구에 많은 도움을 받았음을 밝힌다.

조선 시대의 여성들의 삶이 고단하고 지난했다는 것을 말해주는 증언이다. 여성들이 인간으로서의 존엄성을 인정받지 못하고 살았던 시절, 부모와 떨어져 살아야 하는 슬픔을 별처럼 승화시켜 어둠 속에 있던 사람들에게 희망과 빛을 준 한 여인의 이야기가 있다. 많은 사람들에게 알려져 있지 않으나 여성계몽가로서, 교육가로서, 목회자로서 어두운 시대의 여명을 열어갔던 한 여인의 삶을 통해 오늘의 현실에 미래를 향한 새로운 길을 찾아보고자 한다.

1. 여성계몽가로서의 여메레

여성이라는 이유로 지난한 삶을 살아야 했던 시절, 여메레의 삶도 결코 다르지 않았다. 1872년 경남 마산의 여씨 가문의 외동딸로 태어난 여메레는 넉넉하지는 않았으나 부모의 사랑 가운데 자랐다. 그러나 우연히 점을 본 부모는 청천벽력과 같은 이야기를 듣는다. 부모와 함께 살면 단명할 것이라는 이야기였다. 딸의 아름다운 미래를 준비하고 싶은 마음에 점집을 찾았겠으나 그들은 선택의 갈등 앞에 서야만 했다. 결국 그들은 버려진 아이들을 데려다 먹여주고 재워주며 가르치는 곳이 있다는 소문을 듣고 서울 정동의 이화학당 스크랜튼(Mary. F.Scranton)에게 '버리듯' 맡기고 돌아간다(이덕주, 2007, 46).

스크랜튼 부인은 그를 양녀로 삼아 세례를 주고 '메리(Mary)'라는 세례명을 준다. 이는 스크랜튼 대부인의 이름을 그대로 딴 것으로 메리를 음역하면 '메레'이다. 그리하여 '여메레'라는 이름이 붙여지게 되었다. '메리(Mary)'라는 이름을 한자 袂禮로 쓰고 이를 읽으면 '메례'가 되지만 통상적으로 '메례' 혹은 '메레'라고 표기했다고 한다. 그러나 가족들 사이에서는 통상적으로 '메리'라고 불러 다른 저서에서는 여메레의 이름을 '여메리'로 소개하고 있기도 한다(여인갑, 2015, 28-29). 이화학당에서 공부하며 영어에 뛰어난 재능을 보인 여메레는 이화학당을 졸업한 후 의사인 홀 부인에게 간호학을 배우고 정동에 있던 여성전용 병원인 보구여관(保救女館)에서 간호사 겸 전도부인으로 일하게 된다.

1895년 미감리회 여선교회 연례보고에 그녀의 활약상이 다음과 같이 기록되어 있다.

우리 병원과 시약소에서 이루어진 사역 가운데 가장 중요한 것으로 우리 병원 수석 간호사이자 전도부인인 황메레 부인의 사역을 언급하지 않을 수 없습니다. 간호사로서 그는 입원환자들의 열을 재어 약을 주고 상처를 씻어냅니다. 전도부인으로서 그는 환자 및 병원직원들과 함께 매일 아침 기도회와 성경읽기 모임을 열고 있습니다. 매일 정오에는 시약소 응접실에서 약을 타러 오는 사람들에게 성경을 읽어주거나 설명하고 함께 기도해 주었으며 응접실에서 주일 오후마다 예배를 인도하는데 1,786명이 그의 전도를 들었습니다. 매 주일 평균 34명이 참석하는데 많이 올 때는 144명까지 참석했습니다. 주간 중에 나가서 전도한 사람이 모두 3,302명이 되고 그중 글을 읽을 수 있는 사람이 146명인데 개신교인이 146명이고 천주교인이 50명입니다. 황씨 부인은 시간을 정해 놓고 일을 하지 않습니다. 방문할 환자나 교인이 있으면 언제든 나갑니다. 그는 지난 한 해 동안 기독교 서적과 전도지, 쪽복음을 384부 팔았고 열부는 그냥 주었습니다"(이덕주, 47).

여메레는 능력 있고 신실한 사역자로 인정받으면서 1897년 10월 31일 엡윗청년회(감리교청년회조직)의 여성지회로 조이스회를 조직할 당시 이화학당 선교사 프라이가 회장을 맡고 여메레가 부회장을 맡게 된다. 조이스회는 한국교회사뿐 아니라 일반 근대사에 나타난 최초 여성단체로서 토론회를 자주 열어 여성들의 의식을 계몽하는 활동과 여성교육·친교·구제사업 등을 진행하였다(이덕주, 49).

조이스회를 통하여 여성들이 연대하여 여성들을 세우는 활동을 하게 되었는데 여메레는 1900년 11월 11일 순수 한국인 교회 여성들만으로 이루어진 보호여회를 창립한다. 1900년 아펜젤러(H.G.Appenzeller)가 2차 안식년 휴가를 얻어 귀국하게 되었을 때 정동교회 여성교인들이 선물로 단체 사진을 주기로 하고 돈을 모았다. 그중 남은 돈 1원 10전을 어떻게 사용할까 하는 논의 중 여메레는 남은 돈으로 재정을 삼아 한 회를 만들고 그 회를 통하여 빈한한 자를 돕자는 제안을 한다. 그리고 그 회를 만들기 위해 의견 일치를 본 후에 "우리 힘으로는 무슨 일이든 할 수 없으니 하나님께 기도합시다" 하고 기도를 드린다. 기도의 전문은 다음과 같다.

이 회가 작정하게 하옵시고 또 주께서 이

| 보호여회(감리교 여선교회의 모체) 창립 기도문: 신학월보 1901년 8월호

회의 머리가 되시고 우리를 가르쳐주사 이 회가 진보케 하옵시고 이 회가 크게 왕성하여 회우의 수효가 여러 만면이 되게 하옵소서. 이것은 우리 구세주 예수 씨 이름을 의지하여 비옵나이다. 아멘.

이렇게 만들어진 보호여회는 28명으로 시작되었으나 오늘날 20만 명이 넘는 감리교 여선교회가 되었다. 보호여회는 매월 여성들이 회비를 내서 성탄절이나 부활절에 가난한 여성들을 구제하기도 하고 여성들이 방물장수를 할 수 있는 자금을 대어주어 스스로 자립할 수 있도록 하였으며 방물장수를 나선 여성들은 성경책도 가지고 다니며 팔아 자연스럽게 전도부인의 역할까지 감당하였다. 이것은 선교, 전도와 구제를 넘어서서 여성의 잠재능력을 개발시켜주는 활동이었고 이를 위하여 여메레는 13년간 회장으로 열심히 활동한다(여인갑, 62).

2. 여성교육가로서 여메레

여메레의 활동은 교회를 중심으로 한 여성전도와 계몽에 머물지 않았다. 여메레는 모교인 이화학당에서 교사 겸 전도부인이 되어 학생들을 지도하던 중 1903년 3월 일본 시찰의 기회를 얻고 일본의 현대식 여성교육기관을 돌아보고 온다. 이후 1904년부터 상동교회 주일학교에서 성경과 영어를 가르치기도 하였다. 또한 영어에 능통했던 여메레는 선교사들의 추천으로 명성황후의 통역관으로 활약하다가 1895년 명성황후 시해사건 이후에는 고종황제의 후비인 순헌황귀비(엄비)의 통역도 하였고 그 후 고종황제의 통역을 담당하기도 하였다(여인갑, 65). 그러한 과정에서 순헌황귀비의 후원으로 근대식 여학교 설립이 구체화되어 진명여학교를 설립하게 된다. 이후 그녀는 진명여학교의 실질적 업무를 담당하는 학감이 되어 학생들에게 민족정신을 불어 넣는 역할을 하게 된다.

| 진명여학교 학감 여메레

또한 그녀는 전국을 순회하며 여성계몽을 주제로 강연을 하기도 한다. 이러한 역할로 그녀는 여성교육계를 이끌어가는 역할을 하였으나 1910년 한일합방이 되면서 그의 활동은 중단이 되었고 왕실의 보조를 받던 진명학교는 일본의 통제하에 식민지 교육기관이 되어 버리고 만다. 이후 여메레도 학감 자리에서 물러나게 된다(이덕주, 52-54).

3. 여성목회자로서의 여메레

여메레는 양흥묵과 재혼 후 5년 만에 남편과 사별하게 되자 양흥묵의 고향인 충청도 청원 부강으로 간다. 그리고 넓고 큰 집에서 사람들을 모아 예배를 드리게 되는데 그것이 바로 부강교회의 모태가 되었다(여인갑, 105-108). 동양선교회 성결교회 창설자 킬보른(E.A. Kilbourne)의 권유로 경성성서학원(현 서울신학대학교)에 입학하여 목회자 수업을 받은 후 1923년 12회로 졸업한다. 그 후 성서학원 여자부 부사감이 되어 여학생들의 생활을 지도하였고 1925년부터는 교수가 되어 영어를 가르치기도 했다. 1931년에는 성서학원을 떠나 일선 목회의 길을 떠난다. 여메리는 신학 수업 후 부흥강사로도 활약을 했는데 1929년 수원교회에서 부인 특별집회를 열어 70여 명의 부인들에게 말씀을 가르쳤고 새로운 구도자도 6명이 생겼다. 또한 청주교회에서 다른 강사들과 함께 장막전도회를 열어 남녀 220명의 결심자를 얻기도 했다(여인갑, 120-122).

이렇듯 부흥강사로 말씀을 전하는 일도 하였는데, 일선 목회의 길에서 첫 부임지는 1931년 청주교회였다. 1932년 조치원 교회로 사역지를 옮긴 후, 그는 성서학원의 제자로 조치원교회를 담임하였던 김정호 목사를 돕는다. 김정호 목사는 여메레를 다음과 같이 회상한다.

그분의 성품으로 말하자면 포용성이 있고 원만하여 누구라도 받아들였으며 또한 애국적인 사상을 품고 의롭게 살려고 노력하였다고 할 수 있습니다. 그러면서도 일찍이 개화한 여성으로 행동에는 과단성이 있었으며 서구

| 부강교회에 세워진 여메레 전도사 기념비, 종손 삼형제 부부(왼쪽에서 두번째 여인갑 장로)

적인 사상가였고 무엇보다 사랑의 실천에 인색함이 없었습니다. 남편(양홍묵)이 남긴 유산으로 부유한 생활을 누릴 수도 있었으나 그는 자기 재산을 가난한 교역자나 교인에게 남모르게 나누어주는 일에 열심이었고 돌아가실 즈음에는 거의 개인 재산이라고는 찾아볼 수 없는 형편이었습니다. 말 그대로 개인적인 호의호식을 포기하고 하나님과 교회를 위해 모든 것을 희생하신 고결한 주의 종이었습니다.

제자의 목회를 돕던 여메레는 1933년 2월 27일 사진관에서 사진을 찍던 중 혈압으로 쓰러져 세상을 떠난다. 그의 시신은 조치원 공동묘지에 안장되었으나 지금은 확인할 수 없다. 말년에 이름 없는 그리스도의 종으로 농촌교회를 찾아다니며 봉사했던 그녀는 아무것도 남기지 않고 세상을 떠났다(이덕주, 55-56).

여메레, 여성인식의 암흑기에서 여명기를 열어가다

선교사 여성의 눈에 비춰진 한국 여성들의 삶의 모습은 참으로 비참하였다. 슬픔과 절망과 질병과 가난으로 허덕이고 있었고 아름다움과 희망은 찾아보기 힘든 모습이었다. 기독교가 수용될 당시 한국 사회는 철저한 남존여비의 성차별 사회였다(Lilias H. Underwood, 23).

조선사회에서 가부장제는 조선시대 중기에 완결되어 사회 제도화되었으며, 가부장제에서 남성의 역할은 국가 구성원인 민의 일원으로서 사회, 경제, 정치, 영역으로 확대되는 반면, 여성은 좋은 아내, 며느리, 어머니라는 남성에게 부속되는 존재로서 그 역할이 한정되었다. 한편, 여성들을 가부장제적인 질서 속에 구속하는 이데올로기적인 기제로서 '삼종지도' 이외에 '내외법', '절열관' 등이 있었다. '내외법'은 여성의 생활영역을 가정 안으로 한정하여 여성들에게 가정 이외의 모든 생활을 철저히 금지하였다. 즉, 여성이 교육을 통해 자기를 개발할 기회와 사회적 자아실현의 기회를 원천적으로 봉쇄하는 규범이었다. 결국 여성의 유일한 존재 양식은 혼인관계로 구성된 가정생활이었던 것이다. 또한 부계의 계승을 목적으로 하는 일부다처제라는 여성 억압의 상황 속에서 '여필종부'와 '절열관'을 확립하여 과부의 재가를 금지하고 여성의 이혼 청구권 부정을 법제 하여 여성억압을 극대화하였다(양현혜, 2006, 145-146).

이렇듯 인간으로서의 권리를 박탈당한 채 자신의 생을 살아가야만 하는 여성들의 사회적 현실 속에서 기독교 신앙을 선택한다는 것은 결코 쉬운 일이 아니었다. 아버지나 남편 혹은 아들과 관계없이 스스로 종교를 선택한다는 것 자체가 이미 삼종지도에 위반되는 것이었다. 이러한 전통적 인간관과 남녀관계, 사회질서에 대한 비판적 성찰이 근대적 의식의 등장과 함께 이루어지기 시작했다. 이러한 상황 속에서 조선사회에 소개되는 기독교는, 여성들이 기독교 신앙과의 해후를 통하여 인간으로서의 정체성을 새롭게 발견하고 자신의 존재를 남성과 평등한 존재이며 그 자체로서 귀하고 소중하다는 새로운 인식을 갖도록 도왔다.

더 나아가 근대적 여성론과 근대 여성교육론이 등장하면서 새로운 여성교육에 대한 필요와 요구가 제기되는 시점에서 여성을 위한 공교육 기관이 설립되기 시작하였다. 이러한 시기에 여메례는 이화학당 설립자의 양녀가 되어 시대를 읽을 뿐 아니라 시대를 변혁해 가는 교육자로서 살아갈 수 있는 기초가 되는 교육을 받게 되었다. 더 나아가 연이은 사별로 인해 개인적으로는 불우한 인생역경 속에서도 오히려 소외되고 어려운 사람들을 돕는 삶의 여정을 가게 되었다. 그렇다면 그녀가 받았던 근대교육, 특별히 이화학당을 중심으로 이루어진 교육은 어떻게 여성들을 주체적이며 성찰적인 여성으로 세워가는 교육을 펼쳐 갈 수 있었는지 살펴보는 것은 오늘날 교육 현장뿐 아니라 교사의 역할을 살펴보는데 있어서도 중요하다.

1. 근대적 여성론의 등장과 근대 여성교육론

우리 역사의 근대의 시점을 어느 시기로부터 설정할 것인가에 관해서는 다양한 논의가 있지만 대체적으로 개화기라고 일컫는 19세기 후반부터 20세기 초반의 시기 중에서 특정 시점을 설정하여 근대의 출발로 보는 이론들이 주류를 이룬다. 근대교육에 관한 논의도 마찬가지로 1880년대~1900년대에 추진되었던 근대학교의 설립이나 신교육정책의 실시 시점에서 그 출발점을 찾으려는 주장이 일반적이라 할 수 있다. 근대여성교육이 형성되기 시작한 것도 이 무렵이다. 공식적으로는 '여성교육'이 존재하지 않았던 남성중심의 조선사회가 비로소 여성교육의 사회적 가치에 눈을 돌리고 그 필요성과 시급함을 공론화하기 시작한 것이다. 남존여비로 상징되는 조선사회의 여성관이 개화기에 이르러 보여주고 있는 변화의 조짐은 크게 두 갈래로 정리될 수 있다(조은하, 2007).

하나는 아버지나 남편, 또는 자식 등 남성의 존속물로서가 아닌 독립된 인격체로서 자아를 확인하는 근대적 여성의식의 성장기반이 조성되고 있었던 가운데 나온 이해로 '천부인권 사상에 의한 남녀동등론'이며 다른 하나는 개화기라는 시대적 상황에 의해 계기화된, 아울러 이 시기의 여성관의 변화의 단초를 제공하고 있었던 주장들로 '구국여성론'이다 (한국여성개발원, 2001, 63-66).

1) 개화대상으로서의 여성: 천부인권사상에 의한 남녀동등론

개화기 여성관의 뚜렷한 한 흐름은 19세기말 개화 사상가들에 의해 널리 주창되었던 천부인권론적 남녀동등론에 의한 여성론이다. 유길준, 박영효등을 비롯해, 독립신문을 이끈 서재필 윤치호 등의 개화 사상가들은 부강하고 자주 독립된 근대국가의 건설을 위해 천부인권사상에 기반한 '인민평등주의'를 주창하여 근대적 가치와 의식변화를 추구하였다. 이러한 맥락에서 개화대상으로서의 여성에 관심을 갖고 개화대열에의 여성참여를 위해 여성의 인권의식을 고취하고 나선다. 유길준은 『서유견문』에서 가정과 사회에서 여성이 인격적인 존재로 대접되며 사회 각 분야에서 남성과 더불어 활동하는 서양의 여성상을 언급함으로 천부인권론에 의한 남녀동등론의 일단을 보여준다.

서재필, 윤치호 등에 의해 이끌려졌던 독립신문 또한 천부인권설을 토대로 여성의 권리의식을 고취하였는데 이러한 주장은 종래의 유교주의적 가치관에 의한 남존여비의 사상을 통렬히 비판하여 새로운 사회에 맞는 여성상의 창출을 기대하는 것으로 개화기 여성관의 변화를 위한 여론을 주도해 갔다.

2) 여성역할에 대한 새로운 기대 - 구국여성론

여성개화의 필요성이 제기되면서도 여성의 역할이 여전히 현모양처로서의 전통적 역할의 수행이 기대되고 있는 가운데 여성역할에 대한 새로운 기대로서 구국여성론이 또 하나의 축을 이루게 된다. 이러한 입장은 서구 선교사들의 교육의 필요성에서도 볼 수 있다. 선교사 릴리어스 언더우드(Lilias Underwood)는 조선의 상황에서 여성교육의 사명을 다음과 같이 표현한다.

> 우리가 여기서 할 수 있는 모든 사명 중에서 이러한 일(여성교육)이 결국 조선 사람에게 가장 이로울 것이라고 느낀다. 왜냐하면 하나님을 아는 지식 안에서 이 민족의 미래의 어머니를 훈련시키는 것보다 더 중요한 것은 없으며, 이것이야말로 그들에게 해줄 수 있는 가장 단순하면서도 위대한 의무이기 때문이다(이숙진, 2006, 182).

이러한 교육론과 아울러 개화기에 형성되기 시작한 근대 여성교육은 갑오개혁의 신학제 수립, 공식적인 여자 교육령에 의한 관립여학교설립, 관립학교에 앞서 근대식 여성교육을 실시한 사립여학교 설립 등을 통하여 이루어지게 된다.

여메레, 개화기의 여성교육을 통해 성장하다

개화기에 형성되었던 근대 여성교육은 크게 세 가지 측면에서 이루어졌다. 첫 번째는 국민에 대한 교육권이 천명되었던 갑오개혁기의 신학제 수립 과정에서의 여성교육의 기회를 볼 수 있다. 두 번째는 관립여학교에 앞서 근대식 여성교육을 실시한 사립 여학교의 설립, 세 번째는 공식적인 여자 교육령에 의한 관립 여학교의 설립 등을 통한 교육 기회이다.

먼저, 1895년 일련의 교육개혁조치에 따라 소학교령이 내려져 여성과 남성이 공식적으로 교육을 받을 수 있음이 공포되면서 여성교육의 필요성이 마침내 정부정책에 반영된 것이다. 그러나 이러한 기회는 당시의 여성 내외법 등에 의한 사회적 분위기에 의하여 그다지 실효성 있게 이루어지지 못한 것으로 보인다. 다만 여성에게 부여되었던 최초의 공적 교육 기회라는 의미가 있었다. 주목할 것은 이러한 소학교령도 개화 사상가들의 꾸준한 노력과 아울러 기독교에 의하여 이미 실시되고 있었던 기독교계 여학교를 분위기를 반영한 것이라고 볼 수 있다. 두 번째는 우리나라 근대적 여성교육의 시작인 사립 여학교이다. 사립 여학교는 선교사들이 여학교를 세움으로 이루어진 미션 여학교와 민간 인사들에 의해서 세워진 여학교, 크게 두 유형으로 나누어 볼 수 있다. 세 번째는 관립 여학교이다. 우리나라에서 여성교육이 국가적 법률로 허용된 것은 1908년에 이르러서였는데 1908년 구한국정부는 여자교육령을 선포하고 그해 5월 서울에 관립한성고등여학교를 세운다. 이것이 최초의 국가적 여자교육기관이었다(한국여성개발원, 78-81).

그렇다면 근대 한국 사회에서 최초의 여학교를 설립하는 것과 아울러 학교와 교회를 장으로 하여 이루어진 여성교육에 있어서 기독교는 여성의 정체성과 자기인식에 어떠한 영향을 미쳤는가? 특히 복음주의적 신앙적 경향성을 지닌 여선교사들에 의하여 주도되었던 여성교육이 과연 여성들의 자립과 남녀평등 및 공적세계 진출을 위한 페미니스트 의식에 어떠한 영향을 미쳤는가? 근대의 여성교육기관을 통해 이루어진 교육의 어떠한 점들이 여성들에게 주체성과 사회변혁까지 주도해 갈 수 있는 구국의식과 아울러 남녀평등의 시대를 열어가는 의식을 형성해 갔는지를 살펴보는 것은 여메레의 삶이 이화학당에서 이루어진 교육경험과 밀접한 연관을 가지고 있다는 것에서 알 수 있을 것이다. 여선교사들의 입국으로 말미암아 학교를 통한 여성교육이 시작되는데 바로 1886년 이화학당이 탄생한다. 근대여성교육의 효시이며 여메레의 삶의 자양의 되어 주었던 곳, 이화학당의 교육의 특징을 살펴보는 것은 그녀의 삶을 이해하는 데에 필수적이다.

1. 선교사의 입국과 기독교 여성교육의 시작: 이화학당을 중심으로

한국기독교 여성교육의 기점은 1884년 개신교 선교사들의 입국 후 1886년 이화의 스크랜튼 여사에 의한 교육(이화학당 1886)과 장로교 선교사 애니 앨러스(Miss Annie Ellers)에 의한 장로교 여학교(정신1887)를 들 수 있다.

정치적 근대화의 과정에서 갑신정변이 실패한 뒤 망명했던 박영호가 국왕에게 개화를 주장하는 상소를 한다. 1888년 1월 상소에 의하면 "소, 중학교를 설립하여 남녀 6세 이상으로 하여금 모두 취학하게 할 것"을 제안한다. 이것은 공교육을 논의한 역사적 사건이지만 기독교 여성교육은 선교사들에 의하여 그보다 먼저 시행되고 있던 것이다(주선애, 2006).

스크랜튼 부인의 증언에 의하면 그 당시의 교육이 얼마나 힘들었는가를 보여준다.

우리들이 길에 나타나기만 하면 부녀자들은 급히 문을 닫고 숨어버리고, 어린아이들은 고래고래 소리 질렀다. 게다가 한국어책도 없고 선생도 없고 통역도 간단한 회화밖에 통하지 못하였기 때문에 한국어를 배우기가 어려웠다 … 선교사는 무엇을 먹을까 하는 걱정도 하지 않을만큼 초연해야 하지만 우리가 온 첫해 여름 동안은 먹는 문제에 대단히 고생을 하였다 … 처음에는 암담하기도 했으나 결국은 한국에 오게 된 것이 기쁨이었다(감리회보고, 1934, 6).

이러한 어려움 가운데 1886년 선교사 스크랜튼에 의하여 이화학당이 설립된다. 이화학당은 한국의 근대문화 수용 초기에 있어서 시대적 요청과 밀접한 관련 속에서 태동하였다. 그리하여 유교적 전통 속에서 사회에서뿐 아니라 일상생활에서도 소외당하고 있던 이 땅의 여성을 교육시키는 최초의 여성교육기관이 된다. 국가에서도 이러한 여성교육의 중요성을 충분히 인정하여 1887년 초 고종임금이 '이화학당'이라는 교명을 하사하고 학교운영을 지원한다. 이것은 여성교육사에 있어서 획기적인 일로 전 시대에 특별히 우수한 서원에만 왕이 하사하는 사액(賜額)과 같은 의미를 갖는 것이었다(김경미, 2009, 75). 이러한 과정을 거치면서 이화학당은 점차 일반인들의 점진적인 이해와 호응을 입어 번창해 가고 입학지원자가 쇄도하여 많은 부모들이 자녀들을 입학시키기 위하여 다음 학기를 기다려야 하는 단계로 가게 되었다. 이화학당 설립 초기 아주 빈곤한 가정의 자녀들만 맡겨지고, 맡겨진 소녀들에게 교육이 의미하는 것은 쌀과 의복이 제공된다는 사실에 있다고 생각하였던 것에 비하면 빠른 시일 내 이루어진 발전이었다. 조선의 여성들이 더 이상 규중 깊은 곳에 갇혀 있는 것이 아니라 자기 개발을 실현하기 위해 이화학당을 스스로 찾기 시작한 것이다. 즉, 스크랜튼에 의하여 제시된 이화학당의 교육 이념이 실현되고 있는 모습이었다.

초창기 이화의 교육목표는 기독교 선교의 일환으로서의 평등을 강조한 교육이념이었으며 또한 구습의 억압에서 해방시켜 여성 지도자와 국가 지도자로 양성하는 것이었다. 그리고 이러한 목표를 충실히 수행하기 위하여 차츰 학제를 정비해 간다. 1904년 9월에 중등과, 1908년에는 초등과와 고등과를 신설하여 마침내 초등, 중등, 고등 과정의 일관된 학제를 수립하게 되었고 입학자격을 한글을 해독할 수 있는 10세 이상의 아동으로 국한시켰다.

1) 이화학당의 교육목표와 교육과정(이화학당 시대, 1886-1910)

스크랜튼은 여성들을 교육하는 목적을 다음과 같이 천명하였다.

> 우리의 교육 목적은 한국 소녀들이 우리 외국 사람의 생활이나 의복, 환경에 적응하도록 변화시키는데 있지 않다. 우리는 오로지 한국인을 보다 나은 한국 사람이 되게 하는데 만족한다. 또 우리는 한국인이 한국적인 것에 대하여 긍지를 가지게 되기를 희망한다. 나아가서는 그리스도를 믿고 그의 교훈을 통하여 흠과 티가 없는 완전한 한국을 만드는데 희망을 두고 있다(이배용, 이현진, 2008, 62).

이러한 교육목표를 천명하고 세워진 이화학당의 초기에는 스크랜튼이 몇몇 소녀들을 데리고 수업을 진행하였는데 잘 짜인 시스템이나 체계적인 교재가 없었다. 학생은 4세에서 10세 정도의 어린아이들이었고 가난하거나 돌아갈 집이 없는 아이들이었다. 다홍빛의 예쁜 옷도 해 입히고 소꿉놀이도 하고 틈틈이 성경공부도 하였고 노는 것과 공부하는 것의 구분이 명확하지 않았다(이배용, 이현진, 73-74).

이화학당의 초기 교과과정은 우선 성경과 영어로 시작되었으며, 1889년 4월 최초의 한국인 여교사 이경숙 선생이 부임하면서부터는 한글 읽기와 쓰기를 가르쳤다. 또한 하워드에 의하여 세워진 최초의 한국 여성전용병원인 '보구여관'에 하워드 후임으로 온 로제타가 1891년부터 생리학과 약물학을 강의하였다. 이 강의를 들은 몇몇의 학생은 병원에 나가 의사의 조수로 통역과 약제사 일을 하기도 하였다. 한편 1895년에는 가사 과목인 재봉과 자수가 정식교육과정으로 첨가되었으며 매주 한 시간씩 노래 지도도 하였다. 그러나 1890년대까지도 확실하게 정해진 교과과정이 없었고 교사가 확보 되는대로 첨삭되는 수준이었다. 1907년 김활란, 최에스더 같은 이화 출신의 교사들이 충원되면서 교과과정이 더욱 충실해졌다(이배용외, 2000, 3). 영어, 산수, 생리학, 일반역사, 성경, 한문, 초등지리, 한글, 노래, 체조, 재봉, 자수 등 교과목도 다양해진 것이다.

기와집 마루 끝에 매달린 종소리와 함께 매일의 일과가 시작되고 학교생활과 가정생활의 구분도 엄격해졌다. 1896년의 기록에 의하면 학생들은 7시에 식사를 하고 8시부터 오후 4시까지 수업을 하였으며 방과 후에는 자유 시간으로 어린 학생들은 공기놀이, 윷놀이, 까막잡기 등을 하며 마음껏 놀았고 큰 학생들은 바느질을 하는데 많은 시간을 보냈다고 한다. 상급반 학생들은 각자 2-3명 이상의 하급반 학생들의 의복을 책임져야 했기 때문에 이들에게 바느질하는 시간은 수업시간을 제외하고는 상당히 큰 비중을 차지하는 것이었다. 저녁 식사 후에는 각방에서 15분씩 기도 시간을 가졌으며 일요일에는 깨끗하게 준비한 옷을 차려입고 정동교회에 가서 예배를 드리기도 하였다. 방학은 학기가 끝나는 주간인 6월 마지막 주간부터 7, 8월에 걸쳐 하였다(이배용, 이현진, 75-76).

2) 이화학당에 대학과를 설치(1901-1925)

이 시기는 1905년 을사조약을 시점으로 일제 침략이 가속화되고 마침내 1910년 한일합방으로 국권을 상실하는 암울한 시기였다. 이러한 때 이화학당은 일제의 사립학교 탄압에도 불구하고 교육구국운동의 선두에 서서 미래지향적인 인재를 양성하는 데 주력한다.

1907년 제4대 학장으로 프라이가 취임하면서 이화는 새로운 전기를 맞이하게 된다. 교과과정이 정비되었으며 10세 이하의 아동과 한글을 해독할 수 없는 자를 입학대상에서 제외시키면서 서서히 학교 수준을 향상시켰다. 초급단계를 탈피한 이화학당은 초등과 중등과 고등과의 일관된 학제를 수립하였다.

또한 졸업생들의 상급학교 진학의 열망 및 중등과 교육을 담당해야 하는 교사양성의 시급함 등에 고무되어 고등과를 재정비하여 여성교육의 최고 기관으로 개편한다. 더 나아가 1910년 여성의 고등교육의 시작을 의미하는 대학과를 설치하였고 1912년 조선총독부의 인가를 받게 됨으로써 이화는 여성에 대한 대학교육을 최초로 시작하게 된다. 1915년에는 유치원 사범과를 설치하여 전문교사 양성에 힘쓴다.

대학과 설치에 나타나는 교육목표는 여성을 나라와 사회를 위한 건실한 비전을 가진 일꾼과 지도자로 양성하는 것이었다(이배용외, 4). 대학과 설치 이후 1920년경에는 거의 정상적인 교과과정이 확립된다. 당시 학문 전반에 걸친 일반적인 지식을 습득할 기회가 전혀 없었던 한국 여학생들의 교육적 배경을 고려하여 특별한 전공과목 없이 가능한 다양한 지식에 접할 수 있도록 하였고 영문학과 역사학에 비중을 크게 두었으며 철학과 교직과목도 개설하였다.

또한 학생들의 육체와 정신의 균형 잡힌 발전에 관심을 가지고 체육 교육에 힘썼다. 1913년 한국 최초로 정구와 농구가 소개되었으며 뒤이어 배구, 야구, 체조, 육상경기, 등산, 조깅이 보급되었다. 이러한 체육 활동은 단순한 교육의 차원을 넘어 전통 사회와 식민지 억압 속에서 숨죽이며 살아야 하는 여성들이 심신의 나래를 펼 수 있도록 하는 의도를 가지고 있었다.

이러한 교과목에서의 체육 활동은 고종이 교육조서에서 강조한 지덕체의 영향과 무관하지 않은 것으로 보인다. 고종은 지덕체 중에서도 '체(體)'의 중요성을 특히 강조하였다. 명성황후 시해사건과 아관파천을 경험하면서 한국을 열강의 침탈로부터 지켜내기 위한 일종의 무기로 서의 학문인 '체조'를 근대교육의 기초로 생각하였다. '건전한 정신에 건강한 신체'가 육성된다는 구시대적 사고는 전복되고 '건강한 신체에 건강한 정신'이 깃든다는 의식이 근대식 학교의 교육이념으로 자리 잡는데 이것은 비단 남학교에서만의 일이 아니라 여학교에서도 체육이 중요한 교과목으로 채택되었던 것으로 알 수 있다(이승원, 2005, 26-28).

1919년 3.1운동 이후 고조된 교육열을 바탕으로 이화학당 대학과에서는 1925년 3월 이화여자 전문학교 인가신청을 내고 조선총독부의 정식 인가를 받아 여성고등교육기관으로의 새로운 출발을 하게 된다.

2. 여성교육기관의 교육이념과 페미니스트 의식의 형성

이러한 교육과정을 가지고 운영되어진 이화학당은 미국 여선교사들에 의하여 창설되고 운영되어진 만큼 그들이 지향하던 선교목표와 부합하는 교육이념을 가지고 있었다. 특히 미국 감리교 해외 여선교국(Women's Foreign Mission Society)의 선교 목표와 같이 억압과 고통가운데 있는 여성들을 기독교 진리를 통하여 해방하고 온전한 인간으로서의 삶을 살도록 돕는 것이 교육이념이었다. 또한 한국 여성들이 풍성하고 완전한 삶을 살도록 하기 위하여 서구적 신지식과 남녀평등사상을 넣어 주어 자아를 발견하게 하고 능력 있고 개화된 한국여성을 기르고자 하였던 것이다. 그리고 그러한 해방은 한국 여성들을 기독교로 개종시켜 그들의 복음주의적 신앙을 통해 한국 가정의 기독교화를 목적으로 하는 것이었다. 특히 이때 여선교사들이 가졌던 신학적 배경은 19세기 미국을 휘몰았던 종교적 대각성 운동과 그 결과였던 복음주의 신학에 기반을 두고 있었다. 이와 같은 배경하에서 이루어진 기독교교육은 회개와 복음을 통한 구원과 성령체험과 영혼 정화를 믿는 부흥수의적 신앙의 기초가 되기도 한다(이배용외, 16).

1) 여선교사들의 긴밀한 관계 속에서 형성된 페미니스트 의식

그렇다면 이러한 복음주의적 신앙의 기초하에 교육받은 여성들의 페미니스트 의식의 개화가 어떤 방식으로 이루어질 수 있었던 것인가? 이에 대하여 강선미는 한국에서의 여성교육의 급격한 발전이 바로 여성 페미니스트 의식의 급성장을 말해주는 지표라고 설명한다. 1886년에 이화학당을 필두로 하여 시작된 선교사들의 여성교육은 불과 25년만인 1910년 여성고등교육을 위한 대학과를 신설하게 된다. 1925년에 이르게 되면 총독부의 정식인가를 받아 이화여자 전문학교를 출범시키게 된다. 이것은 1630년 미국에 상륙했을 당시에 이미 문맹을 면할 정도의 기초 교육을 받을 수 있었던 청교도 여성들에게 근 200여 년이 지난 1836년에 가서야 고등교육의 기회가 열린 미국 여성교육의 역사를 살펴볼 때 거의 기적에 가까운 발전이라 볼 수 있다. 이러한 여성교육의 빠른 발전은 조선사회에서 진행되었던 페미니스트 의식의 급성장을 말해주는 지표로 볼 수 있을 것이다. 그러나 이러한 급성장은 당시 여선교사들뿐 아니라 민간인 사립학교 지도자, 개화파 사회개혁 인사들 간의 관계뿐 아니라 1890년부터 졸업하여 배출된 미션계 여학교 졸업생들이 인종, 문화, 종교의 차이를 넘어 여선교사들과 가졌던 긴밀한 협력관계와 공조 때문이었다(강선미, 2005, 54).

미국 근대여성운동의 발달을 연구한 역사학자 사라 에반스(Sara Evans)는 기존의 상황 및 흐름을 역류하는 "반동적인 집단 정체감"을 발전시키려면 다음과 같은 전제 조건이 있어야 한다고 한다. 1) 피압박 집단이 이류 시민이라든가 열등 시민이라는 기존 개념에 맞설 수 있도록 독자적인 가치 의식을 키울 수 있는 사회적 공간 2) 피동성의 양태를 깰 수 있는 사람들의 역할 모델 3) 억압의 근원을 설명할 수 있는 이데올로기 4) 기존의 문화 정의와 맞설 수 있도록 만드는 새로운 자아의식의 발현 5) 새로운 해석이 퍼져나가면서 반동적인 의식이 사회운동으로 활성화될 수 있는 소통 조직이나 우애조직이 그 전제조건이다(Sara Evans, 1980, 219-220).

미국의 공적 교육 분야에서 남성과 분리된 여성만의 공간이 생겨난 것은 19세기 중반으로 이는 남성들의 여성배제를 여성들에 대한 부당행위로 보았던 여성교육기관 설립자들이 여성들에게 고등교육의 기회를 제공하기 위한 것이었다. 그 과정에서 겪게 된 저항과 투쟁은 여성들로 하여금 자매애를 발전시키고 여성만의 특수한 문화, 제도, 생활양식을 창조하게 해 주었다는 것이다. 이러한 맥락에서 볼 때 한국의 여성교육기관의 설립은 한국사회 최초로 공적 영역에 마련된 '여성의 공간'으로서 페미니스트 의식의 등장에 큰 영향을 미쳤을 것이라고 볼 수 있다. 이와 동시에 각 교회에서 시행되고 있었던 사경회 또한 여성들의 의식을 새롭게 개혁하는 주요한 교육적 통로가 되고 있었음을 볼 수 있다.

이러한 공적 공간뿐 아니라 여선교사들은 선교사의 집에서의 파티, 체육대회, 서구식 남녀교제법 지도 등을 통해 조선의 소녀들이 남학생들과 '서구식' 자유와 기독교적 절제 정신을 가지고 교제할 수 있는 공적, 사적인 기회를 마련하였다. 또한 신문, 잡지의 기고문을 통해 여성들의 몸과 마음의 '순수함'을 보호할 수 있는 기숙사 시설의 필요성을 역설하는 등 이에 대응할 수 있는 새로운 정신을 전수하고자 다방면의 노력을 기울였다(강선미, 174-175). 이렇듯 여성교육 선교사들이 자유정신과 '기독교적 절제의 미덕'이 결합된 인격의 이상화를 가지고 있었기에 이를 기반으로 하는 '기독교적 품성'을 구성하고자 하였다.

2) 여학생 자치회를 통한 페미니스트 의식의 확산

그러나 새로운 페미니스트 의식이 여선교사들의 의식 및 교육적 지도에만 영향을 받은 것은 아니었다. 오히려 학교 안에서 학생들 사이의 자치적 활동조직들이 만들어 지면서 그들의 구국적 여성관이라든지 사회참여에 대한 의식들이 형성되고 확산되기도 한다. 당시 개화된 여학교 학생들 사이에 유행했던 '의형제' 조직을 이용해 언니-동생 관계로 맺어진 점조직을 통해 독립운동을 위한 결사조직이 만들어지기도 했다. 1913년 평양숭의여학교를 배경으로 조직된 송죽형제회가 바로 그러한 조직이다. '언니들' 모임은 송형제회, 동생들 모임은 죽형제회 라 불렀고 둘이 합쳐 송죽형제회(松竹兄弟會)라 불렀다. 모임의 상징이 된 소나무, 대나무 모두 우리 민족 전통문화에서 충절과 절개를 상징했다. 이러한 모임을 통해 매월 15일 학교 기숙사 지하에서 모임을 갖고 해외 독립운동 단체지원을 위한 회비 모금과 독립운동과 사회운동에 대한 토론을 벌이기도 하였다. 처음에 서너 명으로 시작된 모임은 점차 숭의여학교 재학생과 졸업생 연합모임으로 발전되었다. 숭의여학교가 미국 북장로회와 미감리회 여선교부 연합으로 경영하던 학교이어서 장로교 출신과 감리교 출신이 함께 모여 공부했고 전국각지에서 학생들이 왔기 때문에 송죽여학교는 자연스럽게 교파와 지역을 초월한 전국적 조직망을 갖추고 민족운동을 전개해 나갈 수 있게 되었다(이덕주, 2013, 79-81).

    1900-1910년대 이화학당에서는 이문회(以文會, Literary Society), 공주회(公主會, King's Daughters Circle), 십자기회(十字旗會, Standard Bearer), 선교회(Missionary Society)와 같은 학생자치 단체들이 있어 교사들의 지도를 받으며 공개 활동을 해 나갔다. 대부분 학생들은 친교와 신앙훈련과 전도활동을 목적으로 조직된 단체들이었는데 이문회와 같이 사회와 민족문제를 갖고 활동하는 단체도 있었다. 특히 이문회는 1907년 이화학당의 한문교사 이성회가 조직한 학생단체였는데 초기에 문화 활동

과 친교에 주력했으나 1910년대 들어서 미국유학을 다녀온 하란사, 신마실라, 박인덕, 신준려, 김활란, 황애덕 등 민족의식이 강했던 교사들이 지도하면서 여성지도자 육성과 훈련에 초점이 맞추어졌다. 1917년 이문회 활동에 대한 이화학당 교사 아펜젤러의 증언이다.

> 이문회는 매주 금요일 저녁마다 모임을 갖는데 학생들은 그 밝은 몸가짐과 어울리지 않는 돼지 꼬리 같은 검은 댕기 머리에 색동옷을 입고 예배당을 가득 채운다. 일단 모임을 시작하고 나면 모두 벙어리가 되는데 행여 속삭이는 소리라도 들릴라치면 회장이 엄하게 질책을 해서 그 권위를 드러낸다. 미국인 교사들과 자문교사들이 은밀하게 도와주기는 하지만 모든 프로그램은 학생들이 스스로 만들어 행한다. 피아노 연주와 독창순서가 있고 어떤 때는 반 전체가 합창을 하기도 한다. 이런 프로그램을 통해 여학생들의 재능과 재질이 고스란히 드러난다. 그들은 온갖 종류의 주제를 갖고 연설도 하고 응시하는 청중 앞에서 시국 문제와 흥미로운 시사 문제에 대한 자기 생각과 의견을 때로는 웅변조로, 때로는 시적 표현으로 숨김없이 발표한다 (이덕주, 2013, 82).

공개연설과 토론을 통해 교회와 사회에 나가 활동하는 여성 지도자들이 육성되었다. 대표적인 예로 1919년 삼일운동 당시 이문회 회원들은 '전교생 만세'를 결의한다. 유명한 천안아우내 장터 시위를 주도하고 옥중 순국한 유관순도 이문회를 통해 지도력을 키운 이화학생이었다(이화여자중고등학교, 1994, 159-160; 이정은, 2004, 208-209).

학교라고 하는 새로운 교육의 장은 새로운 문명과 문화, 지식을 만나는 교육의 장이기도 하였으나, 새로운 정신과 이념 및 여성들의 자기 자각과 새로운 정체성의 확립을 자유와 평등의 이념 하에 형성하는 페미니스트 의식의 도출의 장이 되고 있었다. 학교를 통하여 서구의 새로운 문화와 기독교정신을 지도하는 여선교사들의 영향을 받은 것은 물론이다. 하지만 한국의 여성들이 공부한 후 교사가 되어 다시 한국의 여성에게 교육하는, '여성이 여성에게' 교육하는 새로운 교육구조가 형성되기 시작하였다. '학생과 학생 사이'에서 공동체를 통하여 민족의식과 사회의식을 형성하고 확산해 가는 주요한 교육적 활동이 있었다.

이렇듯 이화학당의 여성교육을 통해 자라난 여메례는 조이스회에서의 여성 활동을 기반으로 하여 보호여회와 같은 자립적이고 주체적인 여성단체를 만드는 활동을 하였던 것이며, 공개토론을 통해 새로운 정체성 및 시대적 자각을 확립할 수 있었던 것이라 볼 수 있다. 이러한 맥락에서 본다면 이 시대의 새로운 인물, 새로운 시대를 열어 갈 수 있는 최후의 보류는 역시 교육에서 찾을 수 있다. 여메례에게 스크랜튼과 같은 선생님이 있었기에, 여메례가 다시 제자교회의 전도사가 되어 그를 도울 수 있는 섬김의 교사가 될 수 있었다.

여성, 일어나 노래하라. 빛을 발하라

조선 전역에서 기독교 선교사업이 벌어지는 곳이면 여성 기독교인들의 활약이 대단하다. 그들은 담백하고 정직한 신앙과 인내심, 봉사, 헌신 그리고 주위로부터 박해와 시련의 고통을 감내하면서도 자신의 본분을 다하는 모습을 보임으로써 우리는 큰 신앙적 영감은 물론 때로는 그들에게 도전을 받기도 한다. 바로 이러한 모습은 이 땅에서 복음의 빛을 햇불처럼 높이 비추는 기회가 되고 있다. 그들 중 일부는 대단히 무지해 보이는 경우도 있고, 감당하는 노동의 양을 보면 말문이 막힐 정도이며, 말할 수 없는 가난, 맹목성, 어떤 경우에는 그들 속에서 단 한조각의 희망도 발견할 수 없는 절망의 상태를 발견할 수밖에 없다. 그러나 그들은 그와 같은 무지와 무기력의 상황에서도 돌연히 빠른 시일 내에 발전을 이루어 정직하고 촉망되는 최상의 일꾼으로 거듭나고 있다(서정민, 2004, 35).

조선 전역에 기독교가 전파되는 곳, 그곳에 여성들이 있었다. 25세가 넘으면 아름다움은 찾아볼 수 없고, 40이 넘은 대부분이 이가 없었던 고단한 삶의 여성들. 고된 노동과 차별과 무지와 질병, 가난에 시달려야 했던 그녀들, 그녀들이 하나님을 만났다. 그리고 성서의 말씀을 들었다. 하나님은 동일하게 모든 이를 사랑하시는 분이라는 자각을 하였고 체험을 하였다. 그리고 그들은 정직하고 촉망받는 최상의 일꾼으로 거듭나고 있었다. 그것은 자신의 정체성에 대한 새로운 깨달음 때문이었고 모순되고 불평등한 사회에 대한 비판적이고 창조적인 인식 때문이었으며, 풍전등화와 같은 민족의 운명에 대한 책임적 자각이 있었기 때문이다.

오늘의 기독교 여성들이 처해 있는 현실도 비단 순조롭지만은 않다. 여전히 존재하는 교회안의 가부장적 문화, 물질주의적 문화 속에서 삶의 방향성과 의미를 찾지 못하고 있다. 파편화되고 분절되어진 자아, 경쟁사회 현실 속에서 깨어지고 흩어진 관계, 현모양처와 능력 있는 사회인으로서 요구받는 슈퍼우먼적인 여성 역할, 그러면서도 여전히 주변인으로 존재하기 원하는 성차별적 문화의 그늘이 남아있는 오늘의 현실이다.

이러한 현실 속에서 여성들이 새로운 해석의 빛 아래서 자아의 전인성을 회복하며 삶의 궁극적 가치와 통전성을 추구하고 신학적이고도 성서적인 신앙의 체험과 인식을 구체적이고도 일상적인 삶으로 살아갈 수 있도록 격려하고 돕는 교육이 되기 위하여 기독교는 어떠한 방향에서 여성교육을 실천해 가야 할 것인가? 첫째, 여성의 자아 긍정에 대한 새로운 이해 추구 과정이 기독교 여성교육과정 안에서 이루어질 수 있도록 할 필요가 있다. 둘째, 기독교 여성교육을 통하여 양성평등의 현실을 만들어 갈 수 있을 것인가에 대한 구체적인 고민이 이루어져야 한다. 셋째, 기독교 여성교육을 통하여 여성들의 지도력이 새롭게 평가되고 인식될 수 있도록 해야 한다. 넷째, 기독교 여성교육을 통하여 여성들의 연대와 참여로 신앙적 실천이 구체화 되도록 돕는 교육이 이루어져야 한다. 여성학습자들에게 다른 여성들의 경험을 타자화하지 않고 자신의 경험과 연계하는 학습(connected learning)이 가능하도록 자신과 각기 다른 여성들이 놓인 맥락을 이해하고 연대할 수 있도록 돕는 교육과정이 필요하다.

한 여인 여메레의 삶은 이렇듯 치열한 역사의 과정에서 이루어졌다. 그렇기에 그녀는 슬픔을 딛고 다른 사람을 비추는 별이 될 수 있었으며, 인생의 점철되는 고난 속에서도 민들레와 같이 홀씨를 날리며 꽃을 피울 수 있었다. 한 여인의 삶과 그 여인을 있게 한 교육의 현장을 바라보며 새롭게 꽃을 피우고 노래를 할 수 있는 사람을 키우는 교육현장을 꿈꾸어 본다.

참고문헌

Evans, Sara. *Personal Politics: The Roots of Women's Liberation in the Civil Rights Movement and the New Left*. New York: Knopf, 1980.
L. H. 언더우드. "조선여인들을 관찰하고." 서정민 편역. 『한국과 언더우드』. 한국기독교역사연구소, 2004.
Underwood, Lilias H. *Fifteen Years Among the Top-Knots*. 김철역. 『언더우드 부인의 조선생활』. 뿌리깊은 나무, 1984.
강선미. 『한국근대초기 페미니즘 연구』. 푸른사상사, 2005.
김경미. 『한국 근대교육의 형성』. 혜안, 2009.
양현혜. "근대한국 사회의 변혁과 기독교 여성." 한국여성신학회 엮음. 『민족과 여성신학』. 한들출판사, 2006.
여인갑. 『여메리』. 24Harmony, 2015.
이덕주. 『한국교회 처음 여성들』. 홍성사, 2007.
이덕주. 『한국교회와 여성』. IVP, 2013.
이배용 외. "한국기독교여성교육의 성과와 전망: 이화여자대학교를 중심으로." 이화사학연구소. 「이화사학연구」 27권 0호 (2000).
이배용, 이현진. 『한국근대여성교육의 등불을 밝히다, 스크랜튼』. 이화여자대학교 출판부, 2008.
이숙진. "한국 근대 개신교 민족담론과 여성." 한국여성신학회 편. 『민족과 여성신학』. 한들출판사, 2006.
이승원. 『학교의 탄생』. 휴머니스트, 2005.
이정은. 『유관순』. 한국독립운동연구소, 2004.
이화여자 중고등학교. 『이화백년사』. 이화여자중고등학교, 1994.
조은하. "기독교 여성교육과 사경회". 「기독교교육논총」 제14집 (2007년 1월).
주선애. "여성교육의 관점에서 본 한국 기독교 여성교육의 초기 현황과 미래 전망." 한국기독교교육학회 「기독교교육논총」 제13집(2006. 6).
한국여성개발원. 『한국여성교육의 변천과정 연구』. 한국여성개발원, 2001.

류영모
1890–1981

사 회 적   신 앙 인 의   발 자 취

" 우리나라가 일제 강점기를 지나 전쟁의 포화를 거쳐
산업화의 거센 물결을 건너는 동안, 민족정신을 잃어버릴 듯이 밀려든
외래문화 속에서도 여전히 흔들리지 않고 꺼지지 않는 등불을 밝힌
함석헌, 김흥호 같은 정신적 지도자들이 있었다.
그들이 학문의 최전선에서 민족정신을 일깨우며
학생들을 이 땅의 지도자로 세우기 위해 애쓸 수 있었던 이유는
하나의 씨앗이 되어 바른 정신을 가르쳤던
지도자들의 스승 류영모가 있었기 때문이다. "

지도자들의 스승, 다석 류영모

장동학

87세에 가출한 할아버지

　　1977년 6월 22일, 성북경찰서에 가출인 신고가 들어왔다. 할아버지가 가출을 했다는 것이다. 가출하셨다는 할아버지의 나이는 87세였다. 나이 드신 어르신들의 신고는 대부분 실종신고이다. 혼자 집을 나섰다가 사고가 났거나, 길을 잃으신 분들이 집을 찾지 못해 일어나는 일이다. 그러나 특이하게 이 할아버지는 실종신고가 아니었다. 가출인 신고였다. 신고가 들어온 다음 날 북악산에서 한 노인이 쓰러져 있다는 주민의 신고를 받고 가보니 인상착의가 가출인 신고를 했던 노인과 맞았다. 경찰이 의식을 잃은 할아버지를 업고 집으로 왔을 때, 다행히 숨은 쉬고 있었지만, 얼굴은 햇볕에 타서 새빨갛게 되었고, 옷은 때가 묻어

더러웠다. 주머니에는 집에서 나가실 때 며느리가 손수건에 챙겨준 돈이 손수건 채 들어 있었다(박영호, 『다석 류영모』 하, 344).

러시아의 대문호 톨스토이는 82세에 가출하여 시골의 한 간이역(아스타포보)에서 숨졌다. 톨스토이의 가출에 대해선 그의 아내 소피야와의 불화설을 이야기하기도 하지만 톨스토이의 사상가적 면모를 고려할 때 진리를 깊이 탐구하던 이의 당연한 결과였을 수도 있다고 한다. 톨스토이가 아스타포보역의 관사에서 숨진 일로 그 역은 톨스토이의 마지막 정거장으로 유명해졌다.

톨스토이를 떠올리게 하는 이 할아버지는 평범한 분은 아니었다.

할아버지는 평소에 '얼나'로 거듭난 사람이 되어야 한다는 말씀을 자주 하셨다. 얼나는 몸나와 함께 인간의 육체와 정신을 표현할 때 쓰는 말이다. '민족의 얼'과 같이 얼은 고양된 정신을 말한다. 사람의 '얼굴'이라는 말은 그 사람의 정신인 '얼'과 그 모양새인 '꼴'이라는 뜻으로 해석하기도 한다. 할아버지가 말하는 '얼나'는 죽을 수밖에 없는 '제나'(육신)의 상대적인 개념으로 영원히 살게 하는 절대적 생명을 뜻한다. 이런 '얼나'로 거듭났던 사람들은 가정과 국가를 초월하려고 했다. 예수는 가정을 이루지 않았고, 석가는 가정을 떠났으며, 톨스토이는 가정을 버렸다. 그래서 가족들은 돌아오시지 않는 할아버지를 실종이 아닌 가출로 생각했다.

하루 한 끼만 드시던 할아버지

인도의 성자로 알려진 마하트마 간디는 하루에 한 끼 식사만 했다고 한다. 할아버지도 간디처럼 하루에 한 끼만 드시는 분이셨다. 할아버지가 나이 51세 때 되셨을 때부터 시작하신 일이었으니 37년 동안이나 하루 한 끼(일일일식, 一日一食)만 드시고 살아오신 것이다. 그럼에도 불구하고 87세의 고령에 가출할 힘이 있으셨던 것이 신기한 일이다.

할아버지는 '얼나'의 정신이 바로 서려면, '제나'인 육체를 다스려야 한다고 여기셨다. 짐승을 길들일 때도 적당히 굶기고 먹여야 하듯이, 우리 몸도 제멋대로 설치지 않게 하기 위해선 알맞게 절제를 시켜야 한다고 하셨다.

> 사람이 밥 먹고 잠자는 것을 바로 알기란 어렵습니다. (…) 끼니란 끊이란 뜻으로 끊었다 잇는다는 뜻입니다. 줄곧 먹어서는 안 됩니다. 끊었다가 먹어야 합니다. 그런데 사람들은 자기가 정한 것도 몇 날이 못 가서 그대로 못하고 맙니다(박영호,『다석 류영모』하, 23).

할아버지의 호가 다석(多夕)이라고 했다. 저녁(夕)이 세 번 들어가는 글자로 호를 만들었는데 그 이유에 대해 할아버지는 "어두운 밤에는 눈을 감지 않아도 눈감은 효과를 준다. 그러므로 밤에는 잠만 자지 말고 이 세상을 잊어버리고 하나님 아버지께로 나아가자"라고 설명하지만 이것이 하루 세 번의 식사를 저녁 한 끼로 해결하시기 때문에 만들어졌다고 생각하는 사람들도 있다. 다석 할아버지의 이름은 '류영모'이다. 다석(多夕) 류영모(柳永模).

남강 이승훈 선생님과의 인연

1919년 기미년 3월 1일은 일제의 탄압에 항거해 대한독립을 외치던 날이었다. 3.1 만세운동은 고종 황제가 독살되었다는 소문이 돌아 한반도 전역에서 일제히 일어났던 독립운동이었다. 이 독립운동을 주도했던 사람들을 민족대표 33인이라 부른다. 천도교 교주였던 손병희를 위시한 천도교 대표가 15명이었고, 남강 이승훈을 위시한 기독교 대표가 16명이었으며, '님의 침묵'으로 유명한 만해 한용운 스님이 백용성 스님과 함께 불교 대표로 참여하여 모두 33인의 민족대표가 되었다.

천도교는 1860년에 서학이라고 불리던 천주교가 유입되는 것에 대항하여 민족주의를 내세우며 최제우가 세운 한국의 신흥종교인 동학을 계승한 종교이다. 손병희 교주는 이 종교의 3대 교주로 동학을 천도교라는 이름으로 바꿔 활동했다. 동학은 당시 조선시대의 민족 신앙을 대표하던 유교, 불교, 선교의 유불선교리를 중심으로 '사람이 곧 하늘이다'라는 인내천(人乃天) 사상을 내걸고 인권과 평등을 주장했다. 동학은 당시 조선의 지배논리였던 사농공상(士農工商)의 신분제도에 불만을 품고 있던 민중들 사이에 큰 호응을 얻으며 성장했다. 최제우는 혹세무민을 했다는 이유로 붙잡혀 처형을 당했지만 그가 죽고 30년이 지난, 1894년 2월 15일 탐관오리였던 고부군수 조병갑의 횡포에 분노한 농민들이 동학도들과 함께 봉기하는 사건을 시작으로

이승훈 (李昇薰, 1864년 ~ 1930년) 한국의 독립운동가이자 교육자.

녹두장군으로 불렸던 전봉준이 중심이 되어 동학농민운동이 일어났다.

동학 농민군을 진압하기 위해 조정에서 청나라군과 일본군을 차례로 끌어들이는 바람에 1894년에서 1895년에 걸쳐 청일전쟁이 일어났다. 청일전쟁에서 승리한 일본군의 영향력이 커지자 명성황후가 러시아를 끌어들여 일본군을 몰아내려고 했다. 하지만 일본은 1904년 러일전쟁을 일으켜 승리를 거두고 1905년에 조선 외교권을 박탈하는 을사조약을 체결한 후 1910년에 한일합방을 선언하면서 조선이 일제 식민치하에 들어가고 말았다.

기독교는 1866년 영국 토마스 선교사가 미국의 무장된 상선 제너럴셔면호를 타고 대동강변에 왔다가 순교하면서 뿌렸던 복음이 1885년 미국의 언더우드와 아펜젤러 선교사가 입국하면서 확산되었다. 하지만 3.1운동이 일어날 당시 기독교 인구는 1%에 불과했다. 비록 수적으로는 많은 사람들이 아니었지만 33인의 대표에 16명의 이름을 올렸고, 그중에 기독교를 대표하는 남강 이승훈이 있었다.

이승훈은 1864년에 평안북도 정주군에서 가난한 선비의 집안에 태어났다. 상인으로서 번창해 가던 무렵 러일전쟁으로 인해 사업이 실패하자 고향으로 내려갔다가 1907년 우연히 도산 안창호의 국권수호운동을 역설하는 "교육진흥론" 강연을 듣고 독립운동가가 되기로 결심했다. 인생의 방향이 완전히 달라진 이승훈은 교육만이 민족을 살릴 수 있다는 생각으로 전 재산을 털어 평양에 오산학교를 설립했다.

1910년 이승훈은 오산학교에서 과학을 가르칠 교사를 찾다가 경신학교 졸업생 중에 과학이 우수했던 한 선생님을 초빙하게 되었는데 그가 바로 류영모였다.

| 정주 오산학교 1회 졸업기념(1910년 12월)

이승훈은 과학교사를 구하려고 서울의 경신학교를 찾았다. 경신학교는 설립한 지가 몇 해 되고 서양 선교사들이 직접 가르쳤으니 그래도 괜찮은 과학 선생을 구할 수 있으리라 생각한 것이다. 그때 경신학교 교장은 밀러(Miller)였다. (…) 밀러는 남강에게 류영모를 천거하였다. 이승훈은 류영모를 모셔가기로 하였다(박영호,『다석 류영모』상, 158).

류영모는 당시 20세의 믿음이 좋은 선생님으로 수업 시간마다 항상 기도를 했다. 이승훈은 류영모의 수업을 듣던 학생들이 변하는 것을 보고 큰 감동을 받아 기독교에 대해 진지하게 생각하게 되었고, 산정현 교회에서 있었던 부흥회에 참석하면서 예수를 믿게 되었다. 그 뒤 평양신학교에 입학하여 신학을 공부하기도 했던 이승훈은 기독교인들의 신뢰를 얻는 지도자가 되어 3.1 만세운동을 주도할 때 기독교의 대표로 서게 되었다.

남강 이승훈과 다석 류영모의 만남은 오산학교가 변하고, 남강이 변하는 계기가 되었다.

류영모는 오산학교 교사로 부임한 첫날부터 수업에 들어가기 전에 학생들에게 머리를 숙이라고 하고는 다같이 기도하자고 하였다. 서울에서 온 5척 단구인 청년 교사의 뜻밖의 요구에 학생들은 어리둥절하였다. 학생들은 서로가 얼굴을 쳐다보면서 눈치만 살피다가 끝내 고개를 숙이지 않았다. 류영모는 혼자서 기도를 하였다. (…) 이승훈은 학문과 신앙을 함께 가르치는 것이 교육적인 효과가 크다는 것을 목격하게 되었다. 아니 남강의 마음속에 잠자고 있던 하나님에 대한 그리움이 눈뜨고 싹트게 되었다(박영호,『다석 류영모』상, 172).

류영모가 쓴 글 중에 사람에 대해서 쓴 것은 세 명뿐이었다. 1906년 일본 동경에 파송되어 동경조선기독교청년회를 창설하고 초대총무로 지낸 삼성 김정식과, 민족사학자였던 호암 문일평 그리고 남강 이승훈이었다. 김정식은 류영모에게 복음을 전해준 사람이었고, 문일평은 류영모의 깊은 지식에 탄복하여 자주 찾아오던 학자였다. 이 두 사람에 대한 글은 그분들이 돌아가신 후 썼던 추도문이었고, 살아 있는 사람에 대한 글은 오직 남강 이승훈뿐이었다고 하니 이승훈과의 만남은 류영모에게 있어서도 매우 중요한 사건임에 분명하다.

톨스토이, 간디, 그리고 류영모

18세기 영국에서 시작 된 산업혁명은 인류사의 큰 변화를 가져온 중대한 사건이었다. 농경사회였던 인류를 공업사회로 바꿔 놓았고, 지금도 여전히 산업화 사회를 견인하고 있다. 하지만 산업혁명에도 어두운 그림자가 있었다. 공업화가 이루어지면서 막대한 부가 특정 나라에 집중되었고, 그것은 다른 나라를 누르는 힘으로 작용했던 것이다. 유럽 국가들이 산업혁명의 혜택을 누리고 미국과 러시아로 확대되면서 강대국들이 생겨났다. 이들은 경쟁하듯이

| 레프 니콜라예비치 톨스토이 백작(1828년 ~ 1910년) 러시아의 소설가이자 시인, 개혁가, 사상가

자신들이 만든 물건을 팔기 위해 약한 나라들을 정복하기도 하고 무역을 개방할 것을 강요하기도 했다.

동방의 조용한 나라였던 조선도 산업혁명이 불러온 거대한 파도에 무기력하게 휩쓸려 버렸다. 일본과 중국, 러시아가 조선의 지배권을 놓고 전쟁을 벌였고, 조선의 산업화를 명분으로 이 땅의 자원과 인력을 수탈해 갔다. 하지만 이런 불의한 일에는 그에 항거하는 당대의 지식인들이 있기 마련이다. 『전쟁과 평화』의 저자 톨스토이는 러시아에서 소외받는 농민들을 대변하며 러시아정교회와 맞서기도 했고, 실제로 파문을 당하기도 했다. 톨스토이가 1910년 82세의 나이로 가출하여 시골의 한 간이역에서 숨졌을 때 류영모가 있던 오산학교에서도 추도식을 했을 만큼 조선에도 톨스토이는 많은 영향을 주었다.

톨스토이가 죽자 육당 최남선은 잡지 〈소년〉 12월호에 긴 조시(弔詩)를 발표하였다.

눈보라 검은 구름 하늘을 덮고
그 틈으로 나오는 듯 칼바람 불 때
요령소리 문에 나자 전하는 신문
그에 선생 떠난다고 기별하도다

물은 흘러 바다로 가야 하지요
익은 감은 나무에서 떨어질지라
나서 자라 할 일 하고 늙어서
죽음이라 놀라운 일 무엇이랴
(…)

| 모한다스 카람찬드 간디(마하트마 간디, 1869년~1948년) 인도의 정신적·정치적 지도자

영국이 인도를 식민지로 삼았을 때 그 땅에는 마하트마 간디가 있었다. 간디는 영국에서 유학하여 변호사 자격을 취득하고 인도에 돌아와 차별받는 인도인들을 해방시키기 위해 독립운동을 전개하였다. 그의 독립운동은 총에 총으로 맞서는 것이 아닌, 인도의 정신을 가지고 대항한 무저항비폭력 운동이었다. 간디는 신과 진리를 동일시하고 극기와 금욕으로 그 진리에 도달하려 했다. 간디의 무저항 비폭력 운동은

비슷한 환경을 가진 국내에도 영향을 미쳐 3.1 운동의 정신을 이루게 했다.

> 금욕하는 사람과 안 하는 사람은 뚜렷하게 다르다. 금욕하는 사람의 눈은 하나님의 영광을 보지만 금욕하지 않는 사람의 눈은 둘레의 천박한 것을 본다. (…) 금욕하는 사람은 몸을 하나님의 성전으로 만들지만 금욕 안 하는 사람은 몸을 냄새나는 시궁창으로 만든다(간디. 자서전)(박영호,『다석 류영모』하, 32).

류영모의 서재에는 톨스토이와 간디의 책이 많았다. 류영모의 제자인 박영호는 톨스토이와 간디, 그리고 류영모를 '금세기 세 사람의 진인(眞)'이라고 소개하고 있다.

> 류영모는 1890년 3월 13일에 태어났다. 류영모가 현대인으로 매우 존경하였으며 사상으로 가장 일치한 사람이 레프 톨스토이 그리고 마하트마 간디이다. 류영모가 태어난 1890년에 톨스토이는 62살이었고 간디는 21살이었다. 류영모는 톨스토이와는 20년 동안, 간디와는 58년 동안 같은 해와 달 아래에 숨 쉬며 살았다. (…) 톨스토이, 간디, 류영모는 19세기에 태어나서 20세기에 돌아간, 양세기에 걸쳐진 세 사람의 진인(眞人)이다(박영호,『다석 류영모』상, 81).

류영모의 신앙

20세기가 시작되기 10년 전 서울 남대문에서 태어난 류영모는 피혁 상점을 하시던 아버지의 덕분으로 비교적 유복한 어린 시절을 보낼 수 있었다. 어릴 때는 한문서당에 다니며 공부하고 소학교에도 다닐 수 있었다. 1903년 한국 YMCA가 창설되자 많은 사람들이 YMCA를 자주 다녔는데 류영모도 그중 한 명이었다. YMCA에서 예수에 대해 자주 듣다보니 자연스럽게 알게 되었고, 당시 YMCA 총무를 맡고 있던 김정식에 의해 교회도 다니게 되었다.

> 두 살 아래인 죽은 아우와 함께 놀이삼아 기독청년회(YMCA)에 드나든 것이 시작이었어요. 16살 봄에 그때 연동교회와 기독청년회에서 일보시던 김정식 선생의 권유로 연동교회에 나가게 되었어요(박영호,『다석 류영모』상, 125).

류영모가 16살이었을 때가 1905년으로 을사조약이 맺어진 해였다. 류영모는 임금을 잃고 하늘의 아버지를 만난 것이다. 류영모는 그 당시 연동교회, 새문안교회, 승동교회가 시차를 두고 예배를 보았기 때문에 하루에 세 교회의 예배에 모두 참석할 정도로 열정이 넘쳤었다.

당시 연동교회는 경신학교의 교실로도 사용되고 있었다. 류영모는 자연스럽게 경신학교를 다닐 수 있었다. 경신학교는 영어, 물리학, 천문학 등을 가르치는 신식 학교로 게일 선교사(James Scarth Gale)와 밀러 선교사(Mrs. Miller)가 학생들을 가르치고 있었다. 류영모는 학생들 중 과학

분야에 깊은 관심을 보였다. 경신학교를 졸업하고 양평학교에서 학생들을 가르치고 있을 때, 남강 이승훈의 초청으로 오산학교에서 교편을 잡게 되었다.

류영모가 오산학교에 갔을 때는 기독교학교가 아닌, 유교를 기본으로 삼고 있는 학교였다. 하지만 류영모가 온 후로는 성경공부 모임이 생기기도 하고, 수업 시간에 기도하기도 하면서 조금씩 변화되더니 교장이었던 남강 이승훈의 회심 이후로 명실상부한 기독교학교로 변모했다.

죽음의 의미를 묻다

류영모가 오산학교에 있을 때 두 명의 죽음을 경험한다. 1910년 가을, 톨스토이의 죽음과 1911년, 동생이었던 영묵의 죽음이었다. 톨스토이가 죽고 나자 그의 책들은 많은 사람들의 관심을 사게 되었고, 류영모도 톨스토이에 대해 공부할 수 있는 기회를 갖게 되었다. 일본어를 익히 알고 있었던 것이 톨스토이의 책들을 더 많이 접할 수 있는 계기가 되었다. 이때부터 류영모는 톨스토이의 탈 교회 현상에 관심을 가졌고, 점점 정통 신앙에서 멀어져갔다. 톨스토이는 복음서를 요약한 『요약 복음서』(1881)를 썼다. 일명 '톨스토이의 복음서'로 불려진 그 책에서 당시 기득권 세력이었던 교회가 중요하게 생각하던 것들을 빼고, 예수의 정신을 바로 볼 수 있도록 편집하는 형식으로 복음서를 썼다. 톨스토이의 이런 신앙관을 톨스토이즘으로 부르고 있다.

내가 처음 신약성경을 읽었을 때부터 예수의 가르침 가운데 가장 많이 감동을 받은 것은 사랑과 겸손과 자기 부정과 악에 대하여 선으로 대하라는 가르침이었다. 이것이 나에게는 언제나 기독교의 본질이었다. (…) 교회는 사랑이나 겸손이나 자기 부정의 내적인 진리로부터 떨어져 나가 일종의 외적인 독단의 신조를 인정하고 있었다(톨스토이. 종교론)(박영호,『다석 류영모』상, 194).

류영모가 교회중심의 신앙에서 벗어나 비정통신앙으로 변화하게 된 이유는 톨스토이의 책을 통해 받은 영향도 있지만, 한편으로는 불경과 노자 등 다른 종교의 경전을 읽은 것도 하나의 자극이 되었고, 동생 영묵의 죽음으로 받은 충격도 있었다. 동생의 갑작스런 죽음은 삶과 죽음에 대한 깊은 사색을 하게 만들었다. 더구나 류영모 자신도 30세를 넘기기 어렵다는 의사의 소견이 있었기에 더욱 죽음에 대한 깊은 생각을 하게 되었다.

종교의 핵심은 죽음입니다. 죽는 연습이 철학이요, 죽음을 없이 하자는 것이 종교입니다. 죽음의 연습은 영원한 얼생명을 기르기 위해서입니다. (…) 몸으로 죽는 연습은 얼생명으로 사는 연습입니다(박영호,『다석 류영모』상, 201).

오산학교를 그만두고 일본 도쿄로 유학을 간 류영모는 그곳에서 동경물리학교를 다녔다. 대학에 들어가기 위함이었는데 돌연 대학을 포기하고 귀국하였다. 유학시절 일본에서 자신을 신앙의 길로 안내한 김정식 선생을 만나서 우치무라 간조(內村鑑三)의 무교회 집회에 참여하게 되었다. 당시 우치무라 간조는 서양의 선교사님들을 배제하고 일본인 민족주의 정신을 살려 교회로서의 신앙이 아닌 개인으로서의 신앙을 하길 원했다. 하지만 많은 기독교인들이 무교회가 교회를 없이 하자는 말로 이해했고 이로 인해 무교회 교인들을 싫어했다. 그럼에도 불구하고 류영모의 눈에 우치무라 간조는 정통 신앙인의 모습으로 보였다.

| 우치무라 간조(일본어:内村鑑三, 1861년-1930년), 일본의 개신교 사상가

> 우치무라라는 이는 일본의 종교사상가로 외국 선교사에 반대하여 사도신경의 정신에 입각하여 교회 본래의 정통신앙을 세웠어요. 나와 톨스토이는 비정통입니다(박영호, 『다석 류영모』 상, 219).

일본에서 돌아온 류영모는 25세에 김효정을 만나 결혼하였다. 그러나 결혼에 대한 류영모의 생각은 다소 부정적이어서 혼인을 타락으로 여겼다. 그는 예수가 혼인하지 않았고 석가가 혼인을 해소시킨 이유가 혼인을 타락이라고 보았기 때문이라고 생각했다. 류영모는 하나님을 바르게 알아야 하는데 결혼을 하면 아내와 재밌게 사는 것에 관심이 가서 하나님께 소홀할 수밖에 없다고 여겼다. 세상에 매달려 살아가는 사람에게는 하나님을 알 길이 멀어지는 것으로 이해했던 것이다. 실제로 류영모는 일일일식(一日一食, 하루 한 끼)을 시작하던 51세 때 아내에게 잠자리를 더 이상 하지 않겠다는 해혼(解婚-가족은 유지하되 성생활은 하지 않는 것) 선언도 했다.

결혼 이야기가 오가던 25세 때, 류영모는 화엄경(華嚴經-불교 화엄종(華嚴宗)의 근본 경전)을 배우러 다녔다. 류영모는 배움이 깊어질수록 예수와 석가의 생각이 일치한다는 것을 알게 되었다.

석가와 예수의 생각은 대단히 같습니다. 이 상대세계를 부정하는 것입니다. 상대세계를 부정하지 않으면 예수, 석가를 믿는다고 할 수 없습니다. 석가의 법신(진리를 깨달은 부처의 몸으로 영원불멸하다 여김)과 예수의 하나님 아들은 얼생명을 가리키는 같은 말입니다(박영호, 『다석 류영모』 상, 257).

함석헌이 만난 류영모

| 함석헌(咸錫憲, 1901년 ~ 1989년), 대한민국의 독립운동가, 종교인, 언론인, 출판인이며 기독교운동가, 시민사회 운동가

류영모가 오산학교를 떠난 지 11년 만에 다시 오산학교로 돌아가게 되었다. 교사가 아닌 고당 조만식(물산장려운동을 펼친 독립운동가. 조선의 간디로 불림)의 후임으로 교장이 되어 돌아간 것이다. 일본에서 대학을 진학하지 않고 귀국할 때는 교단에 서지 않고 농사지으며 살 생각이었다. 하지만 시대가 류영모에게 시골에 내려가 농사지을 기회를 쉽게 내어주지 않았다. 오산학교에서 교장을 지내며 류영모는 함석헌을 만나게 된다. 교장과 학생으로서의 만남이었다. 함석헌이 기억하는 류영모 교장의 첫인

상은 놀라움이었다.

새 교장 선생님이 들어오시는데 키는 자그마하고 등이 조금 굽었고 뒷골이 툭 튀어나오신 분인데 하얀 한복차림이었습니다. (…) 배울 학(學)자 한 글자를 풀어 말씀하시는 데 무려 2시간을 얘기하였습니다. 학생들은 '과연 소문대로구나, 보통 분은 아니다'라고 하면서 놀라움을 금치 못했습니다(박영호,『다석 류영모』, 279).

하지만 류영모는 1년 만에 학교를 떠나야 했다. 당국에서 교장 인가를 줄 수 없다고 했기 때문이다. 오산학교 교장으로 지낸 그 1년 동안 류영모는 함석헌에게 큰 영향을 주었다. 이후 함석헌이 일본 유학 시절 우치무라 간조를 만나고 무교회 신앙을 갖게 된 것도 류영모의 영향이 컸다.

함석헌은 태어난 지 2만 날을 기념하는 생일잔치 날 여러 사람 앞에서 이렇게 말하였다. "나의 일생 동안에 정신적으로 단층(斷層)을 이루며 비약한 때가 두 번 있었습니다. 첫 번째기 류영모 선생을 만났을 때이고, 두 번째가 우치무라 선생을 만났을 때였습니다"라고 하였다.(박영호,『다석 류영모』상, 286)

YMCA 연경반 강의

1927년 YMCA를 이끌던 월남 이상재 선생이 세상을 떠나셨다. 다시 YMCA를 이끌 사람이 필요했고 그 자리를 미국 유학을 마치고 귀국해 있던 현동완이 맞게 되었다. 현동완은 죽을 때까지 YMCA를 통해 한국을 섬긴 사람이었다. 일제에서 해방되고 전쟁으로 회관이 소실되었을 때에도 YMCA를 지키기 위해 헌신했으며, 전쟁 중에 고아와 과부를 돕는 일에 최선을 다했고, 삼동소년촌을 지어 전쟁고아들을 돌보았기에 그를 두고 YMCA의 총무이자 고아들의 아버지라고 부른다.

현동완은 YMCA에서 연경반 강의를 맡을 사람으로 류영모가 가장 적임자라 여겼다. 류영모는 현동완의 간청에 연경반 강의를 수락하였다. 류영모는 15살에 YMCA에서 김정식을 통해 예수를 알았고, 23년의 세월이 지나 이제는 YMCA에서 젊은이들에게 진리를 가르치는 사람으로 살게 되었다. 연경반 강의는 1963년 현동완이 세상을 등질 때까지 약 35년간 계속해왔다.

류영모는 자신이 쓴 글보다 연경반에서 강의할 때 제자들이 받아 쓴 글들이 더 많았다. 속기사를 기용해서 류영모의 강의를 받아쓰게 해서 만든 책도 있을 정도였다. 세상에 드러나기를 원치 않았던 류영모에게 연경반은 세상과의 유일한 통로였던 것이다.

류영모의 사상

모든 철학은 그 시대의 아들이다. _헤겔

조선은 500년간 유교를 통치이념으로 삼은 나라였다. 한양에는 중앙에 보신각(普信閣 '두루 믿어라')이 있고 동서남북으로 대문이 하나씩 세워져 있었다. 우리가 동대문, 서대문, 남대문, 북대문 하는 것들에는 원래의 이름이 있다. 동대문은 흥인지문(興仁之門 '인을 일으키라'), 서대문은 돈의문(敦義門 '의를 돈독히 하라'), 남대문은 숭례문(崇禮門 '예를 숭상하라'), 북대문은 홍지문(弘智門 '지혜를 넓혀라')이다.

이들 이름은 유교에서 사람이 항상 지켜야 할 5가지 도리인 '인의예지신'에 맞춰 지은 이름이다. 다만 북대문을 홍지문이라 하지 않고 숙정문(肅靖門)이라고 부르는 이유는 문 이름에 지혜로움을 의미하는 '지(智)'가 들어가면 백성이 지혜로워져서 나라를 다스리는 일이 어려워지기 때문에 '지(智)'자 대신에 '청(淸)'자를 넣었다가 후대에 '청(淸)'대신 조금 더 조용한 의미를 지니는 '靖(편안할 정, 조용할 정)'을 쓴 것이다.

유학은 공자의 가르침을 중시하는 학문이다. 그 중에서 '중용'은 유학의 경전 중 으뜸이라고 할 만큼 중요했고, 사람이 가져야 할 가장 기본적인 덕목으로 교육했다. 중용(中庸)은 사서오경에 속하는 경전 중 하나로 사람이 세상을 살아가는 데 있어서 지녀야 할 자세와 태도를 제시하고 있다.

다석 류영모는 YMCA 연경반에서 유교의 기본 경전으로 통하는 '중용'을 강의했다. 기독교청년회로 불리는 곳에서 오산학교 교장 출신의 류영모가 전하는 '중용'은 그의 제자 박영호에 의해 책으로 출판되었다. 중용 강의에 대한 책의 제목은 『다석 중용 강의』이다. 하지만 부제가 "예수와 석가와 공자가 만나 '중용'을 이야기하다"로 붙어있다.

이 책에는 다음과 같은 설명이 있다.

"기독교와 불교와 유교의 가르침은 하나다."

다석 류영모가 YMCA 연경반 등에서 행한 고전 강의에는 당대의 수많은 지식인들이 열정적으로 참여해 스승의 가르침을 받았다. 다석의 강의는 유교와 불교와 기독교를 하나로 모아 세움으로써 사상의 일대 장관을 만들어 냈다.

『다석 중용 강의』에서 저자인 다석 류영모를 이렇게 소개한다.

동서고금의 종교와 철학에 두루 능통했던 대석학이자 평생 동안 진리를 좇아 구경각(究竟覺-깊은 깨달음의 경지)에 이른 큰 사상가이며, 우리말과 글로 철학을 한 최초의 사상가였다. 성경, 불경, 노장 사상, 공자와 맹자 등을 두루 탐구하였으며, 기독교를 줄기로 삼아 이 모든 종교와 사상을 하나로 꿰뚫는 한국적이면서 세계적인 사상을 세웠다.

류영모는 예수와 석가가 아주 가까운 사이로 이해했다. 그는 자신이 기독교나 불교로 규정되기를 원치 않았다. 어쩔 때는 자신을 훌륭한 불교인으로 말하기도 했다. 류영모에게 중요한 것은 불교인이냐 기독교인이냐가 아니라 진정한 '얼나'로 깨어 있느냐였다. 류영모는 '제나'로 살아가는 존재는 짐승에 불과하다고 여겼다. '제나'는 탐진치(貪瞋癡)에 빠져서 진정한 '얼나'로 솟(거듭)날 수 없다고 했다. 하지만 석가나 예수는 '제나'를 이겨내고 '얼나'로 살아온 하나님의 아들들로 여겼다. 거기에 공자도 예수나 석가처럼 '얼나'로 솟(거듭)난 하나님의 아들이라고 생각했다. 왜냐하면 공자는 탐진치의 짐승 냄새를 지우고 진선미의 거룩한 향내를 내기 때문이라는 것이다. 류영모는 공자와 그의 사상인 유교가 고난의 길을 통해 '얼나'가 솟(드러)나게 한다고 보았다. 류영모는 공자에 대해 다음과 같이 말했다.

> 사람은 제 집을 떠나서 나그네가 되어 애쓰고 고생하며 생각하는 데서 철이 나고 속알이 영근다. 공자가 섬길 임금을 찾아 이 나라 저 나라로 돌아다니느라고 앉은 자리가 더워질 겨를이 없었다고 한다. (…) 그런데 고난을 떠나 안일을 찾으면 유교의 정신은 죽고 만다. 사람은 안일에 죽고 부귀에 썩는다(박영호,『다석중용강의』, 18).

'제나를 버리고 얼나로 솟나라'

류영모의 사상을 보다 많은 사람들이 쉽게 이해하도록 돕기 위해 그의 직제자 박영호는 '다석 류영모 낱말풀이 사전'을 집필하고 있다. 그만큼 류영모의 사상에는 독특한 언어가 많이 들어가 있었다.

그중에서 가장 중요한 것이 '얼나'라는 말이다. 류영모가 가장 많이 한 말도 '얼나'이다. 불교를 이야기할 때도 '얼나'가 핵심이고, 기독교를 이야기 할 때도 '얼니'라는 말로 설명한다. 류영모에게 있어 '얼나'는 도교의 '도'(道)이고 불교의 '해탈'(解脫)이며, 유교의 '천명'(天命)이었다. 류영모는 육신을 '제나'로 표현하고 마음을 '맘나', 영은 '얼나'로 표현하길 좋아했다. '제나'는 인간의 욕정이 모여 있는 곳이기에 악한 것이었고, '맘나'에 담긴 '삼독'을 제할 때 비로소 짐승의 냄새가 나지 않는 참된 인간인 '얼나'로 살아가는 '진인'이 될 수 있다고 보았다.

류영모의 사상은 유불선 삼교의 핵심 사상에 기독교 사상이 접목되어 있다. 따라서 유불선의 사상을 이해할 때 류영모의 사상에 좀 더 가까이다가갈 수 있다.

　유교, 불교, 도교는 우리나라를 비롯한 동아시아의 주류적 사상들이다. 서양의 유대교, 기독교, 이슬람교가 전혀 교제하지 못하는 모습과는 달리 동양의 종교는 서로가 서로에게 영향을 주면서 때로는 반목하기도 했지만, 서로 보완하고 교류하면서 조금씩 비슷한 모습을 찾아가게 되었다. 서민들에게 도교의 도인이나 불교의 스님은 비슷하게 보였다. 유교의 선비를 포함해서 이들은 삶의 지혜를 가진 사람들로 여겼다. 죽음에 대해서도 천명을 다하고 사당에 성인으로 모셔지거나, 부처가 되기도 하고, 신선이 되기도 하는 모습 역시 서로가 같은 것을 조금씩 다른 말로 하는 듯한 느낌을 주었다. 이러한 유불선 삼교는 기본적으로 절대적 신이 존재하지 않은 채 인간의 수행과 고행, 혹은 부단한 노력으로 절대의 경지에 이를 수 있다는 생각을 갖게 해 주었다. 특별한 깨달음을 얻음으로써 생의 모든 유혹과 아픔과 욕망을 극복하고 인간의 근심이 사라지는 절대 세계에 들어가는 것이 유불선 삼교의 기본 구조였다.

　유불선에서 이야기하는 세계는 이원론이 기본이 되는 세계이다. 음양이 하나로 있는 태극(太極)에서 음과 양이 갈라져 나와 이 세계를 이루었다는 유교와, 유(有)와 무(無)의 긴장관계에서 이 세상이 존재한다는 도교, 공(空)과 색(色)이 서로 공존하면서 세계를 보여주고 있다고 말했던 불교까지 이 세계를 이원론으로 설명한다. 이들에게 있어 절대적 세계는 태극을 넘어선 무극(無極)의 세계이거나 없음(無)의 세계, 혹은 비어(空)있는 세계이다. 류영모는 이런 없음의 세계를 '빔'이라 하였고 '빔'은 기독교에서 말하는 하나님의 품이었다. 따라서 류영모에게 있어 하나님은 '없이 계신' 하나님이시다.

우리가 놓여 있는 전체의 환경을 우주라 부른다. 우주는 변화에 변화를 거듭하는 천체와 변화는 없이 항상(恒常:어떤 경우든 한결같이)한 허공으로 되어 있다. 변화하는 물질계를 태극이라 하고, 변화하지 않는 허공을 무극이라고 한다. (…) 변화하는 태극보다는 변화하게 하는 무극이 더 크다. 물질보다는 허공이 더 크다는 말이다. (…) 짐승의 눈으로 예수를 보면 예수는 다른 사람과 다르지 않는 사람이라는 동물에 지나지 않을 것이다. 그러나 정신인이 보면 예수는 최고의 깨달음을 얻은 정신인이다. 그처럼 사람들은 전체를 우주라 하지만 신앙인은 전체를 하나님이라고 한다. (…) 예수는 무극의 하나님을 '아버지'라 하였다. 류영모는 그 앞에 '없이 계시는 아버지'라 하였다. (…) 예수가 하나님을 만유보다 크시다고 한 것은 분명히 무극의 하나님을 말한 것이다.

류영모는 이렇게 말하였다.

"하나님 없다면 어떻습니까? 하나님은 없이 계십니다. (…) 인생의 구경(究竟-깊은 깨달음)은 없이 계시는 하나님 아버지를 모시자는 것입니다"(박영호, 『다석 류영모』 하, 372).

류영모는 '없이 계신' 하나님이 인간들에게 하나님의 정신인 '씨'를 주었고, 이 씨를 잘 키워 '싹'을 낸 사람들이 성인들, 즉 공자, 석가, 예수였다고 보았다. 류영모는 백성이라는 말 대신 하나님의 '씨'를 받은 사람들이라는 의미로 '씨알'이라고 불렀다. 하나님의 '씨'를 가진 인간들이 '싹'을 틔우지 못하는 이유는 불교에서 말하는 삼독인 탐진치(貪瞋癡)를 극복하지 못했기 때문이며, 이런 삼독으로 인해 '얼나'가 발현되지 못한다고 보았다.

불교의 삼독인 탐진치는 인간들의 무지와 아집에서 비롯되는 세 가지

죄악들을 말한다. 무지에서 나오는 어리석음을 '치'(癡)라고 불렀고, 자신의 것이 아닌데 욕심내는 죄를 '탐'(貪)이라 불렀다. 또한 그 '탐'을 얻지 못해 생겨나는 분노를 '진'(瞋)이라 했던 것이다. 인간은 빈손으로 와서 빈손으로 떠나야 하고, 살아갈 때도 자연에서 필요한 모든 것을 공급받으며 살아간다. 류영모는 그 무엇도 자신의 것이 아닌 자연의 것, 혹은 하나님의 것을 누리다 가는 것임에도 그것을 알지 못한 채 욕심에 사로잡혀 분노하며 살아가는 '제나'의 모습이 마음의 세 가지 독이 되어 깨달음을 얻지 못하게 방해하고 있다고 보았다.

류영모는 YMCA 연경반에서 유불선의 경전들을 강의하면서 '얼나로 솟(거듭)나기 위해서는 고행이 필요하고 빔의 세계, 없이 계신 하나님을 묵상하는 것이 중요하다고 가르쳤다. 류영모는 가르치는 것에서 끝나지 않고, 자신이 고행을 하면서 제자들에게 아는 것을 실천하는 참 스승의 모습을 보여주었다. 류영모는 51세에 간디처럼 부인과의 잠자리를 끊겠다는 해혼선언을 한 뒤, 늘 무릎을 꿇고 앉았고, 일일일식을 하며, 널빤지 위에서 곧게 누워 잠을 자면서 고행의 삶을 살았다. 그의 호가 '다석'(多夕)인 이유도 저녁 석(夕)자를 세 번 씀으로 깊은 밤을 표현했고, 어둠에 잠긴 밤은 눈을 감지 않아도 '없이 계신' 하나님께로 자신의 생각을 집중할 수 있다는 것을 느꼈기 때문이다.

류영모는 《다석어록》에서 이렇게 표현하고 있다.

내가 얼숨을 쉰다는 것은 하나님의 생명인 얼을 숨 쉬어 진리인 얼나를 체득하는 것이다. 이것은 기도로 이루어진다. 기도는 하나님을 생각하는 것이다. 하나님을 생각하는 사람에게 주시는 하나님의 얼은 몸나의 짐승 성질을 다스리는 권능을 가져 짐승 성질을 이김으로 새사람이 되게 한다. 그러므로 하나님이 주시는 얼(성령)을 마음의 생각으로 숨 쉬어 얼나를 깨달아야 한다.(박영호,『깨달음공부』, 169).

류영모는 기독교의 언어로 유불선의 깨달음을 가르쳤지만 본인은 기독교 신자라고 하지 않았다. 그 이유에 대해 류영모는 이렇게 말했다.

이 사람은 몇십 년 전에 예수를 믿었는데 요새 사람들이 나를 보고 당신은 예수를 믿는다고 하는 것이 좋지 않으냐고 말한다. (…) 나는 늘 이단이라고 해서 안 믿는다고 하는 것이 차라리 좋지만 이제는 그나마도 믿는다는 것이 부끄러워졌다. 믿는다면 무슨 외래 무당처럼 보인다. 참으로 섭섭한 일이라 아니할 수 없다(다석어록)(박영호,『다석 류영모가 본 예수와 기독교』, 142).

류영모는 예수뿐만 아니라 노자나 공자, 혹은 석가를 좋아했다. 그들의 깨달음이 담긴 경전을 좋아했고 그것을 가르쳤지만 불교나, 도교, 혹은 유교로 개종하지는 않았다. 교회를 다니지도 않았지만 우찌무라 간조처럼 집에서 예배를 드렸던 것도 아니다. 그는 혼자 명상과 기도하기를 좋아했다.

다석 류영모의 제자인 김흥호(전 이화여대 기독교학과교수)는 신문사 기자와의 인터뷰에서 다음과 같이 말했다.

당시 '조선의 3대 천재'로 꼽히던 다석은 2000년 동안 형성된 교리와 신학은 물론 '기독교'라는 종교의 틀조차 벗어버린 눈으로 성경을 다시 보기 시작했다. 그때 다석은 사도신경에 입각한 교의신학을 벗고 순수한 '예수의 가르침의 정수'로 귀환하고자 했다. (…)

다석은 스님들보다 불경에 달통하고, 도교인보다 노자 장자에 도통했지만, 개종하지 않았다. 동서양을 모두 회통한 뒤에도 다석은 예수를 자신이 본받을 궁극의 선생이자 가장 큰 스승으로 모셨다. (…) 광주의 '맨발의 성자' 이현필과 동광원 수도자들은 매년 며칠씩 다석을 초청한 사경회에서 집중적으로 설교를 들었다. 동광원은 잃어버린 한국 기독교의 영성을 회복시켜줄 등불로 주목받고 있다. 〈성서조선〉을 통해 조선 민중의 정신을 깨운 김교신과 유달영, 박영호, 주규식, 안병무, 서영훈 등도 그를 받들었다. 다석은 한국인과 '한국 기독교'를 깨운 최대의 숨은 공로자였다. 그는 지도자가 아니라 '지도자의 스승'이었다(조연현, 한겨레신문, 2007).

다석(多夕) 류영모(柳永模)

19세기 후반에 태어나 일제 강점기를 지나면서 이 땅에 많은 지도자들의 스승으로 생을 살았던 다석 류영모는 함석헌과 함께 전 세계 철학자들이 주목한 이 땅의 사상가였다. 함석헌은 류영모의 오산학교 제자였으며 그 스스로도 류영모를 우찌무라 간조와 더불어 자신의 스승이라고 했다.

52세에 고행의 삶을 시작하면서 그가 남긴 『다석일지』는 많은 이들의 사상적 지침서가 되고 있다. 류영모는 그의 정신이 세월을 이기지 못하고 흐려져 갈 때까지 농사와 함께 일지 쓰기를 계속했다. 그의 열정은 87세의 나이에 톨스토이처럼 가출을 시도하게 했고, 그 뒤로도 몇 번의 시도를 더 했다. 류영모는 방랑길에서 돌아온 후 병세가 점점 심해져 1981년 91세의 나이로 세상을 떠나 '없이 계신' 하나님의 '빔'의 세계로 갔다.

> 마지막을 거룩하게 끝내야 끝이 힘을 줍니다. (…) 마지막을 꽃처럼 아름답게 끝내는 것입니다. 그러기 위해서는 마지막을 기다릴 것이 아니라 순간순간이 마지막 끝을 내어야 합니다. 그렇기 때문에 언제나 끝이 꽃입니다(박영호, 『다석 류영모』 하, 367).

참고문헌

박영호, 『깨달음공부』, 교양인, 2014.
류영모 번역·강의/박영호 풀이, 『다석 중용 강의』, 교양인, 2012.
박영호, 『다석 류영모 上』, 두레, 2001.
박영호, 『다석 류영모 下』, 두레, 2001.
박영호, 『다석 류영모가 본 예수와 기독교』, 두레, 2000.
류영모 강의/주규식 기록/박영호 풀이, 『다석 씨알 강의』, 교양인, 2015.
박영호, 『다석전기』, 교양인, 2012.
류영모역/박영호 해설, 『노자와 다석』, 교양인, 2013.
류영모 저/박영호 편, 『다석 마지막 강의』, 교양인, 2010.
정양모 등저, 『하루를 일생처럼: 다석 류영모 선생 귀천 30주기 추모 문집』, 두레, 2011.
김진, 『다석 류영모의 종교사상』, 울산대학교출판부, 2012.
류영모 강의/박영호 풀이, 『공자가 사랑한 하느님』, 교양인, 2010.
류영모 저/박영호 풀이, 『얼의 노래』, 두레, 2004.
김흥호 편저, 『제소리:다석 류영모 강의록』, 솔, 2001.
박영호 편, 『다석 류영모 어록』, 두레, 2002.
류영모, 『죽음에 생명을 절망에 희망을』, 홍익재, 2001.

참고사이트

다석사상연구회, www.dasuk.or.kr
다석학회, www.dasuk.kr
현재학회, www.hyunjae.org

유일한 1895-1971

사 회 적 신 앙 인 의 발 자 취

" 그에게 하나님 나라는 교회보다 더 큰 개념이었다.
신앙인들이 모인 교회공동체를 넘어 하나님이 통치하는 모든 자리가
하나님의 나라이기에 신앙인들은 교회에만 머물지 말고
세상을 향해 나아가 하나님의 공의와 사랑을 선포해야 한다고 생각했다.
그는 교리와 종교적 실천에 갇힌 바리새인이 되기보다
하나님의 뜻을 삶으로 살아내는 예수의 제자가 되기를 원했다. "

유일한, 한 줄기 향기가 되다!
하나님의 나라를 이 땅 위에 일구며 살았던 선한 이웃

박종수

눈으로 남을 볼 줄 아는 사람은 훌륭한 사람이다. 그러나 귀로는 남의 이야기를 들을 줄 알고, 머리로는 남의 행복에 대해서 생각할 줄 아는 사람은 더욱 훌륭한 사람이다. _유일한

1971년 4월 8일, 한국 사회에 큰 파장을 일으킨 한 사건이 일어났다. 한 기업 총수가 서거한 후 약 한 달 뒤, 그의 유언장이 공개된 것이다. 자신의 소유주식 14,941주 전부를 사회에 기증하고 딸에게는 자신이 세운 학교 주변 대지 5천 평을 상속하되 그곳을 자신의 묘지 동산으로 만들고 학생들이 자유롭게 드나들 수 있도록 유언하였다. 그리고 아들에게는 대학을 졸업할 수 있도록 책임져 주었으니 자립해서 살아가라는 말과 함께 한 푼의 유산도 남기지 않았다. 본인의 혈육에게 남긴 돈은 자신의 손녀를 위한 학자금 1만 달러가 전부였다.

이 기업 총수가 바로 유한양행의 창업주, 고 유일한 박사이다. 유일한

은 생전에 자신의 주식 40퍼센트를 각종 공익재산에 기증하였고 남은 개인재산을 모두 사회에 환원하고 세상을 떠났다. 2017년을 살아가고 있는 오늘날에도 자신의 전 재산을 사회에 기증하고 죽는 사람이 매우 드물다는 사실을 고려하면 46년 전의 그의 결단이 한국사회에 미친 파장이 어떠했을지 가늠해보는 것은 어렵지 않다.

유일한의 유언장과 기업 윤리

유일한의 유언장에는 기업의 이익은 그 기업을 키워 준 사회에 환원하여야 한다는 평소의 지론과 기업윤리가 고스란히 담겨 있다. 그는 기업이 한 사람의 부의 축적수단으로 전락해서는 안 된다고 생각했다. 그에게 기업은 사회를 위해 존재하고 그 사회가 건강한 삶의 자리가 될 수 있도록 최선을 다해야 했다. 이것이 한 기업이 가지는 사회적 책임이며, 기업가는 자신이 경영하는 기업이 그 책임을 다할 수 있도록 기업을 잘 관리해야 한다고 생각했다. 그렇기에 유일한은 정직하고 성실하게 그리고 올바른 방법으로 사업을 경영하였다. 늘 값싸고 좋은 제품을 만들어 국민에게 유익을 주면서 정당하게 이윤을 내고자 노력하였다. 유일한의 정직한 이윤추

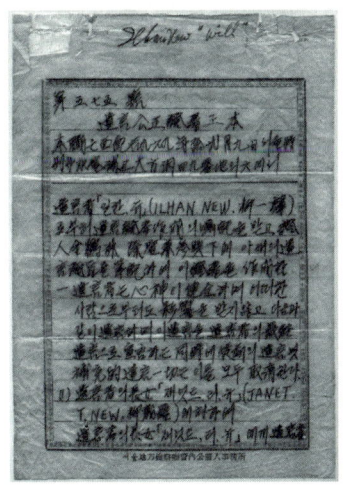

| 유일한의 유언장

구는 그의 성실한 납세 자세에서도 그대로 드러난다. 유한양행은 최선을 다해 납세의 의무를 다했고 타 기업의 모범이 되었기에 역대 정권들로부터 우량납세기업으로 여러 차례 선정될 정도였다(조기준, 204-205).

그는 투명한 납세뿐만 아니라 정치자금을 주는 일에도 매우 엄격하였다. 한 예로, 자유당 정권이 유한양행에 3억 환 정치자금을 요구한 일이 있었다. 유일한은 이 요구에 응하지 않았고 결국 강도 높은 세무조사를 받게 되었다. 그는 망하는 한이 있더라도 불의한 방법으로 회사경영을 하지 않겠다는 의지로 맞섰다. 이에 대한 일화가 조성기가 펴낸 유일한 평전에 다음과 같이 자세하게 기록되어 있다:

우량납세업체로 표창까지 받은 기업 사무실로 서울 사세청(지방 국세청) 직원들이 들이닥쳤다. 그들은 유한양행 경리장부들을 압수하여 일일이 조사하기 시작했다. 이건웅 사장은 일본에 있는 일한에게 연락하여 그 일에 대해 의논하였다. "요즘 세무사찰이다 뭐다 해서 정상적인 업무가 불가능할 지경입니다. 회사마다 그런 게 골치 아파 자유당 정권이 원하는 정치자금들을 울며 겨자 먹기로 내어주고 있습니다. 만나는 사장마다 한숨을 쉬며 불평은 하면서도 어쩔 수 없는 모양입니다. 우리도 차라리 3억 환 정치자금을 줘버리는 것이 낫지 않겠는가 하는 생각도 듭니다. 그걸 주지 않았다가는 3억 환보다 더 큰 돈을 잃어버릴 것 같습니다."

그러나 일한은 단호하였다. "지금까지 그런 식으로 사업을 해오지 않았네. 불법적으로 모은 정치자금은 결국 불법을 자행하는데 쓸 뿐이네. 내가 기업의 신조로 정직과 성실을 내세우면서 어떻게 불법을 자행하는 무리들과 공범이 될 수 있겠나?"

"그러다가는 회사가 정상적으로 운영되기 힘들고 결국은 문을 닫을 수도…"
"문을 닫게 되어도 할 수 없는 일이야. 그렇게까지 해가면서 사업을 하고 싶지는 않네. 정부가 정 그러면 난 유한양행을 팔아서 교육사업에만 투자할 생각도 가지고 있네." 이건웅은 일한이 마지막 배수진을 치고 있다는 것을 느끼고 더 이상 의견을 말할 수 없었다(조성기, 298-299).

박정희 정권 때도 같은 일이 있었다. 박정희 정권은 각 기업들에 거액의 정치자금을 내놓으라고 압박했고 유일한은 이번에도 거절하였다. 이승만 정권 때처럼 정부는 강도 높은 세무사찰을 실시하여 다른 기업들에 본보기로 삼고자 애썼다. 그러나 아무리 조사해도 탈세내역이 발견되지 않았다. 이 결과를 보고받은 박정희는 1968년 유한양행을 모범납세 법인으로 선정하고 유일한에게 동탑 산업훈장을 수여하였다(임정진, 101).

투명한 경영활동과 사회환원

유일한의 정직한 이윤추구는 투명한 경영활동을 통해 이루어졌다. 그는 1962년 11월 1일에 기업을 공개하면서 유한양행의 주식을 상장하였다. 이는 국내민간기업으로는 두 번째이고, 제약업계로는 처음으로 시도된 일이었다. 1974년에 대통령 특별지시에 의해 기업공개촉구가 있었다는 점을 감안하면 유일한이 얼마나 선구자적인 식견을 가지고 기업문화를 선도했는지를 알 수 있다. 그러나 당시 기업공개와 주식상장은 결코 쉬운 결정이 아니었다. 무엇보다 기성 주주들과 임원들의 심각한 반

| 동탑 산업훈장을 받은 유일한

대에 부딪혔다. 회사 설립 이후 유한양행의 자산은 괄목할 만한 성장을 했는데 발행 당시의 주가로 상장을 한다면 주주들의 손해가 막심하다는 것이었고, 그렇기에 먼저 자산재평가를 실시해야 한다는 주장이었다. 그러나 유일한은 투명한 경영과 기업의 민주화를 위해 기업공개와 주식상장은 빠르면 빠를수록 좋다고 생각하고 추진하였다. 주식상장 이후 유한양행의 주가는 6배로 뛰어오르면서 그의 판단이 맞았음을 입증해 주었다(조성기, 308-309).

유일한의 투명한 기업경영의 의지는 능력에 맞는 인사원칙과 전문경영인 도입을 통해서도 그대로 드러난다. 그는 아무리 직계 가족과 친척이라도 혈육이라는 이유만으로 그들을 중용하지 않았다. 기업경영과 개인적 관계는 엄격히 구별돼야 한다고 믿었다. 이런 소신은 전문경영인 제도의 도입으로 이어졌다. 그는 1969년 10월 30일에 열린 제44기 정기 주주총회에서 조권순에게 경영권을 이양하였다. 지금까지도 창업주 직계 가족들에게 경영권을 상속하는 문화가 강하다는 것을 감안하면, 당시 전문경영인의 도입은 가히 파격적인 사건이 아닐 수 없었다.

한 가지 흥미로운 점은 기업과 개인적 관계를 엄격히 구별하였던 유일한도 아들 일선을 후계자로 키워야 한다는 유한양행 간부들의 거듭된 청을 받아들여 일선에게 후계자 교육을 시킨 적이 있다는 사실이다. 한국전쟁의 참화를 딛고 회사를 공고히 세우려던 이 계획은 완전히 실패하였다. 유일한과 아들은 기업 이념과 창업주의 역할, 사고방식과 경영

방식, 추구하는 가치 등이 완전히 달랐다. 결국 부자간의 관계까지 안 좋아지면서 일선은 미국으로 돌아가 버렸다. 이후에 유일한과 아들의 관계는 그리 순탄하지 않았다. 이 쓰라린 경험은 전문경영인제도에 대한 그의 믿음을 더욱 굳게 하였다(조기준, 215, 112).

유일한은 정당하게 번 이윤을 기부를 통해 적극적으로 사회에 환원하였다. 유일한은 학교와 병원, 공익재단 등에 수시로 많은 기부를 했고 이를 통해 기업의 사회적 책임을 다하고자 노력했다. 공식적인 통로뿐만 아니라 비공식적인 후원도 많이 했다. 예를 들어, 지인이 경제 문제, 학비 문제 등으로 고생하는 것을 알면 그들을 도와주면서 다른 이들에게는 함구해 달라고 부탁했다(조기준, 91).

뿐만 아니라 사원들의 복지에 큰 관심을 가지고 본인이 경영하는 회사에서부터 기업의 사회적 책임에 대한 자신의 신념을 적극 실천하였다. 1936년에 이미 사원지주제를 실시하여 유한양행에서 발행하는 신주를 사원들에게 분배하고 기업의 이윤을 함께 나누며 노사는 한길 걷는 동반자라는 사실을 보여주었다. 또한 사원들의 자녀교육비와 경조사 비용에 대한 부담을 덜어주기 위해 장학금 제도를 초창기 때부터 운영하는 등 다양한 복지 정책을 실시하였다(조성기, 237).

이러한 유일한의 기업이념은 1958년에 발표된 [유한의 정신과 신조]에 다음과 같이 고스란히 담겨 있다: "우리는 힘을 다하여 가장 좋은 상품을 만들어 국가와 동포에게 도움을 주자. 그렇게 하기 위하여 첫째 경제 수준을 높이며, 둘째 한결같이 진실하게 일하고, 셋째 각자와 나라에 도움이 되도록 하자. 그러므로 각 책임인들은 항상 참신한 계획과 능동적인 활동으로 정직하고 성실하게 일하자"(김윤섭, 65). 그의 인생관, 국가관, 사업관의 핵심을 요약하고 있는 이 정신과 신조에 대해 조기준은 다음과 같이 평가하고 있다.

'유한의 정신과 신조'는 . . . 유일한 회장의 기업가 정신을 기업 내외에 천명한 것이었다. 그것은 기업 외적으로는 아직 '천민적 자본주의 정신'의 풍조가 일반적으로 존재하는 속에서 근대기업이 지향하여야 할 방향을 제시한 것이었다. 유일한 회장은 "재산과 기업은 개인의 사유물이 아니라 하나님께서 위임한 것이니, 기업주는 소유주가 아니라 단지 관리인에 불과하다"라고 보고, 따라서 기업가는 하나님께서 위임한 기업을 발전시켜야 할 의무가 있다는 것을 강조하고 있다. 여기에 기업가 활동은 단순히 돈을 버는 수단에 머무는 것이 아니라 하나님의 소명에 부응하는 것으로 인식되고 있는 것이다. 따라서 기업발전에 필수적인 이윤은 '성실한 기업활동의 대가'로 얻어져야 하는 것이었다. 이러한 관점에서 볼 때, 기업이 부정, 부당한 방법으로 돈을 번다든가 정부와 결탁하여 그 특별한 비호하에 성장한다는 것은 배척되어야 할 일이었다. 그리고 유일한 회장은 "실현된 이윤은 기업가 개인의 부귀영화를 위한 수단이 될 수 없는 것"이며 또한 "기업의 기능이 단순히 돈을 버는 데만 머문다면 수전노와 다른 것이 없다"라고 하며 기업이윤의 사회환원을 주장하고 있다.

'유한의 정신과 신조'는 기업 내적으로는, 수적으로 많아지고 기능적으로 다양해진 종업원들에게 일하는 보람과 자세를 깨우쳐 주는 것이었다. 유일한 회장의 기업관, 기업가 정신은 기업의 종업원들에게 일하는 보람, 사명감을 불어넣어 주었다. . . . 유능한 인재들이 그들의 능력을 개발하면서 '성실'하고 '정직'하게 자신의 책무를 다할 때 기업은 하나의 공동운명체로 발전할 수 있다는 것이다.

유일한 회장은 '유한의 정신과 신조'를 통해서 자신의 기업관, 노동관을 천명하였을 뿐만 아니라 그것을 실천하였다(조기준, 255-257).

교육사업

유일한이 추구하였던 사회적 책임을 다하는 기업활동의 정수는 그의 교육사업이었다. 유일한은 교육에 지대한 관심을 가지고 교육사업을 위해 많은 물질과 시간을 할애했다. 그는 우리 민족이 근세 초에 식민지 지배라는 아픔을 겪고 한국전쟁과 이어진 불안한 정세로 가난에서 벗어나지 못하는 것은 교육의 부재에 있다고 믿었다. 그렇기에 국민들이 좋은 교육의 기회를 얻도록 돕는 것은 사회적 책임을 감당해야 할 기업의 주요한 임무라고 생각하였다. 이러한 신념에 근거하여 유일한은 한국전쟁 때부터 본격적으로 교육사업을 시작하게 된다. 6.25 동란으로 많은 아이들이 배울 수 있는 기회를 박탈당하자 1952년 부천 소사공장 내에 임시교실을 만들어 불우한 학생들을 가르치기 시작했다. 이것이 유한공업고등학교의 전신인 고려공과기술학교의 시초이다. 그러나 1963년에 재단법인 유한학원이 설립되고 1964년에 유한공업고등학교가 개교될 때까지, 약 10여 년 동안 유일한의 교육사업은 기대했던 만큼의 성과를 이뤄내지 못했다. 사재를 털어 극빈 학생들에게 학비와 숙식비를 제공하면서 무료 교육을 실시하였으나 성과가 기대에 미치지 못했다(조기준, 299-300).

그럼에도 유일한은 교육사업을 포기하지 않았고, 결국 그의 교육비전은 유한공업고등학교의 개교와 함께 비로소 빛을 보게 된다. 당시 유한공고는 전교생 전원에게 3년 동안 수업료를 면제해주는 거의 유일한 정규학교였기에 제1회 신입생 선발부터 전국적으로 우수한 학생들이 몰려들었다. 전교생 전액 장학금제도는 1974년 고교평준화가 실시될 때까지 지속되었고, 유한공고는 명문 고등학교로 발돋움하여 한국사회를 이끌어 온 많은 인재를 배출할 수 있었다. 유한공고의 교육은 성실을 그 지표로 삼고 있는데 이는 설립자가 지녔던 인생관/가치관과 일맥상통하는 것이다. 유일한이 얼마나 교육사업에 애정을 품고 있었는지를 보여주는 한 예는 세상을 떠나기 두 달 전, 사람들의 부축을 받으면서도 유한공고 4회 졸업식에 참석했다는 점이다. 이는 그가 참여한 마지막 공식행사가 되고 말았다. 이 졸업식에서 유일한은 유언과 같은 짧은 축사를 했다. "나의 소년 시절에는 배우고 싶은 욕심이 많았으나 우리나라에는 변변히 가르쳐주는 곳이 없어 아쉽고 서운하였습니다. 그러나 여러분은 지금 이렇게 배울 곳이 있고 좋은 선생님들이 있고 좋은 나라도 있으니 참으로 행복하겠습니다. 여러분은 여기서 배운 것으로 만족하지 말고 더욱 열심히 노력하여 우리나라 기술이 세계 수준을 능가할 수 있도록 해주십시오. 여러분의 졸업을 다시 한번 축하합니다"(조성기, 346).

유일한의 삶을 선도한 두 가지 가치
: 애국심과 기독교 신앙

유일한은 이와 같이 기업이 감당해야 할 사회적 책임의 중요성을 믿고 그대로 실천한 기업가였다. 그의 정신과 실천이 한국 사회에 미친 영향력은 그가 기부한 막대한 재산 그 이상이었다. 그렇다면 유일한은 어떻게 이런 선구자적인 삶을 살 수 있었을까? 그의 삶을 지탱한 두 가지 가치 때문이다. 하나는 애국심이며, 또 다른 하나는 신앙심이다.

먼저 애국심을 살펴보자. 유일한의 애국심을 잘 보여주는 일화가 있다. 위에서 언급했듯이 유일한은 아들 일선에게 후계자 수업을 시킨 적이 있었다. 이때 유일한은 일선에게 자신의 인생에서 가장 중요한 것은 국가이며 그 다음이 교육과 기업, 그리고 가정이라고 말한다. 그러나 유일선은 아버지의 가치 순위에 동조하지 않았고 자신의 순서는 정반대라고 대답하였다. 여기서 주목해야 할 사실은 조국에 대한 그의 사랑과 충성의 정도이다. 그의 말처럼 유일한은 대한민국을 향한 애정과 소명으로 그의 삶을 살아갔다(조기준, 112).

유일한이 기업가가 된 이유 또한 애국심 때문이었다. 그가 유한양행을 설립할 당시 한국은 일본의 식민지였다. 유일한은 자신의 조국과 동포들을 위한 삶을 살고 싶었고, 그 방법으로 기업경영을 선택하였다. 그는 기업을 통해 국민들에게 일자리와 교육의 기회들을 제공하고 싶었다. 기업 중에서도 제약업을 선정한 것은 건강한 국민이 될 수 있도록 돕기 위해서였다. 이를 위해 유일한은 미국에서 성공 가도를 달리고 있던 식품회사 경영을 정리하고, 의사였던 중국인 부인 호미리와 귀국하여 1926년 12월 10일에 유한양행을 설립하였다. 그에게 유한양행은 기업임과 동시에 애국 활동의 근거지였다. 값싸고 좋은 약품을 만들어 국민들이 건강할 수 있도록 돕고 민족자본을 키워 경제적 독립을 앞당기는 것이 그의 비전이었다. 1938년 10월 30일자 동아일보 전면광고에는 이러한 정신이 잘 담겨 있다: "(1) 튼튼한 나라를 세우기 위해서는 튼튼한 국민이 있어야 하며, (2) 유한양행은 우수 의약품을 공급함과 동시에 민중의 위생 사상을 높이고자 하고, (3) 민족기업의 발전은 곧 나라의 발전으로 연결될 것"이다(조기준, 182, 287). 당연히 일본총독부의 집요한 방해와 부당한 처우가 있었지만 애국심에 기반한 그의 성실하고도 정직한 경영으로 유한양행은 계속해서 성장할 수 있었다.

9살에 홀로 떠난 미국 유학
: 작은 겨자씨처럼 미지의 땅에 떨어지다

이러한 그의 투철한 애국정신은 그의 성장배경과 직결된다. 유일한은 구한말 한반도를 차지하기 위해 중국과 일본이 일으킨 청일전쟁이 한창이던 1895년 1월 15일에 평양에서 큰 장사를 하던 아버지 유기연과 어머니 김기복 사이에서 장남으로 태어났다. 원래 일한의 이름은 일형이었다. 그러나 미국 유학 중 미국인 동료들이 그의 이름을 발음하기 힘들어 일한으로 부르자, '한국 한'(韓) 자를 사용하여 '하나밖에 없는 대한민국'이란 뜻의 일한으로 개명한다. 일한의 이름이 좋다고 느낀 아버지 유기연은 자식들의 이름을 모두 '한' 자 항렬로 고쳤다 한다(임정진, 24-26). 아버지 유기연은 단발령이 내려지자 스스로 자신의 상투를 잘랐을 만큼 일찍 개화를 선택한 사람이었다. 개화를 하면서 서구문물을 접할 수 있는 기독교를 자신의 종교로 받아들였다. 그는 미국 북장로회 선교사로 평양신학교를 세운 사무엘 마펫에게 세례를 받았다. 유기연에게 개화는 그의 애국심의 발로였다. 조선도 빨리 개화를 하고 서양문물을 받아들여야 서구 열강들로부터 자립할 수 있다고 믿었다. 그의 이러한 믿음은 장남 일한을 9살에 미국으로 유학을 보내는 결정으로 이어진다. 유일한은 1904년에 대한제국 순회공사 박장현을 따라 미국으로 떠난다.

한 가지 재미있는 사실은 그가 미국 동서부의 대도시가 아닌 정 중앙에 위치하는 네브라스카주 커니라는 작은 농업 도시에 정착했다는 점이다. 이와 관련된 한 가지 일화가 있다. 당시 아버지 유기연은 미국의 큰 도시들이 동부와 서부에 위치해있다는 것을 알지 못하고 미국의 중앙부가 중심이라고 생각해서 유일한을 미국 중앙으로 보냈다고 한다. 이역만리 외딴곳에 떨어진 유일한은 마을 침례교회 목사의 소개로 결혼하지 않은 두 자매가 사는 집에 맡겨진다. 당시 36세와 38세였던 Daft 자매는 성심성의껏 유일한을 돌봐주었고 미국에서 살아가는 데 필요한 많은 것들을 가르쳐 주었다. 유일한이 장성하여 성공한 후에도 지속적으로 두 자매와 교류하고 경제적으로 그들을 도와준 것을 보면 그들을 통해 받

| 커니의 두 자매와 함께

은 따뜻한 애정과 관심의 정도를 짐작해 볼 수 있다(조기준, 66-79).

유일한은 16세 되던 해에 커니와 가까운 헤스팅스에 있는 고등학교에 진학한다*. 커니의 두 자매를 떠나 자립하게 된 그는 신문판매, 구두닦이 등 다양한 일들을 하면서 고학해야 했다. 한국에서 경제적인 도움을 받을 수 없었기 때문이다. 당시 가족들은 일제의 압제를 피해 북간도로 이주하였고 가세가 서서히 기울어가고 있었다. 그러나 그는 굴하지 않고 모범적인 학교생활을 해 나갔다. 인상적인 것은 유일한이 고등학교에서 미식축구선수로 명성을 날렸다는 사실이다. 미식축구팀에서 센터포워드로 활약하여 장학금을 받을 수 있었고, 또한 동료 선수들과 학교 친구들에게 인정받는 학교생활을 할 수 있었다. 그의 고등학교 생활은 여러 가지 면에서 그에게 강한 자신감을 심어주는 통로가 되었다. 고등학교를 졸업한 유일한은 1916년에 미시간 대학교 상과대학에 진학하였다**.

고등학교 때처럼 대학에서도 유일한은 공부를 하면서 학비와 생활비

---

* 유한양행에서 발행한 유일한 전기를 비롯한 대부분의 평전은 유일한이 미국에 도착하자마자 커니로 이동하여 그곳에서 초등학교과정 6년을 보낸 것으로 기록한다. 그러나 1927년 11월 24일자 동아일보의 유일한 인터뷰 기사에서는 유일한이 샌프란시스코에서 초등학교 6년 과정을 마친 것으로 보도하였다. 조성기가 펴낸 유일한 평전은 동아일보 인터뷰 기사를 보다 신빙성 있는 자료로 받아들인다. 그러나 유일한이 샌프란시스코에서 초등학교를 다녔다면 커니에서 두 자매와 함께 한 날은 얼마 되지 않는다. 16세 때 커니를 떠나 헤스팅스에 있는 고등학교에 입학하기 때문이다. 유일한이 커니의 두 자매로부터 받은 영향이 매우 크다는 점을 감안하면, 샌프란시스코에서 초등학교를 졸업했다는 설보다는 커니에서 초등학교를 졸업했다는 설이 좀 더 설득력 있어 보인다. 참조: 조성기, 78-81.

** 일부 전기는 유일한이 미시간 주립대학교에서 공부했다고 기록하고 있는데, 당시 미시간 주립대학은 미시간 농과대학이었고 과학적인 영농법을 가르치는 학교였다는 점에서 맞지 않다. 참조: 조성기, 131.

를 벌어야 했다. 이때 유일한은 사업을 시작한다. 고등학교 때 이미 다양한 일을 해 본 경험이 사업을 위한 좋은 자산이 되었다. 그는 중국에서 이민 온 이민자들과 노동자들을 위해 중국특산물을 수입해서 파는 장사를 시작했고 그의 사업은 큰 호황을 이루었다. 이를 통해 학비와 생활비는 쉽게 해결되었고 이 경험은 훗날 큰 사업을 해 나가는데 있어 귀한 밑거름이 되었다(조기준, 89-97).

조국 독립에 헌신

이즈음에 유일한의 삶을 송두리째 바꿔 놓는 일이 일어난다. 1919년 4월, 미국 필라델피아에서 서재필, 이승만 등에 의해 주도된 한인자유대회의 개최였다. 유일한은 당시 대학생의 자격으로 대의원이 되어 [한국국민의 목적과 열망을 표명하는 결의문]의 기초작성에 참여하였고, 이 결의문을 영어로 발표하였다(조성기, 148-152). 이때부터 유일한은 그의 결의대로 평생 동안 대한민국의 독립과 발전을 위해 애썼다. 그 본격적인 시작이 1926년 유한양행의 설립이었다. 그가 제약업체인 유한양행을 설립한 목적은 그의 애국심의 발로였고, 그의 기업활동 자체가 독립운동의 통로였다는 것은 위에서 살펴보았다.

그러나 그의 독립운동은 유한양행의 경영과 자선/교육사업 등으로 국한되지 않았다. 그는 보다 적극적으로 조국의 독립운동에 참여하였다. 그는 일본의 진주만 폭격 이후 신설된 미육군 전략처의 한국담당고문으로 위촉되어 활발한 활동을 했다. 1942년 8월에 미국 로스앤젤레스 시청에서 열린 태극기 현기식에서는 한국 임시정부와 미국 정부인사들의 축사를 통역하는 역할을 감당했고, 1943년 11월에는 재미한인연합위원회 기획연구부장이 되어 "한국과 태평양전쟁"이라는 논문 작성을 주도하였다. 뿐만 아니라, 유일한은 미육군의 비밀 침투작전이었던 냅코(NAPKO) 작전에 공작원 1조 조장으로 참여하여 고된 군사훈련과 공수훈련을 받았다. 1945년 8월 15일에 찾아온 독립으로 냅코 작전은 성사되지 못했지만, 이 작전은 조국의 독립을 위해 목숨 바칠 각오를 했던 그의 충혼을 여실히 보여준다. 이때 그의 나이가 쉰 살이었다는 점, 유한양행이라는 큰 기업의 소유주였다는 점을 고려하면 더욱 놀라지 않을 수 없다. 그러나 유일한은 자신이 했던 독립운동의 활동들을 측근들에게조차 일체 말하지 않았다. 이러한 침묵으로 그의 독립운동은 사후에야 조금씩 알려지게 되었다. 유일한의 인물 됨을 잘 보여주는 단면이다(조성기, 255-263).

굳건한 신앙과 청지기의 삶

그의 말 없는 애국심 못지않게 그의 삶을 지탱해 준 또 하나의 기둥이 있었다. 바로 기독교 신앙이다. 유일한 가까이에서 교제한 많은 사람들은 공통적으로 그의 기독교 신앙이 그의 인생에서 차지하는 비중을 매우 높게 평가하였다. 특히 딸 재라는 애국심과 함께 기독교 신앙을 아버지 유일한의 핵심 정신이라고 말하였다. 애국심과 신앙심을 빼 버리면 아버지에게 남는 것은 없다고 회고하였다.

그의 마음속에 기독교 신앙을 심어준 이는 다름 아닌 미국 커니의 두 자매였다. 9살부터 15살까지 가장 예민한 시기에 유일한은 두 자매를 통해 그리스도의 사랑을 배우고 마음속에 각인할 수 있었다. 두 자매가 어떻게 일한에게 신앙교육을 했는지는 알 수 없다. 그러나 분명한 것은 두 자매는 일한의 마음 밭에 말씀과 사랑을 뿌린 농부였으며, 예수의 삶을 가르쳐준 거룩한 통로였다는 사실이다. 그렇기에 그는 딸 재라에게 자신의 삶에서 가장 큰 영향을 미친 사람들이 바로 커니의 두 자매였다고 고백하였다(조기준, 119, 98).

| 유일한과 딸 재라

이렇게 뿌리내려진 그의 신앙은 청지기 정신으로 자라갔고 이는 기업활동과 자선/교육사업을 통해 열매 맺게 된다. 청지기는 소유주가 아니라 하나님께서 맡겨주신 재산을 맡아서 관리하는 사람이다. 전 재산의 사회환원, 사회적 책임을 다한 기업경영과 교육사업은 모두 청지기 정신의 발로였다. 그는 평생 자신의 부를 이용하여 헛된 권력이나 명예를 탐하지 않았고 하나님이 맡겨주신 부를 하나님의 뜻대로 사용하고자 노력하였다. 하나님의 것이기에 임의대로 자신과 가족들을 위해 재물을 사용하지 않았다. 유일한은 자신을 위해서는 늘 절약했고 도움이 필요한 사람들에게는 늘 넉넉하였다. 1971년 3월 11일, 그가 세상을 떠난 후 그의 유품으로는 구두 두세 켤레, 양복 두세 벌과 일상생활에 필요한 몇 가지 소지품뿐이었다. 영면 시에도 그의 유언대로 평소 즐겨 입던 양복을 수의로 하고 수선한 구두를 신고 떠났다. 이처럼 유일한은 소유보다는 가치를, 축적보다는 나눔을 실천했던 참 그리스도인이었다(김윤섭, 48).

커니의 두 자매를 통해 뿌려진 신앙의 씨앗은 그의 전 생애를 통해 꽃을 피웠고 그 열매가 그의 자녀에게까지 이어졌다. 부친이 청지기적인 삶을 어떻게 살았는지를 가장 가까이서 지켜 보았던 딸 유재라도 아버지의 뜻을 계승하여 200 억원 상당의 전 재산을 역시 사회에 환원하고 세상을 떠났다. 그의 동생들인 한국 간호계의 거목이었던 순한과 유유제약의 창업주였던 특한도 일한의 정신을 이어받아 소유재산의 사회환원을 실천한 것을 보면 한 사람의 바른 인생이 얼마나 위대한 영향력이 있는지를 잘 알 수 있다(조성기, 355).

그런데 재미있는 사실은 그는 열심히 교회에 나가는 전형적인 신앙인은 아니었다는 점이다. 그는 교회 행사, 교회 헌금, 교회 사역 등에는 별로 관여하지 않았다. 오히려 교회 건축비 같은 재정적 요청은 좋아하지 않았다고 기억된다(조기준, 91). 그 이유는 알려지지 않았지만 그의 삶을

| 유일한의 장례식

통해 하나님 나라에 대한 그의 생각을 유추해 볼 수 있다. 유일한은 그의 삶의 자리에서 청지기로 살면서 하나님의 나라를 일구었던 인물이다. 그에게 하나님 나라는 교회보다 더 큰 개념이었다. 신앙인들이 모인 교회공동체를 넘어 하나님이 통치하는 모든 자리가 하나님의 나라이기에 신앙인들은 교회에만 머물지 말고 세상을 향해 나아가 하나님의 공의와 사랑을 선포해야 한다고 생각했던 것 같다. 그는 교회 중심의 종교가 아닌 하나님의 뜻이 이루어지는 하나님의 나라를 택했다. 그는 교리와 종교적 실천에 갇힌 바리새인이 되기보다 하나님의 뜻을 삶으로 살아내는 예수의 제자가 되기를 원했다. 이런 의미에서 유일한은 예수가 공생애를 시작할 때 한 회당에서 읽었던 이사야 61장 1-3절의 말씀[***]을 실천했던 예수의 참 제자였다.

유일한의 원래 이름은 '한 줄기 향기가 되라'는 의미의 일형이라고 했다. 그는 그리스도의 발자취를 따르는 삶을 통해 진정 이 세상을 위한 한 줄기 향기가 되었다. 그가 조용히 읊조리던 기도문처럼, 유일한은 겸손과 사랑으로 충만한 그윽한 향내가 되어 지금도 우리의 삶과 영혼을 일깨우고 있다.

[***] 주 여호와의 영이 내게 내리셨으니 이는 여호와께서 내게 기름을 부으사 가난한 자에게 아름다운 소식을 전하게 하려 하심이라 나를 보내사 마음이 상한 자를 고치며 포로 된 자에게 자유를, 갇힌 자에게 놓임을 선포하며 여호와의 은혜의 해와 우리 하나님의 보복의 날을 선포하여 모든 슬픈 자를 위로하되 무릇 시온에서 슬퍼하는 자에게 화관을 주어 그 재를 대신하며 기쁨의 기름으로 그 슬픔을 대신하며 찬송의 옷으로 그 근심을 대신하시고 그들이 의의 나무 곧 여호와께서 심으신 그 영광을 나타낼 자라 일컬음을 받게 하려 하심이라(사 61:1-3, 개역개정).

유일한의 기도문

만물을 창조하시고 전지전능하신 주님,
베풀어 주신 은혜와 이날까지도 새 소망을 허락하심을
저희들은 겸손한 마음으로 감사하옵니다.
저희들이 이 땅에서 살아가는 동안
과거의 잘못을 통하여
더욱 성장할 수 있게 도우시고
슬픔과 후회를 저희들 마음속에서 떠나게 하시고
대신 어제의 편견이나 내일의 두려움 없이
정해진 삶의 길을 걸어갈 수 있도록
성령과 용기와 의지를
저희들 마음속에 심어 주시옵소서.
저희에게 유혹을 이겨내고
탐욕과 시기와 부러워함을 정복하게 하시고
낙심과 증오와 고통을 극복할 수 있는 힘을 허락하시옵소서.

주님, 분노와 절망과 역경의
깊은 골짜기에서 저희를 건지시고
패배와 실패와 허무감을 불식시켜 주시옵소서.

저희 의사를 표현함에 있어 자제할 수 있게 하시고
타인의 의견을

이해와 동정심을 가지고 경청하게 하시며
그들의 허물을 비판하는 것보다
그들의 미덕을 칭찬하고 인정할 줄 아는 지혜를 허락하시옵소서.

삶에 있어서 무엇이 더 중요한 것인가를
인식할 수 있고, 오늘날 저희들에게 주어진
좋은 것들을 충분히 즐기며
명랑하고, 참을성 있게, 친절하고, 우애할 수 있는 능력을
허락하여 주시옵소서.
무엇보다도 온 인류 모두가
참된 목적을 위하여 일하고
평화로운 마음으로
이 세상을 살아갈 수 있도록
저희들의 마음을
겸손함과 이웃을 아끼고 사랑하는 마음으로
가득 채워 주시옵소서. 아멘.
(김윤섭, 32-33)

참 고 문 헌

권용준 외, "공동체자본주의와 사회적 기업," 공동체자본주의 심포지움, 2007.
김용란, 『유일한』, 두산동아, 2002.
김용운, 『거인』, 조이에듀넷, 2004.
김윤섭 외, 『위대한 선각자 유일한 박사』, 유한양행, 2012.
노용진, 조은상, "유한양행의 노사 협력적 인적자원개발 사례연구," KJHRD 8(2006).
이용포, 『버드나무를 찾아서: 유일한』, 작은씨앗, 2006.
임정진, 『정직과 나눔을 실천한 기업인 유일한』, 작은씨앗, 2006.
조기준 외, 『나라사랑의 참 기업인 유일한』, 유한양행, 1995.
조성기, 『유일한 평전』, 작은씨앗, 2005.
한상남, 『올바른 기업인의 본보기 유일한』, 씽크하우스, 2008.
허창수, "시장논리와 기업의 사회적 책임," 신한 FSB리뷰, 2007.

함석헌 1901–1989

사 회 적   신 앙 인 의   발 자 취

" 국민 전체가 회개해야 할 것이다. 예배당에서 울음으로 하는 회개 말고(그것은 연극이다) 밭에서, 광산에서, 쓴 물결 속에서, 부엌에서, 교실에서, 사무실에서 피로, 땀으로 하는 회개여야 할 것이다. "

겨레의 선생, 함석헌

조성돈

함석헌을 안다는 것은 거대한 산을 마주 대하는 것과 같다. 그의 사상은 동서양을 넘나들며, 자신의 생각으로 자리하고 있다. 그는 시를 썼으며, 잡지를 내고 칼럼을 쓰기도 했다. 특히 그는 시대에 필요한 글이라면 격노하여 분을 풀어내기도 했고, 때론 극히 서정적으로 변하여 아름다운 시를 내기도 했던 글쟁이이다. 일제강점기에는 항일투사였고, 군사독재 시절에는 민주투사였다. 솔직히 투사라는 말은 잘 어울리지 않는다. 그는 평화주의자였고, 예수 믿는 이였기에 자신이 믿고 생각하는 바를 따라 바르게 살려 했던 것뿐이었다. 하지만 그의 움직임과 생각, 그리고 글은 부정의한 자들에게 큰 타격이었고, 민중들에게는 큰 위로이고 격려였다. 그러하기에 그를 누구라고 정의하는 것은 이미 그 시작부터 어울리지 않는 일이다. 그를 가장 잘 안다는 이들은 함석헌을 이렇게 적고 있다.

함석헌은 시인의 눈에는 시인으로, 교육자의 눈에는 교육자로, 사상가의 눈에는 사상가로, 언론인의 눈에는 언론인으로, 또한 역사가의 눈에는 역사가로 보이는 '만물상' 같은 인물이었다. 그는 틀에 박힌 고정된 인물이 아니었다. 진리와 정의를 위해 몸과 마음을 바친 구도자적 인물이고 시대의 부름에 따라 살고자 모든 전통과 교리의 속박을 깨트린 자유인이었다.

그는 깊게는 종교적 믿음과 넓게는 사회적 실천의 일치를 추구했다. 그는 믿음과 행동, 생각과 삶이 일치된 보기 드문 지행합일의 인물이었다. 그는 동서양의 문명과 사상을 창조적으로 통섭하고 융합하는 삶과 정신을 평생 추구했다. 그는 독창적인 민족사상가이면서 동시에 온 세계를 끌어안은 세계인이었다.
그는 언제나 씨알(민중)의 자리에서 생각하고 씨알을 위해 행동했던, 타고난 풀뿌리 민주주의자였으며, 영원한 비폭력 평화주의자였다.
…

죽을 때까지 진리와 자유를 향한 걸음을 멈추지 않았다.
-함석헌기념사업회 홈페이지

개인적으로 함석헌을 생각하면 성서의 예레미야가 떠오른다. 이스라엘이 무너질 때 눈물로 호소하던 그의 모습이 오버랩되는 것이다. 그는 민족이 멸망하는 모습을 보며 저항이 아니라 하나님의 뜻을 보며 엎드려 눈물로 호소했다. 그는 민족의 고난 앞에 자신을 제물로 삼아 눈물로 호소하였지만 끝내 민족의 멸망을 막지는 못했다. 바로 이 모습에서 함석헌을 보는 것이다. 함석헌은 평화주의자였다. 평생 비폭력무저항주의자였던 간디를 존경했고, 그의 방에 간디의 사진을 붙여 놓고 닮아보고자 노력했다. 그의 이런 노력은 그 비정상의 시대에 많은 희생을 치르게 했다. 그래서 그를 보면 예레미야가 생각난다.

 함석헌은 이 민족의 고난의 시기를 오롯이 살다 갔다. 그는 대한제국이 그 끝을 달리던 1901년 탄생했다. 그리고 일제강점기와 해방, 그 이후 시작된 비뚤어진 이 나라의 역사를 온 몸으로 살아냈다. 그는 이 와중에 체포, 구금 등을 반복했다. 일제에 의해서, 공산당에 의해서, 군사정권에 의해서 그는 그렇게 고난의 행진을 이어갔다. 1989년 소천하기까지 88년의 역사를 이어가며 그는 이 민족의 고난의 때를 다 지내고 갔다. 그래서 그를 보면 예레미야가 생각나는 것 같다.

함석헌의 삶

1. 배움의 과정과 성인이 되어

 함석헌은 1901년 3월 13일 평안북도 용천군에서 태어났다. 그의 집안은 예수 믿는 이들이었다. 당시 기독교인들의 진취적인 생각이 어른들을 통해서 그에게 전해졌다. 그가 10살 때 나라가 망했는데 그는 그 날을 기억하고 있었다. "내가 열 살 때, 나라가 망하던 때, 나는 몇 사람 되는 동리 어른들과 이 예배당에서 눈물을 흘려 통곡을 하며 '하나님…' 하던 것이 지금도 눈과 귀에 선하다. 어른들이 그렇게 통곡하는 것을 볼 때 나는 무서운 것도 같고, 섧기도 하고, 무슨 형용할 수 없는 느낌이 전신을 뒤흔드는 것을 느꼈다"라고 회고하고 있다(이치석, 21). 이 기록을 보면 먼저는 기독교가 그의 어린 삶에도 큰 영향력을 끼쳤다는 것을 볼 수 있고, 또 하나는 당시 기독교인들이 애국애족세력으로서 어떤 마음과 태도를 가지고 있었는지를 볼 수 있다.

결국 이 함씨 집안의 분위기는 그의 사람됨에 큰 영향을 끼쳤던 것으로 보인다. 특히 그의 아저씨뻘 되는 함일형의 집안은 그에게 아주 큰 영향을 끼쳤다고 할 수 있다. 함일형의 큰아들 함석규는 함석헌이 여섯 살 때 목사가 되어 고향으로 돌아와 교회를 세우고 함석헌이 교회를 처음 접하도록 하였다. 그리고 그의 동생 함석은은 삼일운동 당시 평양고등학교에 다니던 함석헌을 찾아와 함께 삼일운동에 참여하기를 권하기도 하였다. 함석은은 일본 메이지 대학을 졸업하고 평양숭덕학교 교사로 있었는데, 평안남북도 청년 운동 책임자였다고 한다. 함석헌은 그의 일생에 첫 사건인 삼일운동에서 평양고등학교의 연락책임자가 되었고 만세운동에 적극 참여하였다. 이 일로 그는 학교를 그만두어야 했고 고향으로 돌아와 방황의 시기를 겪게 된다.

당시 조선 최고의 학교였던 평양고등학교를 그만둔 함석헌은 고향에서 2년여를 방황하였다. 그 기간 그는 인생의 미래를 볼 수 없는 상황이었다. 그런데 그때 함석형 목사의 안내가 그의 일생을 바꾸어 놓는다. 바로 함석헌에게 오산학교

| 류영모 선생님과 함께

를 권한 것이다. 그때 오산학교는 허물어가던 모습이었다. 건물뿐만 아니라 모여 있는 학생들도 그렇게 훌륭하지는 않았다. 그러나 거기서 함석헌은 일생에서 가장 귀한 스승 둘을 만난다. 그것이 바로 학교 설립자인 남강 이승훈과 교장 다석 류영모이다. 함석헌이 그 학교를 다닌 것은 겨우 2년이었다. 거기에다 이승훈은 감옥에 있어서 졸업 당시 겨우 만났고, 류영모는 일제의 탄압으로 인해 교장으로 1년여 동안만 겨우 학교에 있었으니 그리 큰 인연이라 할 수는 없다. 그러나 그들이 함석헌에게 미친 영향력은 그 기간보다 훨씬 더 큰 것이었다. 그래서 함석헌은 오산에서의 학생 시절을 '인생의 전환점'이라고 한다.

오산학교에 대해 함석헌은 그의 자서전에서 이렇게 적고 있다.

> 오산학교가 된 것도 시대의 영향이지만 그것은 남강의 인격 아니고는 될 수 없습니다. 그것은 그때에 비 뒤에 버섯처럼 쓰러져버린 많은 학교의 역사가 증명합니다. 오산학교는 남강의 인격이 나타난 것이었습니다. 단순한 학문만이 아니요, 정신이었기 때문에 그것은 힘이 있었습니다. 그는 오산학교를 경영한 것이 아니라 오산을 살았습니다. 학생을 가르친 것이 아니라 학생과 같이 자랐습니다. 선생과 학생이 조밥 된장국에 한 가족이 되어 같이 울고 웃던 창초의 그 오산학교는 그때 민족운동, 문화운동, 신앙운동의 산 불도가니였습니다. 그때 그 교육은 민족주의, 인도주의, 기독교 신앙이 한데 녹아든 정신교육이었습니다(함석헌, 『하나님의 발길에 채여서』, 29).

오산학교를 수석으로 졸업한 함석헌은 이후 일본 동경으로 유학길에 오른다. 거기서 그는 '관동대지진'을 경험한다. 자연재해라고 할 수 있는 대지진도 그에게 큰 경험이었으나 더 큰 의미는 이 지진 이후 이어진 일본사람들의 광기였다. 일본 정부는 민심을 수습하는 과정에서 백성들의 분노를 조선인들에게로 돌려놓았다. 조선인들이 우물에 독을 풀었다는 등 유언비어가 난무하여 조선인들에 대한 못된 감정이 생겼고, 일본인들은 죽창을 들고 거리에서 조선인들에 대한 인종사냥을 벌였다. 심지어 그를 가르치던 일본인 선생 하나는 수업시간에 "나도 조선 놈 사냥했어요"라고 자랑을 늘어놓기도 했다고 한다. 이것을 통하여 함석헌은 국가주의의 광기를 경험한다. 그는 일본인들을 속여 미치도록 만든 원흉이 바로 '국가'라고 단정한다. 그는 이렇게 적는다. "문제는 국가주의입니다. 그것이 동양 평화란 이름으로 전쟁을 일으켰고, 한국을 먹었고, 혁명을 막기 위해 조센징을 제물로 삼았습니다. … 대일본제국은 전체 일본이 아닙니다"(이치석, 95).

이런 이해는 평생에 그의 기본적인 생각을 사로잡고 있었다. 일본 국가주의뿐만 아니라 해방 이후 이 나라에서도 국가주의는 크게 작용했다. 그럴 때미다 그는 씨알을 앞세웠다. 국가주의에 휘둘리지만 그러나 결코 무너지지 않는 각 개인, 즉 씨알을 세워나간 것이다.

그러나 일본에서의 경험이 이렇게 모두 끔찍한 것은 아니었다. 거기서 그는 학교 공부를 했을 뿐만 아니라 인생에 큰 의미를 가진 만남을 갖는다. 그 첫째는 기독교 운동의 동지인 김교신을 만난 것이다. 김교신과는 학생으로서 의기투합하여 꿈을 키우고, 이후 귀국하여서는 「성서조선」의 꿈을 함께 꾸며 잡지를 꾸리고 모임을 이끌었다. 그는 함석헌에게 친구이며 동지였다. 아쉽게도 김교신이 해방 직전 급히 소천하였지만 그와의 20년 친구 관계는 이후에도 그에게 큰 영향을 끼친다.

둘째는 김교신을 통해 소개를 받은 우치무라 간조이다. 우치무라 간조는 무교회를 함석헌에게 가르쳐준 선생이다. 함석헌은 김교신의 소개로 그의 성서연구 모임에 참여한다. 함석헌은 자서전에서 그 첫 만남을 소개하고 있다. 당시 우치무라 간조는 '예레미야'를 강의하고 있었다. 우치무라는 "이것이 참말 애국이다" 하면서 신앙을 강조하고 있었다. 자서전을 쓰는 시기에도 그는 그날의 인상을 잊지 못한다고 한다. 그리고 그 모임을 통해 그동안 가졌던 고민을 해결하고 아주 크리스천으로 서서 나갈 것을 결심했다고 한다. 그는 거기서 신앙이 무엇인지, 그리고 성경은 어떻게 읽어야 하는지를 알게 되었다고 한다. 심지어 그는 "나는 이따금은 우리가 일본에게 36년간 종살이를 했더라도, 적어도 내게는, 우치무라 하나만을 가지고도 바꾸고 남음이 있다고 생각하기도 합니다"라고 이야기한다(『하나님의 발길에 채여서』 35). 그만큼 우치무라는 함석헌의 생각과 사상이 만들어지는데 큰 영향력을 끼쳤다.

이로써 함석헌은 생각의 방황을 마친다. 이 사회를 구원하기 위해 민족주의는 너무 나약하였고, 사회주의 혁명은 그에게 비인격적인 면에서 거부감을 주었다. 우치무라의 영향력 가운데 함석헌은 일본 유학을 마치며 '조선에 기독교는 필요하냐'라는 글을 쓴다. 거기서 "모든 사회적 모순과 고통과 종말에 대한 최종 열쇠는 '혁명론도 아니요, 사회개조론도 아니'며 '최급 최대의 문제요, 최근본의 문제'는 오직 기독교 신앙의 본질인 '죄'로부터의 해방이라는 것이다. 그것은 궁극적으로 인간의 모든 사상(思想)이 절대자로부터 기인한다는 낭만적 관점과 상통한다"(『하나님의 발길에 채여서』 71).

이 시기 그가 가진 또 다른 고민이 있었다. 그의 생각에 가장 근원이 되는 세 가지, 즉 민족, 신앙, 과학을 어떻게 자신이 전공한 역사 가운데 녹여낼 것인가 하는 것이다. 그러한 고민 가운데 그는 문득 이런 생각을 한다. "'고난의 메시아가 만일 영광의 메시아라면 고난의 역사가 영광의 역사 될 수는 어찌 없겠느냐?' 나는 십자가의 원리를 민족에 적용하기로 했습니다. 그러고 보니 십자가의 의미는 훨씬 더 깊어지고 커지는 것 같았습니다. 그래서 사건마다에서 전체에 대한 의미를 찾아보기로 했습니다. 그리고 다시 용기를 얻어 교수를 계속했습니다. 그렇게 해서 나온 것이 나의 '고난의 역사'입니다. 나는 우리 역사의 기조(基調)를 고난으로 잡고 그 견지에서 모든 사건을 해석해 보기로 했습니다"(함석헌, 『하나님의 발길에 채여서』, 36). 즉 이 시기에 함석헌은 기독교 신앙과 사상을 가지고 민족과 역사, 그리고 사회까지 꿰뚫어 보기 시작한다. 그리고 이 관점은 평생 그의 생각과 삶을 지배하게 된다.

2. 일제강점기에

일본에서 귀국한 함석헌은 어쩌면 아주 자연스럽게 오산학교의 교사가 된다. 그때 그의 나이 28세였다. 그는 거기서 10년 동안 조선역사를 가르쳤다. 일제강점기에 조선역사를 가르친다는 것은 그리 녹록한 일은 아니었다. 거기에 오산학교는 일제의 감시를 받고, 수시로 위협을 받는 학교였다. 거기서 민족을 가르치고 역사를 가르치는 일은 결코 쉽지 않았을 것이다. 그러나 함석헌은 학생들에게 일본어가 아닌 한국어로 역사를 바르게 가르쳤다. 심지어 일본 시학(현재의 장학사)들이 닥쳐왔을 때도 굴하지 않고 한국어로 수업했던 이야기는 전설로 내려온다.

오산학교에서의 경험이 항상 좋았던 것은 아니다. 함석헌이 좌익학생들에게 폭행을 당한 일이 있었다. 학생들은 한 날을 잡아 민족주의 진영으로 분류된 선생들에게 폭행을 가하기로 했다. 그들은 조직적으로 누가 어느 선생을 때릴 것인지까지 준비했다. 학교운동장에서 아침조회가 진행 중이던 때 주동자의 구호에 따라 학생들은 자신이 맡은 선생에게 달려가 폭행을 저질렀다.

함석헌은 운동장에서 그 뭇매를 견뎌냈다. 마지못해 맞았다는 것이 아니라 견뎌냈다는 표현이 더 옳을 것 같다. 그는 단지 손을 들어 얼굴을 가리고, 팔로는 가슴을 가리었다. 그리고 정신이 몽롱해질 때까지 그 어린 학생들의 폭행을 견뎌냈다. 학생들이 폭행을 준비하고 있다는 소식은 이미 듣고 있었다. 일부 교사들은 먼저 피했거나, 운동장에서 일이 시작되었을 때 도망을 가버렸다. 그러나 함석은 그 매를 견뎌낸 것이다. 얼마 후 일부 학생들이 찾아와 자신들의 잘못을 빌었다. 역사 선생은 누구처럼 변절한 민족주의자도 아니고 비난 받아야할 일도 없었기 때문이다. 그렇게 용서를 빈 학생 중 한 명이 교무실을 나가면서 선생에게 물었다. 왜 그렇게 맞으면서 두 손으로 얼굴을 가렸냐고 말이다. 이에 함석헌은 이렇게 말했다.

> 나도 사람인데. 누가 나를 때렸는지 알고 나면 '저 놈이 나를 때렸지'하는 맘이 생길까봐(이치석, 86)

이 이야기를 읽으면서 든 생각은 그가 정말 예수를 닮아 있구나 하는 것이었다. 십자가에 달려 죽기까지 희생했지만 자신의 민족은 그를 버렸고, 제자들마저 그를 지키지 않고 뿔뿔이 흩어지고 말았다. 그럼에도 불구하고 그는 원수를 사랑하라고 한다. 누가 왼뺨을 때리거든 오른뺨을 마저 대라고 하신다. 함석헌은 바로 이런 예수의 가르침을 몸으로, 삶으로 실천했다. 자신이 가르친 학생들이 폭도로 변하여 선생인 자신을 때릴 때 그는 피하지 않았다. 많이 생각하여 그리한 것이 아니라 아마 본능적으로 그리했을 것이다. 그런 폭행 앞에서 사람은 그리 이성적일 수는 없다. 그러나 그는 본능에 따라 맞대항하거나 도망가는 것이 아니라 폭행을 당하는 것으로 결정을 했다. 즉 그는 본능까지 예수의 제자로 살았다. 그리고 그는 얼굴을 가리어 눈을 감았다. 원수를 사랑하라고 하는데 그럴 자신이 없으니 차라리 자신의 얼굴을 가리고 눈을 감아 버린 것이다. 그래서 원수를 어느 특정인으로 삼지 않은 것이고, 이를 통해 모든 이들을 사랑할 수 있었다. 바로 이것이 참된 예수의 제자도라 할 만하다.

　이 시기 함석헌에게 가장 중요한 일 중의 하나는 「성서조선」이었다. 성서조선은 우치무라의 성서연구회에 참여했던 6명, 즉 김교신, 함석헌, 양인성, 정상훈, 유석동, 송두용 등이 조선성서연구회를 결성하여 모임을 갖고, 1년 후 발행하기 시작한 잡지이다. 이 잡지는 1927년 7월에 시작되어 1942년 일제에 의해 폐간되기까지 총 158호가 발간되었다. 1930년부터는 김교신이 모든 책임을 지고 발간했으며 함석헌은 이 잡지에 고정 필진으로 참여했다. 성서조선은 1942년 필화사건을 겪는다. 김교신의 '조와(弔蛙)'라는 글이 문제가 된 것이다. 개구리의 죽음에 조의를 표한다는 뜻을 지닌 이 글에서 김교신은 추운 겨울에도 죽지 아니하고 봄에 다시 살아나는 개구리를 빗대어 조선의 부활을 기대한 것이다. 이 글에서 일제는 김교신의 뜻을 읽고는 벼르던 일을 진행한다. 그래서

1942년 '성서조선 사건'이 일어나는데 일제는 동경과 한반도 전역에서 약 300명을 검거했다. 이때 김교신, 함석헌을 포함하여 12명이 미결수로 서대문형무소에 1년간 투옥되었다. 이로써 성서조선이 폐간을 맞이하게 된다.

성서조선은 잡지뿐만 아니라 1년에 한 번씩 독자를 대상으로 하는 성서강습회를 열었다. 이 모임에는 20여 명의 독자가 참여했는데 보통 연말과 연초를 연결하여 6박 7일간 진행되었다. 참석자들은 강습회 기간 내내 거의 군사훈련을 받듯이 성서를 연구했다. 새벽 6시에 일어나 냉수로 씻고 새벽기도를 드린 후부터 바로 공부에 들어가 식사시간을 제외하고는 오로지 공부에 임하였다. 보통 일과는 9시에 마쳤다고 하니 잠자고 밥 먹는 시간을 빼고는 오로지 공부만 하였다는 것이다. 그런데 이 공부는 사람들이 모여 토론을 하거나 개인적인 연구를 하는 것이 아니라 함석헌과 김교신의 강의를 듣는 것이다. 그 자리는 이들이 1년 동안 성서를 연구한 결과를 발표하는 형식을 가진 것이다. 그 모임의 진지함이나 진실함에 대해서는 말할 것이 없고, 그 내용 역시 깊이를 더했다는 사실을 알 수 있다. 그 결과가 함석헌의 대표저작인 『성서적 입장에서 본 조선 역사』나 『성서적 입장에서 본 세계 역사』 등으로 나올 수 있었다. 이를 볼 때 그 모임이 어떠했는지 짐작이 가고 남음이 있다.

「성서조선」에는 20대와 30대를 넘는 함석헌의 사상과 생각이 들어있다. 가장 유명한 것은 1934-1935년에 연재된 '성서적 입장에서 본 조선 역사'일 것이다. 이것은 후에 『뜻으로 본 한국역사』라는 제목의 단행본으로 나왔는데 지금까지도 널리 읽히고 있는 책이다. 이 책은 중요한 부분이기에 따로 정리하기로 한다. 다음 주목할 글은 창간호에 실린 '몬저 그의를 구하라'(성서조선 1927년 1호)는 글이다. 이 글은 그의 나이 27세에 쓴 글인데, 어찌 보면 그 어린 나이에 어떻게 이런 생각을 했을까하는 마음이 든다.

　이 글은 먼저 시대를 이야기한다. 이 시대는 참 생명을 잃어버린 세대이다. 그 이유는 욕망 때문이다. 욕망에 가려져 참 생명을 잃은 것이다. 이를 함석헌은 아래와 같이 표현하고 있다.

그들은 그 뜻을 거스리어 죄를 범하였다. 죄는 그들의 눈을 어둡게 하였다. 그들은 참 생명을 잃어버리고 맹목적 욕망만 그 안에서 미치고 얼크러지어 휩싸들게 되었다. 자신의 존재의 의의와 생활의 가치를 잊어버리었다. 이미 생명을 위한 욕망이 아니요 욕망 그것을 위한 욕망뿐이다. 몸은 참 생명을 살기 위한 것이 아니요 오직 먹고 마시고 즐겨하기 위한 것이다. 먹는 것은 몸을 위하여서가 아니요 혀를 위하여서다. 보는 것은 맘을 즐겁게 하여 감사하고 찬송하기 위하여서가 아니요 오직 눈을 위하여서다. 욕망은 욕망을 낳았다. 그들은 욕망에서 욕망으로 굴러 들어갔다. 욕망을 위한 욕망에는 한도가 없는 것이다. 그들은 점점 빠져들어 갔다. 마침내 그들은 욕망의 암연에서 의식을 잃게 되었다.'

　그의 표현과 비유가 대단하다. 몸이 참 생명을 살려 하지 않고 즐기기 위해 존재하고, 먹는 것이 몸을 위해서가 아니라 혀를 위해서, 보는 것이 감사와 찬송을 위해서가 아니라 눈을 위해서라고 한다. 즉, 몸이 본질을 잃어버리고 눈에 보이는 일시적인 욕망만을 따르고 있다는 것을 나타낸다. 그래서 이후 그들이 죽는 것이 당연하다고 한다. 왜냐하면 그들이 사는 것이 아니라 미친 욕망이 사는 것이기 때문이다. 그래서 "인생은 채찍에 몰리는 돼지같이 그 모는 대로 갔다"라고 한다. 즉 사람으로 사는 것이 아니라 그 안에 있는 욕망에 내몰리어 사는 것이다.

성경은 우리에게 먼저 그의 나라와 그의 의를 구하라고 한다. 그러나 우리는 그리 살지 못한다. 감당치 못하는 것이다. 신자라고 해도 그리 살기는 어려운 것이다. 심지어 그렇게 말한다면 이 세계는 그를 무시할 것이다. 아니 오히려 꾸짖을 것이다. 현실을 모르거나 양심을 속이는 자라고 할지 모른다.

그러나 함석헌은 고백한다. "현실문제가 아무리 급박하더라도 지식이 아무리 긍정을 아니 하더라도 복음은 진리다. 이를 무시하기는 우리 영혼이 이를 허락하지 않는다. 혹이 말하는가, '네 참 생명이란 결국 아무 실재하지 않는 환영에 불과하는 것이 아니냐'라고. 그럴지도 몰라. 그러나 환영이거든 영원히 떼어버릴 수 없는 환영이다. 무엇을 잃더라도 이 것만은 가져야 할 것이다. 온 천하를 얻고 이것을 잃으면 아무 유익이 없는 것이다. 혹이 말하는가, '나는 그런 생명은 필요치 않다'라고. 그러나 네가 네 생명에 참으로 충실하다면 네 영혼의 오저(奧底)에서 이를 갈앙함을 경험하지 않을 수 없으리라."

또 현실적으로 고백을 이어간다. "만일 내가 내 판단대로, 내 생각대로, 내 동포애대로 했더라면, 나의 현대인적 비판적 관찰로써 세운 인생관, 역사관으로 했더라면 벌써 복음을 버리고 합리주의자가 되었을 것이다. 혹은 사회주의자가 되었을 것이다. 그러나 그리 될 수가 없었다. 어떤 무엇이 이를 허락지 않았다-안에 있는 어떤 무엇이."

이러한 신앙고백 가운데 그는 시대를 다시 바라본다. 과학, 철학, 법조

문, 사회제도 등이 있으면 될 것 같아도, 중요한 것은 '의'라고 한다. 특별히 신의 정의가 필요하다. "우리 맘을 다스리는 정의, 가정의 사랑을 충실시키는 정의, 인류의 역사를 지배하는 정의, 태양소를 받들고 전 우주를 고이는 정의, 죄에서 생령을 구하기 위하여 죄 없는 자로 대신 희생이 되게 하는 정의, 영원의 생명을 주는 정의" 등으로 나타나는 신의 정의가 사람들에게 필요하다는 것이다.

함석헌의 신앙고백은 시대를 바라보면서도 그 안에 그 무엇으로 인해서 하나님 나라를 떠날 수 없었다는 것이다. 그의 신앙은 여러 모순에도 불구하고, 그 어떤 열정보다 못하지만 "연하고 약하고 막연하고 몽롱하였으나" 그를 놓지 않았다는 것이다. 이 당시 함석헌의 신앙적 의지는 그 어느 때보다 강하였다. 그는 젊었을 때 우치무라의 가르침과 교제 가운데 자신의 생각의 많은 부분을 신앙의 토대 위에 세웠다. 이후 나이가 들며 그의 신앙관은 우치무라를 벗어나고 또 변해가지만 가장 기본적인 것은 바로 이러한 신앙고백에 섰다고 할 수 있다. 함석헌의 특별한 점 중에 하나는 바로 이러한 신앙고백을 거침없이 드러내고 있다는 것이다. 자신은 이러한 관점에서 역사를 바라보고, 삶을 만들어가고 있다는 것을 드러내는 것이다. 그러나 이러한 신앙고백이 거침이 안 되고 비신자들과도 소통하였다. 그 기조는 스물일곱 살 청년 함석헌의 고백에서 시작되었다고 해도 과언은 아닐 것이다.

「성서조선」에서 또 하나의 글을 소개한다. '참 구세주'(성서조선 1930년 23호)이다. 여기서 함석헌은 예수님이 정치적 메시아가 아니라 진정한 구주라고 선포한다. 예수님의 제자들도 그의 스승에게서 정치적 메시아를 기대했다. 물론 대중들 역시 그러한 기대를 했다. 그러나 그는 '인류의 참 구원의 길'을 열고자 하는 진정한 구주였다. 여기에 대해서 예수님은 아주 단호하였다. 심지어 그의 애제자를 향해서도 "사탄아 물러가라" 하고 외치셨다. 이 글은 1930년이라는 시대상을 이해해야 할 것이다. 그 당시 독립운동은 이상적인 상황을 넘어서 마르크스주의와 혁명사상이 지배하고 있었던 것으로 보인다. 이 글은 이에 대한 함석헌의 응답이라고 보아야 할 것이다. 특히 일제강점기에 구금과 투옥을 네 번이나 겪은 적이 있고, 직접 성서조선 필화사건으로 1년간 투옥을 경험했던 선생에게는 시대의 이러한 질문에 응답해야 할 의무가 있었을 것이다. 이에 대해 함석헌은 단호하게 자신의 사상과 운동은 '예수가 참 구세주'라고 하는 신앙고백에 있음을 선포한 것이다.

'그는 중인(衆人)의 약점을 이용하여 일시의 성공을 탐하는 혁명적 정치가가 아니었다. 그는 사람의 정신의 강한 곳을 살려 그로써 스스로 사는 자리에 나가게 하는 진정한 구주였다. 이 의미에서 예수는 이 세상의 모든 혁명가와 근본적으로 다르다. 저희가 일시적 구주라면 그는 영원한 구주다. 저희가 세상적 구주라면 그는 영적 구주다. 저희는 임시의 진통을 식히는 구주요 그는 건전한 생명을 부여하는 구주다. 세상에서 혹 인류의 구주라하여 모세, 그리스도, 레닌, 손문, 운운하는 것을 간간이 듣는다. 그러나 이는 무지하게 분수없는 일이다. 레닌, 손문은 아무래도 레닌, 손문이요, 그리스도는 또 그리스도다. 그리 말하는 사람은 역시 그리스도의 진정한 구주인 의미를 모르는 사람이다.(함석헌, 「참 구세주」)

그러면 일반적인 시각에서 보면 함석헌은 철저한 복음주의자 내지는 그 시대로 이야기한다면 부흥회 중심의 내세주의자로 비칠지 모르겠다. 그러나 그는 교회에 그리 우호적인 사람은 아니다. 그리고 예수님을 그렇게 이해하지도 않았다. 그리하여 그는 교회에 대해서도 비판한다. 그런데 그 이야기가 85년 전 이야기 같지가 않다. 글을 읽다가 혹 현재의 이야기를 하고 있는 것은 아닌가 하는 생각이 들었다. 함석헌은 이미 85년 전 교회를 향하여 이런 비판을 내어놓고 있다.

> 기독교의 기를 세워 만인을 모으려 하는 것은 그리스도의 본의에 합한 것일까? 그리스도는 교회당의 문을 넓히는 것을 보고 칭찬할까? 음악 연주를 하여서 전도를 하는 것을 과연 영리한 일이라고 할까? 재단법인을 조직하여 기초를 든든케 하려 노력함을 상줄까? 연합회를 조직하고 영육(靈肉) 병진(竝進)하는 교화운동을 일으키려 함을 아름답게 볼까? 도대체, 우리가 손목을 이끌어 교회당에 자리를 채우려 함을 허락할까?(함석헌,「참 구세주」)

어쩜 이렇게 현대와 다르지 않은 교회의 모습인지, 아니 현대의 교회가 발전하였다고 하지만 결국 85년 전 교회에서 하던 일을 하고 있는 것이니 참 안타까울 뿐이다. 이에 대한 해답으로 선생은 중풍병자를 고치셨던 예수님의 이야기를 꺼낸다. "그리스도는 '네 죄를 사하였으니 일어나서 상을 가지고 가라'고 하였다. 그는 생명의 근원이 될 근본을 바로 한 후에는 몸소 강하여질 것을 요구하였다. 그리스도보다 동정심이 많은 현대의 크리스천은 집에까지 업어서 돌려보내려 한다." 선생은 그리스도는 우리로 스스로의 침상을 들고 고침을 받은 그 자리에서 떠나기를 기대하고 있다고 한다. 현대의 교회는 사람들을 동정하며 끝까지 돌보아 다시 교회로 불러들이려 하지만 예수님은 근원을 치유하고는 스스로 강하여질 것을 요구한다는 것이다.

그래서 결론으로 이렇게 이야기한다. "거듭하여 말한다. 그리스도는 약점을 엿보는 구주는 아니었다. 그는 사람의 강처(强處)를 찾는 구세주였다. 그리고 그는 참 구주였다." 이 결론을 보니 요즘 '위로'의 역할만을 충실히 행하고 있는 교회의 모습이 중첩되어 보인다. 힘들다고, 상처 입었다고 나타나는 교인들을 향해서 위로만을 선포하고 있는 교회는 참 구주의 교회가 못 된다. 오히려 그 근본을 복음으로 세우고 나면 스스로 강하여질 수 있도록 이끌어야 할 것이다. 그것이 하나님 나라를 선포하신 그리스도의 뜻일 것이다. 즉 나를 바로 하고 나서는 시대에 이바지하는 이들이 되어야 하는 것이다. 바로 이 부분이 안 되니 혁명주의와 마르크스주의에 공격을 받고 응답을 못하는 것이다. 우리가 정말 참 구주를 고백한다면, 그래서 우리의 강처를 찾아주는 구세주를 믿는다면 이 시대를 이끌어갈 수 있을 것이다.

3. 해방 이후

일제강점기에서 함석헌은 소위 계우회 사건으로 1년간 구치되었고, 성서조선 사건으로 1년간 복역을 한 적이 있었다. 함석헌은 특별한 정치적 활동이나 독립운동을 직접적으로 한 적은 없으나 그의 삶과 글은 일제에 위협이 되었을 것이다. 그렇기에 선생이요, 글쟁이가 그런 옥고를 치르게 되었을 것이다.

일제에서 그렇게 고생했던 것이 해방이 되면서 보상을 받았는지 모르겠다. 그는 38선 이북 용암포에서 자치위원장이 되었다. 이후 곧 용천군

임시 자치위원회 위원장, 신의주 임시 자치위원회 문교부장을 거쳐 평안북도 임시자치위원회 문교부장까지 오른다.

그러나 그것도 잠시였다. 해방 후 100일이 되던 날 신의주 학생 사건이 일어났다. 당시 평안북도 인민위원회 청사에 있던 함석헌은 학생들이 총에 맞아 죽어가는 모습을 생생하게 보았다. 그리고 선생은 갑자기 주동자로 몰리어 학생들을 업고 간 병원 현장에서 소련군에게 집단폭행을 당한다. 총부리가 겨누어진 상태에서 당한 집단폭행은 생과 사를 넘나드는 것이었다. 그러나 그것이 끝이 아니었다. 다음에는 제 나라 공산당원들이 몰려와 집단폭행을 저질렀다. 이후 그는 소련군에 의해 50일 동안 심문을 당했다. 해방된 조국에서 그가 겪은 일은 믿기지 않는 것이었다.

선생은 북에서 모든 것을 포기하고 가족과 고향을 등지고 월남한다. 이후 아내는 어린 자녀들을 데리고 따로 월남하여 만난다. 이때 선생은 서울 구기동에 있는 스승 류영모를 그리워했다. 그리고 그를 만난 후 한 편의 시를 쓴다. 그때가 1947년 3월이니 월남한 이후 4개월이 지난 때이다.

그대 그 사람을 가졌는가

만 리 길 나서는 길
처자를 내맡기며
맘 놓고 갈만한 사람
그 사람을 그대는 가졌는가

온 세상 다 나를 버려
마음이 외로울 때에도
'저 맘이야'하고 믿어지는
그 사람을 그대는 가졌는가

탔던 배 꺼지는 시간
구명대 서로 사양하며
'너 만은 제발 살아다오' 할
그 사람을 그대는 가졌는가

불의의 사형장에서
'다 죽여도 너희 세상 빛 위해
저만은 살려 두거라' 일러줄
그 사람을 그대는 가졌는가

잊지 못할 이 세상을 놓고 떠나려 할 때
'저 하나 있으니' 하며
빙긋이 웃고 눈을 감을
그 사람을 그대는 가졌는가

온 세상 찬성보다도
'아니' 하고 가만히 머리 흔들 그 한 얼굴 생각에
알뜰한 유혹을 물리치게 되는

그 사람을 그대는 가졌는가.

-함석헌 시집, 〈수평선 너머〉, 133~134.

아마 이 시는 모든 것을 내려놓고 남하한 선생의 마음을 대변해줄 시라고 할 수 있다. 더군다나 해방된 조국에서 자기 동포에게 폭행을 당하고 갇히어 고난을 받아야 했던 자신의 생을 돌아보고 있는 선생의 모습을 보게 한다. 그래서 선생은 그 사람을 찾는지 모르겠다. 세상이 모두 자신을 버리고, 탔던 배가 꺼지는 순간에도 의지하고 믿을 수 있는 그 한 사람 말이다. 그러나 더 생각해 본다면 이 세상을 넘는 유토피아를 그는 꿈꾸지 않았는가 하는 생각이 든다. 바로 그 사람이라는 것이 사람이 아니라 올 세상에 대한 기대는 아니었나하는 것이다.

1950년 전쟁이 일어나기 직전인 4월에 함석헌의 책이 세상에 나온다. 그의 첫 번째이며 동시에 대표적 저술인 『성서적 입장에서 본 조선역사』이다. 이 책은 1933년 12월 31일 성서조선강습회에서 강의했던 내용이다. 이는 다시 「성서조선」 잡지에 1934년 2월부터 그해 12월까지 연재되었다. 이를 해방이 된 후인 1950년에 묶고, 다시 정리하여 책으로 낸 것이다. 이후 1961년에 셋째 판이 나오며 『뜻으로 본 한국역사』라고 이름을 바꾸었다. 그리고 오늘날까지 이 책은 꾸준히 읽히고 있고, 학생들에게는 필독서 중에 하나로 권해지고 있다.

이 책의 특징은 역사책들이 견지하는 '객관적' 입장의 서술이 아니라는 것이다. 선생은 그 서문에서도 '역사 사실(史實)'에 관해서 자세히 말하는 것이 본래의 목적이 아니었다고 밝히고 있다. 특히 그는 이 책이 20명 남짓한 대중을 상대로 한 강습회에서 한 이야기를 묶은 것이라고 밝히고 있다. 물론 그것은 성서조선강습회를 말한다. 다시 말해 이 내용은 강습회에 모인 청중과 후에는 '성서조선'이라는 잡지의 200여 명 정도의 독자를 대상으로 한 것임을 전제로 한다.

선생은 역사를 독특한 입장에서 해석하고 있다. 그것은 '성서적 입장'이라는 것이다. 이를 서문에서는 이렇게 적고 있다.

'성서적 입장에서 본'이라는 제목의 구절이 일반 사람에게는 걸림이 될 듯하니 빼면 어떤가 하는 의견이 잠깐 나왔으나 그것은 사슴에게서 뿔을 자르는 것 같아 그대로 두기로 하였다. 이 글이 이 글 된 까닭은 성경에 있다. 쓴 사람의 생각으로는 성경적 입장에서도 역사를 쓸 수 있는 것이 아니라, 성경의 자리에서만 역사를 쓸 수 있다. 똑바른 말로는 역사철학은 성경밖에는 없기 때문이다. 서양에도 없고 동양에도 없다. 역사는 시간을 인격으로 보는 이 성경의 자리에서만 될 수 있다(함석헌, 『뜻으로 본 한국역사』, 12).

이러한 입장에서 그는 역사를 시대별로 정리한 사실로 기술한 것이 아니라 의미로 살펴보았다. 따라서 글은 필자의 해석과 의지가 깊이 들어간 역사를 중심으로 한 이야기가 되었다. 그러나 중심은 성서적 입장에 있었다. 이를 한겨레 기자 조선희는 1992년 책의 소개에서 이렇게 표현한다. "그는 고난과 구원의 기독교적 세계관 위에 한국사를 완전히 헐어 재조립해 놓고 있다. 한민족의 운명은 하느님의 사명을 위해 고난의 짐을 지고 가는 예수의 생애에 대입돼 있다." 또 이어 이런 이야기도 한다. "대개의 역사책들이 견지하는 객관적인 서술투를 아예 포기하고 있는 이 책에 대한 사학계의 평가도 엇갈린다. '한국근대사학사에서 어떤 특정한 사관으로 한국사를 일관되게 꿰뚫어 본 거의 유일한 역사책'이라고 천관우 씨가 극찬했는가 하면 한국사 연구의 울타리 안에 아예 들여놓지도 않으려는 이들도 적지 않다."(한겨레신문 1992.01.17. 20면)

| 함석헌

그러나 이 책은 1961년 셋째 판을 내면서 그 제목을 바꾼다.『뜻으로 본 한국역사』이다. 제목만 바꾼 것이 아니라 내용도 대폭 수정되었다고 한다. 그는 기독교인뿐 아니라 이제, '불신자라는 사람'도 독자로 삼기 원한다고 했다. 그러면서 그의 종교관의 변화를 보여 주고 있는데, 기독교의 유일성에 대한 절대성을 넘어서고 있다. 그의 사상은 그 범위를 넓혀갔다. 하지만 그가 '뜻'이라고 표현하는 것은 곧 하나님이다. 이를 그는 "하나님은 못 믿겠다면 아니 믿어도 좋지만 '뜻'도 아니 믿을 수는 없지 않느냐. 긍정해도 뜻은 살아 있고 부정해도 뜻은 살아 있다. 져서도 뜻만 있으면 되고, 이겨서도 뜻이 없으면 아니 된다. 그래서 뜻이라고 한 것이다"라고 셋째 판 서문에서 밝히고 있다.

책은 4부로 구성되어 있다. 1부는 개론의 성격으로 역사관과 한국인, 한국에 대해서 썼다. 2부와 3부는 실제적으로 역사를 나열하여 기술하였다. 4부는 결론으로 고난의 의미를 나누고 있다. 책을 모두 소개할 수는 없지만 그의 사상이 잘 드러나 있고, 또 가장 중심이 되는 저작이기에 간략하게 소개해 보고자 한다.

선생은 무엇보다 역사를 보며 새로운 역사가 필요함을 제 일성으로 외치셨다. 책에서 그는 전쟁이 나고 서로 다투게 되는 것은 서로 하나인 것을 인식하지 못하기 때문이라고 한다. 역사를 찾아 올라가 그 근본이 하나에서 나왔다는 것을 알아야 서로가 형제임을 알고 다툼이 없어진다는 것이다. 그래서 그 가르는 것, 즉 씨족, 민족, 국가, 종교 등에서 더 근본으로 가서 이 모든 것이 문제되지 않는 자리로 나아가야 한다고 가르치신다.

종교에 대해서도 새로워질 것을 요구한다. 그는 종교 경전이라고 하는 것은 법률서가 아니고, 자라는 힘을 가진 원리를 담은 것이라고 한다. 그리고 이렇게 이야기한다. "석가요, 예수요 하는 위대한 종교의 스승은 하나도 빠짐없이 다 그때의 제도를 전적으로 깨뜨리고 나서는 혁명가들이었다. 그들이 고정된 율법서를 만들 리가 없다. 그것은 그들의 정신에 정반대되는 것이다. 그런 것을 만든 것은 그들이 아니요, 그들에서 생동하는 인격성을 빼고 우상화하여 숭배하기를 좋아하는 추종자들이다. 경전의 생명은 그 정신에 있으므로 늘 끊임없이 고쳐 해석하여야 한다. 새로운 생활 체험이 있어야 하고, 새로운 역사 이해가 있어 그것을 뒷받침해 주어야 한다. 새 술은 새 부대를 요구한다. 이른바 정통주의라 하여 믿음이 살고 남은 껍질인 경전의 글귀를 그대로 지키려는 가엾은 것들은 사정없이 역사의 행진에서 버림을 당할 것이다. 아니다. 역사가 버리는 것이 아니라 자기네가 스스로 역사를 버리는 것이다"(『뜻으로 본 한국역사』, 37).

그는 종교가 고착화되고 경직되는 것에서 역사를 보았는지 모르겠다.

그래서 새로워져야 한다고 이야기한다. 그래서 그는 예수님에게서 혁명가를 본다. 예수님은 그 시대의 제도를 전적으로 뒤집어 놓은 이였다. 그런데 이 말이 지금도 와 닿는 것은 우리의 모습을 거기서 보기 때문일 것이다. 지금 우리가 그의 추종자가 되어서 그를 왜곡하고 있다는 것이다. 그런데 더 마음을 찌르는 구절이 있다. 바로 교회를 향한 말이다. "새 프로테스탄트가 나와야 한다. 종교개혁이 다시 나와야 한다. 어느 종교나 종파만이 아니라 통히 종교 그것이 새로워져야 한다. 먼저 왔던 것이 다 제때에는 제 할 일을 했지만 제때가 지나간 다음에도 그냥 서 있으면 이제는 도둑이요 강도다. 그러므로 그들을 내쫓고 새 말씀을 외쳐야 한다. 그러기 위하여 새 역사이해를 가져야 한다"(『뜻으로 본 한국역사』, 38.)

함석헌 선생의 말씀처럼 오늘날 우리는 그냥 서서 선교 100년을 넘긴 다음에 도둑이요 강도가 된 것 같다. 선교가 시작되었던 100여 년 전에는 기독교가 제 할 일이 분명 있었는데 이제는 그 일을 잃어버리고 도둑이 되고 만 것 같다. 이를 선생은 미리 보았는가 보다.

선생은 역사를 단순히 지나간 것, 과거나 일어난 일들, 즉 사실 등으로만 이해하지 않았다. 그것이 중요한 것이 아니라 뜻이 중요하다고 보았다. 과거의 사실에 대한 해석, 그 뜻을 풀어내는 것이 역사라고 본 것이다. 그래서 그는 역사를 보는 관점, 즉 사관을 중요하게 여겼다. "인생을 뛰어넘은 자리에서 참 인생을 볼 수 있듯이 역사를 넘어 뛴 자리에서야 참 역사를 볼 수 있다. 이런 사관 없이 쓴 역사는 참 역사가 아니요, 이런 사관에 이르지 못한 역사 공부 또한 참 역사의 읽음이 아니다"라고 명확히 하고 있다(『뜻으로 본 한국역사』, 47).

그러면서 그는 종교적 사관으로 역사를 보고 있음을 밝히고 있다. 그것은 기독교이다. 그는 자신의 종교에서 역사를 보고 있음을 숨기지 않고 있다. 자신이 믿는 바가 또 보편적이고 종교적인 것이라고 생각하기 때문이다. 그러면서 그는 그 이유를 아래와 같이 적고 있다. "기독교를 내가 말할 자격도 없고 또 기독교란 것이 내게 문제도 아니다. 나는 나의 믿음이 있을 뿐이고, 내가 본 성격의 진리를 알 뿐이다. 종교야말로 가장 구체적, 개인적인 사실이다. 가장 구체적이요, 가장 개인적이란 말은 나와 하나님의 직접 교섭이란 말이다. 그러므로 가장 내 일이지만 또 모든 사람에 통할 수 있는 줄로 믿는다. 내가 알기에 성경은 그렇게 각 사람이 각각 제자리에서 제 식으로 직접 하나님을 대하기를, 다른 말로 하면 나에게 전체를 나타내기를 가르치는 진리다"(『뜻으로 본 한국역사』, 50).

함석헌의 말은 가장 개신교적이다. 어떤 무엇을 통해서가 아니라 '하나님과의 직접 교섭'을 강조한다. 만인제사장이라는 의미로 볼 수 있는 바이다. 더군다나 개인적이라는 말의 강조에서 그는 무교회주의 -물론 그는 그 말도 그렇게 썩 좋아하지는 않았지만- 관점을 표방하고 있는 것 같다. 무엇의 가르침에 따른 믿음이요, 관점이 아니라 가장 구체적이고, 개인적인 하나님과의 교섭을 중요하게 여기고 있는 데서 그것을 볼 수 있다.

그러나 그의 글에서 우리가 무엇보다 중요하게 볼 바는 이것이 바로 모든 사람에게 통한다는 그의 믿음이다. 그는 이 글에서 나타난 바와 같이 자신의 신앙을 드러내고, 자신은 그러한 관점에서 역사를 보고, 또 그런 믿음으로 살고 있음을 밝히 드러내고 있다. 그런데 이 책은 기독교인 뿐만 아니라 모든 사람들에게 읽히고 있다. 글이 쓰인 지 80여 년, 책이 나온 지 65년이 넘었지만 사람들에게 널리 읽히고, 학생들에게는 필독서가 되어 있다. 그의 생각이 옳았다. 그가 믿는 것과 그가 가지고 있는 진리가 보편적으로 사람들에게 통하게 된 것이다. 이러한 관점은 그의 모든 저술과 사역 가운데 동일하게 일어난다. 그가 행한 연설을 보면 그 청중이 기독교인만 모아 놓은 것은 아닌가 하는 의심이 들 정도이다. 그런데 그는 거리낌 없이 기독교를 내놓고 이야기하고, 바로 그러한 관점에 자신이 서 있고, 그것이 진리라고 이야기한다. 그런데 그런 이야기가 통용될 뿐만 아니라 사람들을 감동시키고, 깨닫게 하고 있는 것이다.

오늘 우리가 처해 있는 상황과 비교한다면 상상도 하지 못할 일이다. 기독교를 이야기한다는 것 자체가 부끄러운 일이 되고 만 오늘의 현실을 생각해 보면 선생이 더욱 위대해 보인다. 이러한 선생을 두고 있다는 것이 자랑스럽지만 한편으로 이런 선생을 잃은 우리의 시대가 한탄스럽다. 당시 기독교인이 국민의 5%, 10%를 이야기하던 시대에서 이런 선생이 나와서 자신 있게 기독교를 이야기할 수 있었는데, 이제 20%를 이야기하는 이 시대에서는 기독교를 내세운다는 것이 큰 용기를 필요로 하고, 오히려 외면당하는 상황에 이른 것이다. 그러기에 이 시대에 선생이 더욱 커 보이는지 모르겠다.

책은 연결하여 성경의 사관을 밝힌다. 그는 성경 66권을 한마디로 요약하면 '하나님'이라고 한다. 그가 하신 모든 것이 역사이다. 이를 근원에서 밝히며 그것을 '아가페'라고 한다. 굳이 사랑이 아니라 아가페라고 한 것은 사랑이라는 말에 애욕이나 정욕이라는 뜻이 섞이며 왜곡되어 있기 때문이다. 그래서 성경의 뜻을 담고자 한 것이다.

성경은 역사에 시작과 끝이 있다고 가르친다. 우주와 인생은 생명의 근본인 하나님이 자기 뜻으로 지어낸 것이다. 그래서 지어진 것은 모두 의미가 있다. "하나님은 절대적 가치의 본체요, 그것을 아는 것이 뜻이요, 그 뜻의 방향으로 운동하는 것이 역사"라고 그는 이야기한다(『뜻으로 본 한국역사』, 55).

또 성경적 역사관의 핵심은 '종말관'이다. 역사가가 종말을 이야기할 일은 없다. 그것은 아직 이루어지지 않은 미래이기 때문이다. 그러나 선생은 종말을 이야기한다. 그는 문명을 구원하는 것이 이 종말 사상이라고 한다. "그 이유는 인류의 사상은 순간적인 조건보다 영원한 미래에 의해 규정될 때 가장 원대성을 띠고 건전할 수 있기 때문이다"(『뜻으로 본 한국역사』, 59).

선생은 종말관을 "무한한 거리의 별"로 비유하고 있다. 그것이 확실한 목표인 것과 같다고 한다. 멀리 있는 별이 방향을 가리키고 있는 것과 같이, 그러나 그 별이 잡히지 않는 것과 같이 종말도 드러나지 않지만 우리 역사의 방향을 가리키고 있다는 것이다.

"실현되는 것이 이상이 아니라, 영원히 실현 안 되는 것이 이상이다. 실현되는 이상은 실현되는 그 순간 죽어버리나 실현되지 않는 이상은 현실적으로 안 되기 때문에 뜻으로는 순간마다, 또 영원히 계속되어 실현이 되면서 이끌어가는 산 이상이다. 종말관은 인류 역사를 이끄는 정신적 항성이다"(『뜻으로 본 한국역사』, 59).

이와 같이 시작과 끝이 있다고 하는 것이 성경적 역사관이다. 이 가운데 하나님의 다스림이 있다. 그런데 하나님은 살아 있기 때문에 죽은 기계를 좋아하지 않는다. 오히려 자유하는 생명을 가진 인격을 통하여 자기를 항상 나타내고 있다. 그래서 인간에 대해서 이야기한다. 인간은 '도덕적 책임자'로 나타낸다. 인간은 자신의 행동과 생각에서 스스로 도덕적 판단을 내리고, 그것에 대해서 책임을 진다는 것이다. 이로서 인간은 하나님의 일동무가 된다. 하나님은 그 우주 완성을 반드시 사람을 통하여 하신다(『뜻으로 본 한국역사』, 61).

선생은 한국역사를 결론하여 이르기를 고난의 역사라고 한다. 삼국시대까지는 그래도 생명력이 넘치고 웅장하고 우아한 사상이나 작품이 있었으나 그 이후 고난 가운데 모두 잃어버렸다는 것이다. 그는 이를 이렇게 표현한다. "천년 고난에 그만 눌려버린 한국은 그 때문에 생명이 망가시고 밀렸다. 혼은 그 날뜀는 힘을 잃어버렸고, 마음은 그 고요함을 빼앗기고 말았고, 원기를 꺾이고 용기를 떨어뜨려 버렸다"(『뜻으로 본 한국역사』, 444).

이 안타까운 상황에서 그는 이러한 제안을 한다. "한민족이 숙명관의 종이 된 것은 생명의 일선에서 거듭 오는 고난의 습격을 못 견디어 퇴각하기를 시작할 때부터다. 퇴각을 시작한 것은 믿음을 잃었기 때문이다. 정신이 스스로 저는 불사신인 것을 잊어버렸기 때문이다. 싸움은 이겨서 이기는 것이 아니라, 져도 졌다 하지 않으므로 이긴다. 죽음을 죽음으로 알지 않으므로 정신이 된다. 믿음이 정신이요, 믿음이 불사신이다. 그것을 내버리므로, 혼이 스스로 죽으므로 갇혀버렸다. 갇혀버린 혼, 그것이 곧 운명이다. 그러므로 운명은 자기를 잊은 자에게는 언제나 있는 것이요, 스스로 하는 자에게는 없다"(『뜻으로 본 한국역사』, 446). 그는 역사를 뒤돌아보며 우리나라의 역사는 고난의 연속이었고, 그 고난에 짓눌린 상태라고 한다. 그러나 정신을 바로 하고, 믿음을 세울 때 우리는 다시 일어날 수 있으며, 다시 살 수 있음을 강조한다. 그것을 그는 '스스로 하는 자'라고 명한다. 이것이 바로 함석헌 선생께서 밝힌 역사이다. 정신과 믿음, 다른 말로 한다면 뜻을 바로 세우면 이 고난의 역사를 깨고 다시 이 민족이 살 길이 있다는 것이다.

함석헌 선생의 수많은 저서 중 가장 유명한 것이 『성서적 입장에서 본 조선역사』, 『뜻으로 본 한국역사』라고 한다면, 가장 유명한 글로는 1958년 사상계 61호에 실린 '생각하는 백성이라야 산다'일 것이다. 이 글로 인해 선생은 이승만 정부로부터 반공법 위반 혐의로 투옥되기도 했다. 이 글은 살아있고, 대담했다. 특히 그 주제는 6.25 이후에 나라를 되돌아보며 반성을 촉구하는 것인데, 전쟁이 끝나고 3년밖에 안 된 상황이니 더욱 아프게 다가왔을 것이다. 이 글은 워낙 명문이라 요약을 하는 것이 글의 본 모습을 해칠 것 같지만, 이해를 돕기 위해 옮겨본다.

1958년, 이 글을 쓴 함석헌은 6.25 사건은 아직 우리 목에 씌워져 있는 올가미요 목구멍에 걸려 있는 불덩이라고 한다. 이 역사적 사건의 뜻을 깨달아야만 이 불덩이를 삼키는 것이 되고, 올가미를 벗겨내는 것이 된다고 한다. 그는 6.25의 원인을 첫째, 미국과 소련이 38선을 그어놓은 데 있다고 한다. 즉 이 싸움의 원인은 밖에 있다는 것이다. 하지만 그렇게 된 것은 결국 우리가 약소민족이기 때문, 즉 우리가 약하여 당할 수밖에 없었다는 것이다.

우리의 약함은 서민 곧 백성이, 이 씨알이 힘 있게 자라지 못했기 때문이라고 한다. 정치하는 이들이 백성들을 그저 짜먹으려고만 들고 이들을 살게 하지 못했다는 것이다. 특히 자본주의 사회에서 중산층의 중요성을 강조한다. "중산층이란 다른 것 아니오, 그 사회제도가 씨알이 자라 제힘으로 올라갈 수 있는 길이 열려 있다는 말이다." 그런데 우리나라는 이런 중산층을 만들어내지 못했다. 양반이라는 이리떼가 그저 백성들을 짜먹었기 때문이다. 심지어 일본에서 해방이 되었는데 더 참혹하다. 전에는 상전이 하나였는데 이제는 둘, 셋이 된 것이다. 그러면서 뼈아픈 말을 한다. 일제시대에는 종살이를 해도 부모형제가 한집에 살고, 동포가 서로 교류했는데 이제는 남북으로 헤어져 있는데 무슨 자유요, 해방이냐는 것이다. "남한은 북한을 쏘련 중공의 꼭두각씨라 하고 북한은 남한을, 미국의 꼭두각씨라 하니 있는 것은 꼭두각씨 뿐이지 나라가 아니다. 우리는 나라 없는 백성이다. 6.25는 꼭두각씨의 노름이었다. 민중의 시대에 민중이 살았어야 할 터인데 민중이 죽었으니 남의 꼭두각씨 밖에 될 것 없지 않는가?"

선생은 그러한 원인을 역사를 뒤지며 조선, 고려, 통일신라, 삼국시대로 이어가며 찾고 있다. 그러면서 우리나라의 역사적 숙제를 세 가지로 정리한다. 첫째는 통일정신이요, 둘째는 독립정신이요, 셋째는 신앙정신이다. 첫째 우리나라는 당파싸움으로 찢어졌다. "하나 됨은 남의 인격을 존중해서만 될 수 있는 일인데 남의 인격을 아는 것은 내가 인격적으로 서고야 될 일이다. 정말 제 노릇 하는 사람은 세가 세 노릇을 할 뿐 아니라 남을 제 노릇 하도록 만든다." 바로 이 부분이 제대로 되어있지 않기 때문에 우리는 그렇게 서로를 향해 싸움을 벌여왔다는 것이다. 그것은 결국 정신의 문제로 이어지는 것이다. 둘째로 독립정신은 깊은 인생관과 높은 세계관이 없이는 될 수 없다. 이것은 결국 셋째로 이어진다. 바로 종교이다. 깊은 인생관과 높은 세계관은 "위대한 종교 아니고는 될 수 없다. 종교란 다른 것 아니요, 뜻을 찾음이다. 현상의 세계를 뚫음이다. 절대(絶對)에 대듦이다. 하나님과 맞섬이다. 하나님이 되잠이다. 하나를 함이다. 그러므로 이 이상의 일이 있을 수 없고, 이 밖에 일이 있을 수 없다. 이것이 맨 첨이요, 이것이 맨 끝이다. 그러므로 문제는 따지고 따져 올라가면 여기 이르고 만다. 일찍이 역사상에 위대한 종교 없이 위대한 나라를 세운 민족이 없다. 종교가 잘못되고 망하지 않은 나라 없다. 아무 나라도 어떤 문화도 종교로 일어났고 종교로 망했다. 애급이 그렇고 바빌론이 그렇고 희랍이 그렇고 인도가 그렇고 중국이 그렇다." 선생은 결국 문제의 결과요, 제안을 종교, 즉 신앙에서 찾고 있다.

이를 이어서 말한다. "그러면 우리의 역사적 숙제는 이 한 점에 맺힌다. 깊은 종교를 낳자는 것, 생각하는 민족이 되자는 것, 철학 하는 백성이 되자는 것. 그럼 6.25의 뜻도 어쩔 수 없이 여기 있을 것이다. 깊은 종교, 굳센 믿음을 가져라. 그리하여 네가 네가 되어라. 그래야 우리가 하나가 되리라." 선생은 종교를 통해 생각하는 민족이 되자고 한다. 그러한 종교를 통해 주체적인 믿음으로 나아가고, 이 인격적인 주체들이 모여 하나가 될 것이라고 한다.

그러면서 현실로 들어온다. 전쟁의 아픔을 이야기하며 정권을 비판한다. 국민을 생각하지 않고, 불쌍히 여기지도 않는 정권에 대한 날카로운 비판을 가한다. 그리고 군대를, 종교단체를 그야말로 신랄하게 비판한다. 형제를 형제로 여기고, 가난하고 약한 자를 받아들이지 못하는 이들을 비판하고 있는 것이다. 아마 이 비판이 이승만 정권에 비수를 꽂은 것 같다. 그래서 투옥으로 이어진 것이지 싶다.

결론으로 그는 회개를 촉구한다. "국민 전체가 회개를 해야 할 것이다. 예배당에서 울음으로 하는 회개 말고(그것은 연극이다) 밭에서, 광산에서, 쓴 물결 속에서, 부엌에서, 교실에서, 사무실에서 피로 땀으로 하는 회개여야 할 것이다." 그가 촉구한 회개는 이런 것이다. 삶의 전 영역, 일상의 모든 현장에서 이루어지는 철저한 회개이다. 그리고 이렇게 맺는다. "하나님이 나라를 불쌍히 여기소서! 종교인(宗敎人)."

이 글은 사상계라는 일반 잡지에 실린 글이다. 그런데 이미 볼 수 있는 바와 같이 철저히 종교적인, 기독교적인 입장에서, 그 표현조차 피하지 않고 직접적으로 쓰고 있는 것을 본다. 어찌 보면 신앙 잡지에서나 볼 수 있는 어투이고, 내용이다. 그러나 함석헌은 에두르지 않고 이렇게 자신의 신앙적 관점에서 글을 내고 있다. 그런데 이것이 이 나라의 명문 중에 하나로 꼽힌다. 당시 일반 국민들과 이런 글로 소통이 가능했다는 것이다. 그것은 그의 탁월한 역사적, 종교적 통찰력에 대한 사람들의 동의와 동경에 있었다고 본다. 또 하나 그 시대의 사람들은 기독교를 시대를 선도할 정신으로 보았다는 것이다. 이것이 함석헌의 자리라고 할 수 있다.

함석헌 선생의 고난은 여기서 끝나지 않는다. 오히려 여기까지는 글을 통해서 하는 소극적 운동이었다면, 박정희 정부가 들어서면서 행동으로 나서게 된다. 그는 이후에 구속과 감금, 연금 등의 정치적 탄압을 반복하여 받게 된다. 선생은 5.16 군사쿠데타가 일어난 순간부터 비극을 예감했는지 모르겠다. 그래서 쿠데타가 일어난 지 40일 만에 사상계에 '5.16을 어떻게 볼까'라는 제목의 글을 올렸다. 거기서 선생은 혁명은 사람이 해야 한다고 한다. 학생도 군인도 할 수 없다고 한다. 학생도 군인도 사람이 아니기 때문이다. 이를 나무에 비했다. 4.19는 학생이 주도했는데 그들은 나뭇잎이라고 한다. 나뭇잎은 푸른 정신이지만, 결국 나무가 서는데 앞장설 뿐이다. 5.16은 군인이 했는데, 군인은 꽃이란다.

"꽃은 활짝 피었다가 깨끗이 뚝 떨어져야 한다." 결국 나무가 서야 하는데, 나무는 민중이다. "혁명은 민중의 것이다. 민중만이 혁명을 할 수 있다. 군인은 혁명 못 한다. 아무 혁명도 민중의 전적(全的) 찬성, 전적(全的) 참가를 받지 않고는 혁명이 아니다. 그러므로 독재가 있을 수 없다. 민중의 의사를 듣지 않고 꾸미는 혁명은 아무리 성의로 했다 하여도 참이 아니다."

선생은 서슬 퍼런 군사혁명 권력에 굴하지 않고 일성을 토해냈다. 이후 선생은 시위대의 앞에 서기도 하고, 단식투쟁을 하기도 하고, 강연회와 글을 통해서 이 비정상적인 권력에 비폭력으로 대항했다. 그러나 선생은 저항의 결이 달랐다. 그는 자유인이었다. 그리고 그는 뜻을 묻는 사람이었다. 그래서 자주 반유신운동의 사람들과 다른 면을 보였다. 그 대표적인 것이 유신헌법 국민투표 반대 강연회에서 행한 연설이다.

> 나는 정권 타도 운동하는 사람이 아닙니다. "박 정권 물러나라." 나는 그 말 하고 싶지 않습니다. 내가 아무리 조그맣게 세상에 나왔다고 하더라도 "박 정권 물러나라" 하는 그런 말이나 하려고 태어났다고는 생각하지 않습니다. (웃음) 나는 내가 문제지, 이성 가진 사람으로서, 양심 가진 사람으로서, 하나의 국민으로서, 또는 이 우주의 생명을 나타내는 사람으로서 "내가 어떻게 나 할 것을 할거냐?" 그게 문제지, 그럼 악한 것이 있으면 저절로 물러날 것입니다. 내가 나 할 것을 하는 것이 문제지, "저기 있는 것들 물러가라" 내가 내 할 것 못 하면 "물러가라" 암만 해도 물러가지 않을 겁니다. 그 사람이 강해서 안 물러가는 것이 아니라 하나님이 까닭이 있어서, 내가 내 할 것 못 해서 하나님이 그 사람을 결코 물리치지 않을 겁니다. 나 하나님 믿습니다(이치석, 371).

그의 연설은 울림이 크다. 독재자를 타도하자는 마당인데 자기는 그런 사람 아니라고 한다. 그에게 중요한 것은 내가 스스로 서고, 내가 나 됨의 표현으로서, 그래서 불의에 저항하는 것으로서 이 자리에 있다는 것이다. 내가 나 되지 못하는 것이 먼저 하나님의 뜻이 아니라는 것이다. 그리고 그것의 결과가 이 독재를 만들어냈다는 것이다. 이것이 그가 평생 찾았던 뜻이었다. 나의 나됨. 씨알이 자기를 찾으면, 그래서 그 자유로 산다면 이 왜곡된 역사가 바로 잡힐 것이라는 뜻이다. 그 말미에 그는 이렇게 외친다. "나 하나님 믿습니다." 이 짧은 문장 하나가 그의 모든 것을 담는다. 그의 진실이고, 참됨이고, 정성이다. 이것이 그가 쓰는 글이고, 그의 운동이다. 그래서 선생에게 낭만주의자라는 말이 붙은 것이다. 그는 이 세상이 정한 구분에 속해 있지 않다. 그를 어떤 사람이라고 하는 것이 의미가 없다. 그는 뜻을 보았고, 그 뜻을 살아낸 사람이기 때문이다. 그것을 이 땅의 사람들이 무엇이라 할 수 없으니 낭만이라고 하는 것 같다. 그러나 그는 초월을 살았다고 하는 것이 옳을 것이다. 현실을 본 것이 아니라 뜻을, 하늘을, 그리고 하나님을 보았다는 것이 옳을 것이다.

그는 이를 이렇게 적는다. "사람 노릇 하는 것이 자유다. 누가 시켜서 하는 것이 아니라 스스로 하는 것이다. 누구를 위해 하는 것이 아니라 그저 하고 싶어서 한다. 옳고 그르고를 생각할 여지가 없다. 되고 안 되고를 살필 겨를도 없다. 그러므로 참이다. 참이기 때문에 죽음도 없고 빼앗김도 없다. 죽지도 않고 뺏기지도 않는 것이 생명이요 사람이다. 죽고 뺏김은 스스로 하지 못하기 때문에 생기는 그릇된 생각이다. 그릇됐다는 것은 삶과 생각함이 하나 되지 못하는 것을 말하는 것이다"(함석헌, 『하나님의 발길에 채여서』, 186).

고난의 연속이었던 선생은 1989년 2월 4일 하늘의 부름을 받았다. 그는 유언하기를 자신의 육체는 오산학교에 표본으로 만들어 달라고 했다. 그의 스승 남강 이승훈 선생이 그리 원했지만 일제에 의해서 이루지 못한 뜻을 자기라도 이루겠다는 뜻이다. 그리고 그는 자신이 죽은 후에 비석을 세우지 말라고 엄히 말했다. 행여 비석을 세운다면 자신이 하늘에서 벼락을 내려서라도 부숴버리겠다고 했다. 그는 죽음조차도 가르침으로 남긴 선생이었다.

시대의 선생을 그리며

함석헌 선생은 자서전에서 자신의 삶을 이렇게 요약했다. "생각했던 것은 하나도 실현해본 것이 없고 나간 것은 한 발걸음도 내가 내켜 디디었다 할 수가 없습니다. 그래서 나를 '이날껏 하나님의 발길에 채여오는 사람'이라고 합니다"(『하나님의 발길에 채여서』, 19). 글의 머리에서 함석헌을 눈물의 선지자 예레미야에 견주었다. 예레미야도 아마 자신이 원해서 그런 고난의 길을 가지는 않았을 것이다. 그리고 그가 원해서 그렇게 민족의 멸망을, 그리 쓰디쓴 이야기를 내어놓지는 않았을 것이다. 선생은 평생 뜻을 구하고 찾으며, 이야기하기를 쉬지 않았다. 그 결과가 눈물이었고, 고난이었다. 그가 내켜서 한 것이 아니라 하나님이 발길로 차니 그리 내몰려 했다는 것이다. 이것이 그의 고백이지 싶다.

선생은 무엇보다 신앙인으로 살았다. 그러한 뜻으로 역사를 보았고, 현실을 보았고, 미래를 보았다. 그의 삶의 모양은 결국 이 뜻에 따라 나타난 것뿐이다. 그래서 그는 글에서도, 강연회의 자리에서도 하나님을 이야기하고, 그의 뜻을 이야기하기를 꺼리지 않았다. 놀라운 것은 그의 그런 태도에 사람들이 수긍하고 감동하였다는 것이다. 현재의 우리 기독교의 모습을 보면 상상하기 힘든 부분일 수 있다. 하지만 선생의 진정성과 참됨, 그리고 삶으로 보여준 고백에 의해서 사람들은 그런 뜻을 받아들이고 새기는데 주저하지 않았다.

그는 역사에 대해서 직선으로 갈 수 없다고 했다. 힘에 겨운 무거운 짐을 지고 올라가려면 소라처럼 돌아 올라가야 한다고 했다. 고난이 있고, 어려움이 있으니 직선으로 가서는 안 되고 소라처럼 돌아가야 한다는 것이다. 그러나 그것은 쳇바퀴 돌 듯하지는 않는다고 한다. 천천히 영원을 단위로 하고 돌아서 가는 것이라고 한다(『하나님의 발길에 채여서』, 139).

선생은 이 나라 역사의 최근 고난을 모두 짊어지며 갔다. 때로 눈물로, 때로 그 고난을 몸으로 겪으며 짊어지셨다. 그리고 역사는 오르막도 가고, 돌아가기도 하면서 오늘에 이르렀다. 그 결과가 오늘 우리의 모습일 것이다. 선생이 가신지 이제 30년 가까이 되어가는 이때 우리는 어디에 있는가를 돌아보지 않을 수 없다. 경제는 발전하고, 정치는 혼란스럽지만 그래도 민주를 이야기할 수 있다. 다만 교회는 그 규모는 커졌지만 그 영향력은 미천할 뿐이다. 선생과 같은 지도자가 오늘 다시 있다면 우리가 이렇게 부끄럽지는 않겠다는 생각을 해본다. 세상과 소통하고, 세상을 향해서 선지자의 목소리를 내고, 뜻을 밝히며 갈 길을 제시할 수 있는 그런 시대의 선생이 더욱 그리울 뿐이다.

참고문헌

함석헌, 『뜻으로 본 한국역사』, 한길사, 2007.
함석헌, 『하나님의 발길에 채여서』, 한길사, 2009.
이치석, 『씨올 함석헌 평전』, 시대의 창, 2015.

함석헌, "생각하는 백성이라야 산다", 「사상계」, 1958년 8월.
함석헌, "5.16을 어떻게 볼까", 「사상계」, 1961년 7월.
함석헌, "씨알의 소리 창간사", 「씨알의소리」, 1970년 4월.

손양원 1902-1950

사 회 적 신 앙 인 의 발 자 취

" 소외된 자, 사회적 약자, 희생자의 교육은 자기 자신의 교육이었으며,
소외된 자, 사회적 약자, 희생자를 위한 신앙은
진정한 인간화를 이루기 위한 발걸음이며 예수께서 우리에게 말씀하신바
"네 이웃을 사랑하고 원수를 네 몸과 같이 사랑하라"는
명령을 좇은 순종의 결단이요 행동이었다. "

죽었으나 살아서 말하는 이, 손양원
사회적 신앙의 표본(標本)으로서 손양원의 생애

김도일

기독교 신앙의 본질을 잘못 이해하고 행동하게 되면 신앙의 역기능적 현상인 신앙의 기능장애라는 덫에 걸리게 된다. 이러한 역기능적 현상은 신앙이 한쪽으로만 치우쳐 균형을 상실한 결과이다. 기독교 신앙은 개인적이고 수직적이며 신비로운 차원만을 갖고 있는 것처럼 보이지만, 사실은 그와 동시에 수평적이며 관계적이고 현실적이며 사회적인 면도 갖고 있다. 그 두 가지 면을 다 실천하며 살았던 인물이 손양원이다. 그는 우리나라가 20세기 초-중반에 암흑과 혼돈의 시대를 지나고 있을 때 불꽃처럼 기독인의 삶을 살다가 순교한 인물이다. 일반적으로 손양원을 생각할 때 '사랑의 원자탄'이라는 단어를 먼저 떠올리게 되는데 이러한 별칭은 한센병 환자와 자신의 두 아들을 죽인 원수까지도 사랑했던 초인간적인 사랑의 이야기가 많이 알려졌기 때문이다. 그러나 손양원의 생애와 그의 설교문과 문헌자료 등의 자료를 종합해 볼 때 그를 한센병 환자의 고름을 빨았던 손양원과 자신의 두 아들을 죽인 원수를 사랑한 인물로만 국한하게 되면 그의 포괄적인 삶의 철학과 기독교 사상을 다 담을 수 없다는 결론을 내리게 되었다. 이 글은 그의 일대기를 재조명하여 그가 소유한 사회적 신앙에 대해서 고찰하고 21세기를 살아가고 있는 우리에게 주는 사회적 신앙에 대한 기독교교육적 함의를 찾고자 하였다. 결과적으로 손양원의 사회적 신앙을 연구함으로써 네 가지의 통찰을 얻게 되었다. (1) 복음의 공적인 가치추구, (2) 성경대로 믿고 실천하는 사회적 신앙인, (3) 내연이외연(內燃而外延)적 사회적 기독교교육의 강화, (4) 소외된 자, 사회적 약자, 희생자를 진심으로 배려하는 기독교교육, 그리고 그들의 존재적 존엄성을 살리는 시각에서 수행하는 기독교교육. 이렇게 수직적이며 개인적이고 신비로운 하나님께 대한 신앙과 수평적이고 관계적이며 현실적이고 사회적인 신앙이 균형을 이룰 때 기독교 신앙은 사회의 빛과 소금의 역할을 감당하게 될 것이다. 그는 과연 산돌(손양원의 호)이다. 오래전 죽었으나 아직도 생생하게 살아있는 돌이다. 그리하여 이미 죽었으나 아직도 살아 말하고 있는 그의 삶 속으로 들어가서 어떻게 그의 삶이 사회적 복음의 생생한 표본이 되는지를 살펴보고자 한다.

손종일에서 손양원으로 신앙이 이어지다

손양원은 1902년 6월 3일 경남 함안군 칠원면 구성리 685번지에서 부친 손종일과 모친 김은수 사이에서 장남으로 태어났다. 호적 이름은 연준이었으며 아버지가 기독교인이 되던 1909년에 아버지와 함께 처음으로 교회에 갔다. 그의 아버지는 기독교로 입교 후 바로 삭발을 단행하였으며 주초도 끊었다고 한다. 그리고 다니던 구성교회에서 5년 뒤에 영수가 되고, 4년 뒤 1918년에는 장로로 피택 되었다(한인수, 32). 손양원의 삶을 다루면서 그의 부친에 대하여 다루지 않는 것은 불가능하다. 왜냐하면 손종일의 철저한 신앙생활의 영향을 지대하게 받아 평생 올곧은 신앙생활을 한 것으로 보이기 때문이다. 이만열에 의하면 손종일은 1925년부터 새벽기도를 시작한 이후 평생 새벽기도를 이어갔다고 한다. 뿐만 아니라 손종일은 1919년 3.1운동이 일어났을 때 자신이 살던 지역에서 주모자로 활동하였고 이로 인하여 1년간 옥살이도 하였다고 알려져 온다(이만열, 354). 그가 예수를 믿은 후 성묘를 하던 중 제사상을 뒤집어 엎어버린 일이 있다. 그 일로 문중의 어르신들에게 지독하게 매를 맞고 결국은 감나무에 매달리면서까지 외친 다음의 말은 그의 신앙과 성품을 단적으로 증명해 준다. "여보시오. 어르신들. 내 말 좀 들으시오. 하나님은 유일신이시니 하나님 이외에 어떤 것도 숭배해서는 아니 되오. 죽은 묘에 절하지 마시오. 하나님이 싫어한단 말이오"(손동희, 29-30). 손종일은 비 오는 날에는 어린 손양원을 등에 업어 주일학교에 데려다주었고 십일조와 주일성수는 물론이고 철저하게 자녀들을 신앙으로 교육했다. 그 결과 세 아들(양원, 문준, 의원) 모두 목사가 되어 교회와 지역사회, 주민들을 섬겼다고 딸 손동희는 증언한다(손동희, 32).

기도에 빠진 손양원

목회자로 소명을 받기 전에 어린 손양원은 기독교에 입교함과 동시에 한문서당에 입학하여 약 4년 동안 서당교육을 받았다. 손양원은 그곳에서 열심히 공부하였던 것 같다. 그가 훗날 7언구로 된 한자시를 잘 지었던 것을 보면 그것을 짐작할 수 있다. 그 후 1913년, 그가 12세 되던 해에 칠원 공립보통학교에 입학하였다. 3학년에 재학 중이던 15세 때 신사참배 반대로 퇴학을 당했으나 세례를 베푼 맹호은(F. Macrae) 선교사의 도움으로 복교할 수 있었고 1917년 7월에 보통학교를 졸업하였다(손동희, 357;박용규, 241). 이후 18세가 되던 해에 서울로 상경, 돈을 벌며 학업을 이어가려는 결심을 하고 서울의 중동중학교에 입학했다. 낮에는 학교를 다니고 밤에는 만두 장사를 하면서 고학을 하였다. 문제는 주일 성수였다. 주일에는 교회에서 예배를 드리기 위해 주중에 더욱 열심히 일을 하였지만 결국 주인은 "너는 다 좋은데 예수 믿는 게 나쁘다"라면서 그를 쫓아냈다. 어려운 상황 가운데에서도 학업을 계속이어 가려고 하는데 하루는 교무실에서 갑자기 그를 호출하더니 생각지도 못한 퇴학통지를 하였다. 이때가 바로 부친 손종일 장로가 3.1만세 운동의 주동자라는 것이 밝혀져 마산형무소에 수감되던 때였다. 그는 어쩔 수 없이 학교를 그만두고 낙향하였다. 손양원은 학업을 계속하기 위해 일본으로의 유학을 결심하고 마침내 동경 스가모(西巢鴨) 중학교의 야간부에 입학하게 된다. 동경에서도 그는 일을 하면서 고학을 하였다. 밤에는 학교에 다니고, 새벽과 낮에는 신문 배달과 우유 배달을 했으며 주일에는 모든 일을 제쳐놓고 교회에 나갔다. 그리고 동경선교회에서 주관하는 노방전도에 동참하여 북을 메고 거리를 다니며 예수를 전하였다. 손동희에 의하면 손양원은 자주 숲속이나 공동묘지에 가서 소리 내어 기도하기도 했고 늘 성경을 지니고 다니며 읽고 연구에 몰두하였다고 한다(손동희, 37-40).

동경에서 신앙생활을 하면서 스가모 중학교에 다니던 시절 그는 자주 야간학교가 끝나면 교회에 들러 기도한 후 산에 올라가 공동묘지 근처에서 기도하였다. 하루는 거기서 이러한 기도를 하였다. "나의 하나님 나에게 성령의 뜨거운 불을 주옵소서." 이렇게 기도한 후 그는 뜨거운 불의 체험을 하였다. 그러고 나서 전도를 하지 않으면 안 될 만큼 견딜 수 없는 뜨거움이 그를 사로잡았다. 그는 만나는 사람마다 복음을 전했으며 1923년 스물두 살이 되던 해에 동경의 이타바시(板橋) 성결교회에서 나카다 쥬지(中田重治) 목사의 설교에 큰 감명을 받고 그의 생애 전부를 하나님께 바치기로 결심했다(심군식, 17-18). 바로 이 시점에 손양원은 목사로 하나님께 인생을 드리기로 결심하고 그분의 부르심에 응답하게 된다. 그해에 중학교를 졸업하고 귀국하여 1924년 1월 17일에 정양순(본명: 정쾌조, 결혼할 때까지의 이름)과 함안군 대산면 옥열교회에서 결혼하였다(주종군, 173).

수남아, 밥 좀 있나?

손양원은 1926년 3월에 경남성경학교에 입학하여 1929년 3월에 졸업한 후 1934년까지 울산 방어진교회, 남창교회, 부산 감만동 나병원교회, 부산 남부민교회, 양산 원동교회 등에서 전도사로서 사역하였고 이즈음에 초량교회에서 시무하던 주기철 목사를 만나 지도를 받게 되는데 손양원의 신앙 사상 형성에 주기철 목사의 지도가 큰 영향을 주었다(순천노회, 81). 1935년 4월 5일 33세에 평양신학교에 입학하였으며 평양 대동강변의 능라도교회에서 전도사로 시무하였다. 이 시기는 신사참배 강요문제가 극심하게 대두된 때인데 당시 평양신학교의 교장이었던 나부열(Stacy L. Roberts: 1881-1946)목사는 끝까지 신사참배를 반대하였다. 손양원은 1938년 3월 16일에 제33회로 평양신학교를 졸업하였으나, 그해에 신학교는 신사참배를 반대하는 표시로 문을 닫았다(이영헌, 70). 본래 부친으로부터 받은 신앙의 절개를 지키는 정신을 가진 손양원은 나부열의 확고한 태도에 강한 영향을 받은 것으로 보인다. 졸업 후 부산지역 순회선교사 대리로 사역하면서 신사참배 반대 운동을 전개하였다.

조선예수교장로회 제27회 총회가 1938년 9월 9일 오후 8시에 평양 서문외예배당에서 목사 86명, 장로 85명, 선교사 22명 도합 193명의 총대가 모여 개최되었다. 신사참배거부 항쟁자들의 증언에 의하면 이때 총회장이 개회선언을 하자마자 곧

> 즉석에서 신사문제를 상정하고 동의자와 재청자만 "네"하고 다른 이들은 입을 다물고 말을 하지 않는 괴사를 행하여 가결 아닌 가결 선포와 '실천에 옮겨야 한다'는 경찰의 강요로 휴회하고, 평양신사에 자동차로 가서 총대 전원이 참배하므로 피눈물 나는 굴욕의 역사를 만들고야 말았던 것이다. 선교사 방위량(W. N. Blair)목사는 "이는 가결이 아니요! 아니요!"를 연발하다가 경찰 제지로 기절하는 참사까지 벌어졌던 것이다(이홍술, 160).

손양원은 애양원교회의 청빙을 받아 1939년 7월에 부임하였다. 그가 담임전도사(이홍술, 연보참조)로서 부임하기 전 평양신학교 신학생 시절에 애양원에서 사경회가 열렸는데 그때 그가 청년 전도사로서 사경회를 인도하였다. 그 시절 그의 별명은 '손 불덩어리'였다고 한다. 말씀 전달의

능력이 출중하고 뜨거웠을 뿐만 아니라 그의 행동이 충격적이었다. 손양원을 강사로 초빙하는 역할을 했던 김영희 직원은 그때의 감동을 이같이 말했다.

> 그때 외부 사람이 애양원에 들어오려면 수위실에서 철저하게 검사를 받고 흰 가운을 입고 흰 모자를 쓰고 장갑을 끼고 마스크를 하고 눈만 내놓고 애양원에 들어왔지. 예배당 안에도 유리 칸막이가 있어 환자들이 예배드리는 곳과 직원들이 예배드리는 곳이 서로 달랐어. 공기를 통해 균이 전염된다는 속설 때문에 그랬던 거예요. 그게 애양원 규칙이었고(이덕주, 170).

그런데 손양원은 그 규칙을 깨어버리고 마스크와 장갑을 벗어 던지고는 유리창 안에 흰옷을 입은 이들에게 한마디를 던졌다. "호랑이를 잡으려면 호랑이 굴로 들어가야 한다고 했잖소? 나환자들을 구하려면 환자들 속으로 들어가야지 병이 무섭다고 마스크를 한다면 누가 마음 문을 열겠소?"(이덕주, 170) 이러한 손양원의 행동을 이덕주는 서른다섯 살 신학생의 '객기'라고 불렀는데, 참으로 명쾌하고 도발적인 표현이다.

그가 부임한 후 애양원에는 17개의 병실이 있었는데 1-10호실은 비교적 건강한 환자들이 지냈고, 11-13호실은 경환자실, 14호실은 중환자실로 사용했다. 14호실은 환자들도 들어가기를 꺼리는 곳이었는데 손양원은 온 방 안에 진물과 핏자국, 땀이 엉겨 붙어있어서 냄새가 코를 찌르는 그곳을 아무렇지도 않게 들어가서 청소도 하고 환자들과 대화하며 어루만져 주고 진물이 흘러내리는 환자들의 이마에 자신의 얼굴을 대고 기도해주기도 했다. 그러면 그들의 눈물과 썩은 피부가 손양원의 얼굴에 흘러내리기도 했다. 한번은 신사참배 반대로 일제 순경들의 핍박이 심해 너무나 지치고 고단한 그가 배가 고파서 나환자 김수남의 집을 지나면서 "수남아 밥 좀 있냐?"라고 물었다. 김수남은 개울가에 가서 돌미나리를 뜯어다 된장에 무쳐 보리밥과 함께 대접하였다. 손양원은 아주 맛있게 밥을 먹으면서 "수남아, 네가 해 준 밥이라 참 맛있구나"라고 하였다고 한다. 김수남은 나환자인 자신의 손으로 무쳐준 나물과 밥을 맛있게 먹어준 것 사실에 무척 감격하였다고 한다. 그 김수남의 발에 고름이 나서 상처가 깊은 것을 보고 손양원은 자신의 입으로 피고름을 다 빨아냈다. 전염의 위험성이 컸음에도 그는 개의치 않았던 것이다(김학중, 78-84). 손양원은 이렇게 자신의 일신(一身)의 안녕보다는 성도들의 필요를 채워주고 목양하는 데에 온 삶을 바쳤다. 위에서 언급한 총회의 신사참배 가결 소식에 경악한 손양원은 애양원교회에서 신사참배를 반대하는 설교를 수없이 하였다. 이로 인해 그는 1940년 9월 25일 수요예배 후 여수 경찰서 형사에게 검거되어 옥고를 치루고 같은 해 11월 광주

| 애양원에서 설교하는 손양원 목사

형무소에 투옥되었다. 1943년 10월에는 청주보호교도소에 감금되었고 1945년 8월 15일 해방으로 석방되었다(KIATS, 181).

옥중 성자, 손양원

1941년 일제는 손양원의 이름을 일방적으로 대촌양원(大村良源)으로 창씨개명을 하고 다음과 같이 판결하였다.

> 피고인 대촌양원은 여호와 신이 천지만물을 창조하고 천황도 여호와의 지배하에 있으며 … 신사참배는 우상 숭배이며 … 여호와는 가까운 장래에 그의 아들 예수 그리스도를 지상에 재림시켜 악마의 지배하에 있는 우리나라를 포함하여 세계 각국을 멸망시킬 것이다 … 피고인의 성서관인 말세론에 의하여 우리나라(일본)는 망하고 예수가 다스리는 천년왕국이 도래한다는 허무맹랑한 이야기로 … 혼란과 동요를 유발하였다. 이렇게 국가에 반역하는 설교를 지속적으로 하여 국민들을 선동하였기에 실형을 선고한다(김학중, 87-89).

결국 그는 수감되고 가족들은 애양원에서 쫓겨나 흩어지게 된다. 그의 아내는 "네가 죽도록 충성하라"(계 2:10)는 말씀으로, 그의 부친은 "손에 쟁기를 잡고 뒤를 돌아보는 자는 하나님의 나라에 합당하지 아니 하니라"(눅 9:62)는 말씀으로 격려하였다. 감옥에서도 늘 전도하였던 그는 독방에 갇히게 되고 영양실조로 두 눈의 시력을 많이 상실하였다. 동상으로 손톱과 발톱이 짓물러져서 빠졌으며 검사에게 불려갈 때도 기력이 없어 들것에 실려 가기도 했다. 그런 중에도 고문을 받아 아픈 동료들을 밤새 간호하고 자신의 음식을 나눠주는 등의 선행을 하여 '옥중 성자'로 불렸다. 1943년 5월 17일에 형량 3년을 다 채워서 출소일을 앞두고 있었을 때, 요다 검사가 간수에게 "저 손양원이라는 사람, 사상이 바뀔 희망이 있는가? 신사참배를 잘하겠다고 약속했는가?"라고 물었다. 사상적 전향을 강요하는 그들에게 손양원은 "당신에게는 덴꼬(轉向)가 문제이지만 나에게는 신꼬(信仰)가 문제다"라고 하여 무기징역을 선고받고 해방될 때까지 감옥에 있었다(김학중, 95-97).

해방 후 손양원이 목사안수를 받고 잠시 행복한 가정생활과 목회생활을 하던 중 우리 민족에게 불행한 참사 여순사건이 1948년 10월 19일에 벌어졌다. 공산진영과 자유진영의 갈등은 상상을 초월하는 것이었고 사회를 공산화시키려는 시도가 곳곳에서 일어났다. 제주도에서 일어난 사건을 무마하기 위해 급조된 군대 중 여수에 집결했던 이들 가운데 공산주의 사상에 물들었던 이들이 반란을 일으켜 무고한 양민들을 학살하는 반란군이 된 것이다. 김지희 중위, 지창수 상사를 비롯한 이들이 주동하여 2천 명의 사병을 모아 여수에서 반란을 일으켜 파출소, 군청, 역 등을 장악하는 등 무법천지가 되었다.

그때 손양원의 두 아들 동인과 동신은 25세, 19세였다. 동인은 순천사범학교 졸업을 앞두고 있는 기독학생 회장이었다. 그는 반란군들에게 기독교인이자 반공주의자로 낙인찍혀 있었고 타도의 대상이었다. 동인은 붙잡혀서 인민재판에 회부되었고 반란군은 "지금이라도 예수 사상 뽑아버리고 공산주의를 받아들여 우리와 협력하면 살려준다 … 만약 예수를 부인하고 성경책을 밟고 지나가면 살려 주겠다"라고 회유했다. 그는 절대 그럴 수 없다며 "너희도 예수를 믿으라. 내 육신은 죽일 수 있으나 내 영혼은 죽일 수 없다"라고 하였다. 마지막으로 '하늘가는 밝은 길'을 부르고 싶다고 하며 찬양을 부르고 나서 "아버지여, 내 영혼을 받아주소서" 하고 장렬하게 순교하였다. 형의 시체를 안고 동신도 "내 형을 따라 천국에 가겠다 … 자, 쏴봐라. 너희가 하고 싶은 대로 쏠 테면 쏴봐라" 하고 외친 뒤 형을 따라 순교하였다. 이렇게 손양원의 두 아들은 순교하였다(김학중, 115-123).

훗날 두 아들을 총살했던 안재선이라는 학생을 양자로 삼아 키웠던 일화는 아직도 신화처럼 남아있다. 6.25전쟁은 민족상잔의 비극적인 전쟁이었고 손양원도 이 전쟁의 희생자였다. 교제하던 나덕환 목사와 여러 사람들이 피난을 적극적으로 권하였지만 그는 병들어 행동이 자유롭지 못한 환자 교우들을 놔두고 혼자 피신할 수 없다고 고집하였고 결국 1950년 9월 28일 순천으로 옮겨가던 중 피살되었다. 당시 함께 끌려가다가 극적으로 탈출에 성공한 김창수의 증언에 의하면 그는 공산주의를 거부하며, 죽음 직전에도 공산주의자들에게 예수를 믿고 천당에 가야 한다고 권면한 것으로 알려졌다(이상규, 245-246). 그는 결국 자신의 두 아들과 함께 애양원 동도 언덕에 묻혔다. 이렇게 그의 위대한 인생은 순교로 마감되었고 역사 속에 후학들이 본받아야 할 사회적 신앙의 표본(標本), 복음적 삶의 공적인 가치를 높게 드러낸 사표(師表)가 되었다.

사회적 성자의 표본, 손양원

한 사람의 신앙이 사회적 신앙으로 분류되려면 우스노우가 주장한

'개방성', '공존성', '책임성'이라는 세 요소를 포함하고 있어야 하는데, 손양원의 삶은 늘 이러한 요소와 밀접한 관계를 맺고 있었다. 여기에서는 우스노우가 주장한 사회적 신앙의 기준과 손양원의 삶의 궤적의 상관성에 대해서 구체적으로 살펴보고자 한다. 첫째, 손양원의 삶은 그의 가정과 교회와 애양원을 중심으로 이루어졌다는 것에서 개방성을 가졌다 하겠다. 그가 섬기던 가정과 성산교회와 애양원은 서로 자유롭게 교류하고 상호간 교감을 나누는 삶의 공개적인 터전이었다. 아무리 전염성이 강한 한센병 환자라도 그들과 함께 교류함에 있어서 첫 대면 때부터 자신을 활짝 열고 그들과 온 마음으로 교류하였음을 이전 장에서 밝힌 바 있다. 둘째, 손양원의 삶의 모습은 늘 타자와 공존하는 모습을 가진다. 그는 자신만 평안하면 된다는 식의 자기중심적인 인물이 아니라 평신도 지도자들과 성도들과 함께 사역하고 함께 삶을 나누는 사람이었다. 앞서 밝힌바 있는 한센병 환자 김수남과 삶을 나눈 이야기에서 그의 이러한 사회적 신앙의 요소가 잘 드러난다고 하겠다. 셋째, 손양원의 신앙과 삶의 궤적을 살펴볼 때 그는 공적/사회적 책임성(한국일, 139-172)을 극 내화한 사람이다. 목사로서 충분히 자신의 안위를 도모할 수 있었으나 결국 목자적 양심을 따라 교우들과 함께하였고 결국은 끝까지 남아 있다가 순교라는 죽음을 맞이하는 것을 볼 때 그의 책임성은 충분히 입증된다고 하겠다.

손양원의 삶과 사회적 신앙과의 상관관계에 대해서 그의 생애를 중심으로 구체적으로 살펴보고자 한다. 손양원의 신사참배에 대한 순교적 각오는 그의 신앙이 개인적 안녕이나 축복, 그리고 심지어는 민족주의적인 발로를 넘어선 것으로서 신앙인이라면 당연히 지켜야 할 십계명의 제1계명을 철저하게 지킨 것이다. 이는 당시 개인의 안녕을 위하여 교단 총회의 수많은 지도자들이 전부 신사로 가서 합동으로 참배한 것에 대한 경종을 울린 것이다. 바로 그가 이렇게 결연한 자세로 살아가는 모습을 갖고 있었기에 비록 26년이나 연배가 위였던 김구도 마음에 큰 감동을 받았던 것이다(이상규, 245). 대의를 위하여 목숨까지도 아끼지 않는 진정한 신앙인의 모습은 그와 사회적 신앙의 관계에 대해서 잘 설명해준다.

손양원의 한센병 환자들을 향한 사랑과 헌신 또한 그의 사회적 신앙의 일면을 보여준다. 그는 환자들과 함께 생활하면서 음식을 같이 먹고, 잠도 같이 자기를 마다하지 않았으며, 심지어 그들의 환부를 어루만지고 피고름을 입으로 짜서 빼주기도 하였다. 이는 그가 진정으로 관계를 중요시하며 사람들을 차별하지 않고 평등한 사랑의 대상으로 보았다는 것을 의미한다. 그는 진정 한센병 환자들의 친구요, 아버지요, 목사였던 것이다. 바로 이러한 점이 그의 사회적 신앙의 중요한 일면을 잘 말해준다고 본다(김광수, 277).

손양원은 또한 자신의 두 아들을 총살한 안재선이 계엄사령부에 체포되어 처형당할 위기에 처한 것을 알고 사령관에게 청을 넣어 그가 자신의 아들을 죽였다는 이유로 처형당하는 것을 원치 않으며 오히려 석방을 원한다고 간청하였다. 결국 그의 간청은 받아들여졌고 안재선을 손재선이라 칭하며 자신의 양아들로 삼았다. 두 아들을 죽인 원수까지도 사랑한 손양원의 이 의지적 결단과 무조건적인 사랑은 훗날 많은 이들의 가슴속에 사랑의 원자탄이 되어 사회를 밝힌 등불과 같이 기억되었다(안용준, 402).

손양원의 사회적 신앙에 대해서는 그가 설교한 내용에도 잘 나타난다. "조선 민족의 근본정신을 부활시키자"라는 설교에서 그는 각 민족에게는 국혼이 있다고 하며, 배달민족의 근본정신 골자는 무엇인가에 대해서 경천, 애인, 충효의 정신이라고 역설하였다(피종진, 23-24; 27-30). 또한 국가 행복에 대한 설교에서 국민은 서로 단결해야 한다고 국체단결을 주장하였고 충심을 갖고 나라를 받들 것을 말하였으며, 하나님을 경외하는 것이 나라 사랑의 근본이 됨을 강조하였다. 그는 비록 적국이지만 일본의 예를 들며, 일본 기독교사를 보면 선교 근 80년에 신자가 30만 명으로, 인구 6,450만 명에 비하면 214인 중 신자 1인으로 수는 비록 적으나 독실한 신자가 많고 위대한 신앙가가 많기에 일본 국가가 행복하게 된 줄로 생각한다고 했다. 그는 사상가 우치무라 간조(內村鑑三), 사회운동가 가가와 토요히코(賀川豊彦), 구세군 사관 야마무로 군페이(山室軍平) 등과 같은 큰 인물이 나와서 사회의 정신을 이루었다고 설교하였다(KIATS, 91-94). 손양원은 모름지기 신앙을 가진 사람은 개인의 안위보다는 나라를 받들고 굳건히 세워서 많은 백성을 이롭게 하고 국민의 정체성과 주체성을 지켜야 함을 주장한 사회적 신앙의 표본(標本)이 되어 우리에게 사회적 신앙의 살아있는 의미를 삶으로 보여준 인물이다.

공적신뢰를 잃은 한국교회, 손양원에게 과연 무엇을 배울 수 있을까?

1. 복음의 공적인 가치추구

손양원은 사회운동가나 독립투사가 아니었음에도 그의 복음을 믿고 설교하며 행동하는 삶에는 복음의 공적인 가치가 고스란히 드러난다. 그의 설교문 "복 있는 손"(요 6:1-14)은 예수를 믿는 사람들이 지녀야 할 손의 종류를 말하고 있다. "우리 손이 하나님의 손같이 수고하는 손, 씨 뿌리는 손, 주는 손, 깨끗한 손, 구름 같은 손, 예수님의 손과 같이 못 박힌 손이 되어 복 있는 손이 되도록 합시다"(KIATS, 43-48)라고 하였다. 단지 나의 욕심을 채우기 위한 이기적인 손이 아니라 하나님의 영광을 위한 실천, 준비하고 기다리는 인내의 실천, 받기보다는 주기를 기뻐하는 이타적인 실천, 하늘을 우러러 부끄러움이 없는 순결한 실천, 심령의 갈증으로 목말라하는 백성들을 위해 기도를 병행하는 실천, 대속의 은총을 직접 몸을 희생하심으로 보여주기까지 사랑하는 실천을 강조한 것이다. 한완상은 "복음과 성령의 공공성을 위하여"라는 글에서 복음이 단지 3박자 구원(영적 축복, 개인의 만사형통, 육체적 건강)만이 기독교 복음의 본질인 것처럼 말하는 이들이 있으나 실은 거기에는 진리의 진정한 축복이 결여되었다고 말하였다. 복음의 진정한 축복은 "공공적 가치의 감동적 실현이요 실천이며, 구조적 변혁과 역사적 전환을 가져오는 총체적인 기쁜 소식"이라고 주장하면서 공공성, 사회성을 상실한 복음에 대한 가르침은 인간을 "온전한 존재, 더욱 알찬 존엄한 존재로 우뚝 일어서게 하는 자유의 힘, 진리의 힘, 공공의 힘"을 간과하게 만든다고 역설하였다(한완상, 8-13). 손양원의 복음 중심의 삶이 그로 하여금 사회운동가, 독립투사를 넘어서는 진정한 하나님의 사람으로 살게 한 것처럼, 우리가 수행하는 기독교교육도 "모든 피조물을 새로운 존재로 변화시키고 새롭게 창조해내는 공적인 힘"(한완상, 12)을 가진 사회적 신앙인, 진실로 "그는 하나님의 사람이었다"라는 뭇사람들의 고백이 절로 나올 정도로 전력을 질주해야 할 것이다.

2. 성경대로 믿고 실천하는 사회적 신앙인

그의 설교문을 범주화한 부문 중에 "성경대로 사는 삶"에 나오는 설교에서 발췌한 몇 가지 사항을 살펴보면 그가 성경 본문에 대한 해석을 충실히 한 흔적을 볼 수 있다. "그리스도인의 실생활"이라는 설교문에서 그는 타인이 우리를 "기독자"라고 하기까지 인정을 받아야 한다고 하였다. "교회 출석 잘해서가 아니요, 목사라고 해서가 아닙니다. 천당 설명자가 되지 말고 천당에 앉을 자가 되십시오… 기독자는 기독[그리스도]과 같이 십자가에 못 박힌 자입니다." 그리고 못 박힌 자의 생활은 "성신의 아홉 가지 열매를 맺습니다"라고 설교하며 신앙인들이 말씀대로 살 것을 강조하였다(KIATS, 40-42).

손양원은 설교의 장인이었다. 그의 설교는 늘 간명하고 쉬웠다(안용준, 260). 그 예가 "예수의 5대 명령이라"는 설교에 잘 드러난다. 그는 "갈 것 없다, 너희가 먹을 것을 주어라, 가져 오너라, 풀에 앉게 하라, 남은 부스러기를 다 주워라"의 다섯 가지 명령형 문장으로 오병이어의 사건이 나오는 마태복음 14장 비유의 핵심을 명쾌하게 전달하였다. 예수께서는 제자와 무리를 사랑하는 마음에 갈 것 없다고 하였고, 배고프고 지친 인생들에게 베풀기를 기뻐하셨기에 먹을 것을 주라고 하였으며, 사람과 동사(同事)하기를 기뻐하셨기에 가져오라고 하였고, 함께하는 이들에 대한 연민의 정이 풍요로우셨기에 풀에 앉게 하신 것이며, 먹고 남은 부스러기를 잘 관리하여 다시 배고파질 때를 대비하는 것을 가르치시려고 남은 부스러기를 버리지 말고 다 거두라 하였다고 말씀을 풀이하였다

(KIATS, 34-37). 앞서 언급한 것처럼, 설교자가 성경을 지나치게 심리화하고 사사화함으로써 야기되는 문제가 적지 않고, 성경해석을 지나치게 개인적 체험에 의존하고 심리적 변화에 치중하다 보니 객관적인 입증을 무시한 채로 개인적 적용을 하는 우(愚)를 범하는 경우가 많았다. 그러나 손양원은 성경을 해석할 때 본문의 의미를 잘 파악하고 지나치게 심리화하거나 사사화하지 않았고 개인의 체험에만 의존하지 않는 등의 균형을 잘 유지하였다. 성도들로 하여금 성경대로 살아서 가정과 교회와 사회 속에서 예수를 좇는 삶에 대한 지침을 잘 정리하여 주었으며 자신도 그러한 삶을 실제로 살아내어 개인적 신앙과 사회적 신앙의 균형을 갖춘 양육자로서의 본이 되었다.

3. 내연이외연(內燃而外延)적 사회적 기독교교육의 강화

'내연이외연'이라는 말은 신앙이 안에서 불타면 저절로 바깥으로 드러나게 된다는 손양원의 신앙 체계를 설명한 것이다. 이것은 민경배가 주창한 생각이며, 여기에서 핵심은 내적 신앙이 먼저 불타올라야 한다는 것이다. 민경배는 설명하기를 마치 "술 취한 아버지가 자식 훈계하는 것이 성령 떠난 교회가 양떼 인도하는 것이나 다름이 없다"라는 의미와 일맥상통하는 것처럼 제주 4.3사건, 여순사건 등은 당시 교회 지도자들에게 신앙의 외연만 있었지 내연이 없었기 때문에 일어난 사건이라는 것이다. 손양원 목사에게 있어서 하나님을 신앙한다는 뜻은 "기독교의 역사적 책임과 그 사역이라는 광범위한 구속사적 역사 인식을 동반한 신앙"이었다(민경배, 270-271). 처음에는 아버지 손종일 장로에게서 배운 불굴의 신앙 정신과 민족사랑 정신이었으나 훗날 자신만의 신학체계를 세운 손양원은 "조선 민족의 근본정신을 부활시키자"라는 설교를 통하여 기독교인의 사회적 책임을 강력하게 주장하였다. 이 설교에서 그는 우리 민족이 근본정신을 잃게 된 원인이 우리 속의 게으름과 당파심 같은 것도 있겠으나 그 근원은 일제가 "자기 민족끼리 싸워서 자멸하도록 만든 [식민] 정책에 속아서" 그리 된 것임을 확실하게 밝히고 있다(피종진, 24; 이치만, 38). 손양원의 신사참배를 거부한 신앙은 일제의 압박에 대한 조직적인 저항이기에 앞서 그의 종교적 고백이며 신앙적 결단에 의하여 나온 것이었으나 워낙 그의 신앙이 간명하면서도 내연과 외연이 상호 유기적인 관계 속에서 힘을 발하는 것이었기에 일본에게는 감히 꺾을 수 없는 강력한 저항으로 느껴졌을 것이다. '내연이외연'이라는 신앙구조는 오늘날 우리가 추구하는 통전적인 신학, 온 신학(wholistic theology)으로 보아도 큰 무리는 없을 것이다. 겉치레만 요란했던 무화과나무를 향하여 열매 없음을 보고 저주하셨던 것처럼, 우리에게도 주님은 내연과 외연이 유기적으로 연결되어 있고 속에서 불타는 신앙이 때로 공의를 좇지 않는 사회와 국가의 지도자들에게 자연적으로 도전이 되고 위협이 될 수 있어야 한다. 그리하여 내연이외연의 신앙구조가 그야말로 나라 사랑과 하나님 나라 건설을 위한 능력의 심연(深淵, abyss)을 이루게 되면 한 사람의 간명하고 우직하며 순수한 신앙이 수많은 사람들을 옳은 길로 인도하게 될 것이다.

4. 소외된 자, 사회적 약자, 희생자를 진심으로 배려하는 기독교교육

손양원은 자기 자신이 이데올로기의 희생자였으면서도 막상 자신을 돌아보기보다는 오히려 자기보다 더 어려운 희생자들을 돌보는 신앙인이었다. 일찍이 파울로 프레이리(Paulo Freire)가 억눌린 자의 교육, 혹은 억눌린 자를 위한 교육에 힘써서 제1세계 신앙인들을 크게 경각시켰던 것처럼, 오늘날 우리의 교육은 대부분 희생자나 억눌린 자의 교육이라기보다는 반대 입장에 있는 가해자가 쓰는 교육인 경우가 많다. 몰트만이 지적한 것처럼 "행악자들의 기억은 언제나 짧은 데 반해, 희생자들의 기억은 길다. 왜냐하면 행악자들은 자신들을 억누르는 괴로운 기억을 무의식 속으로 밀어내버리기 때문이다(Jürgen Moltmann, 29). 여태까지 쓰인 대부분의 저서들이 제3세계의 억압받고 착취당하는 이들의 혹은 이들을 배려하는 책보다는 1세계의 시각에서 자신들의 처신에 관한 글이었다. 이제는 이러한 시각에 변화가 일어나야 한다.

이런 관점에서 손양원을 보면 그의 삶은 정말 놀라운 내용을 담고 있다. 그는 자신의 아들을 죽인 행악자를 저주하기보다는 오히려 품어주었고 한 발자국 더 나아가서 그를 자신의 아들로 삼았다. 어떻게 이러한 아가페적인 사랑이 가능할 수 있다는 말인가? 정녕 그는 소설이나 신화 속의 인물이 아닐진대, 그의 마음속에는 무엇이 들어 있기에 이렇게 엄청난 결단을 내릴 수 있었을까? 프레이리의 단어를 빌리자면 손양원의 마음속에는 한센병 환자나 아들을 죽인 살인자도, 똑같은 인간으로 바라보는 눈이 있었던 것 같다. 그도 괴로웠을 것이다. 그러나 그의 숭고한 신앙관이 인간적 복수심이나 원망을 밝은 햇볕에 안개가 몰려가듯이 몰아버린 것이다. 하나님은 모든 사람의 하나님이시며, 특별히 소외된 자, 사회적 약자, 희생자의 하나님이시라는 사상을 그는 갖고 있었던 것이다. 그래서 그는 마스크를 벗어던지고 한센병 환자를 대할 수 있었으며 피고름을 자신의 입으로 빨아낼 수 있었으며, 원수를 자기 아들처럼 입양하여 같이 살 수 있었다. 사람을 편견 없이 사람으로 보고, 그의 죄만을 바라보지 않는 손양원의 그 사상은 진정한 인간화 교육을 위한 첫걸음이라고 볼 수 있다. 비록 쉽지는 않은 일이지만 말이다. 그러므로 손양원에게 소외된 자, 사회적 약자, 희생자의 교육은 자기 자신의 교육이었으며, 그들을 위한 신앙은 진정한 인간화를 이루기 위한 발걸음이며 예수께서 우리에게 말씀하신바 "네 이웃을 사랑하고 원수를 네 몸과 같이 사랑하라"는 명령을 좇은 순종의 결단이요 행동이었다.

기독교 신앙은 하나님과 인간 사이의 수직적이고 신비로운 차원과 더불어 인간과 인간 사이의 수평적이고 관계적인 차원도 동시에 고려해야 하고, 이 두 가지가 서로 균형을 이루어야 온전한 신앙이 된다. 예수 그리스도께서 십자가에서 인류의 죄를 대속하기 위하여 돌아가신 사건도 이러한 신앙의 양면을 고스란히 드러낸 것이라고 할 수 있다. 짧은 교회 역사 가운데 한국교회는 수많은 핍박과 고난의 시절을 통과하였고 그 가운데서 십자가 신앙을 배우며 성장, 성숙해 왔다. 작금의 현실을 볼 때 아직도 다 해결되지 못한 세월호 사건(2014. 4. 16.)이 우리의 마음을 아프게 한다. 사회의 총체적 부실로 인한 어린 생명들의 희생을 생각하게 된다. 기독교는 이러한 때에 과연 어떻게 이 사회와 시대를 비추는 등불 역할을 할 수 있을까? 교회 밖의 시민들을 돕기 이전에 먼저 우리의 신앙 이해가 잘못된 것은 없는가 하는 질문을 던지면서 우리 교회사에서 한줄기 밝은 빛과 같은 신앙의 선배, 손양원의 삶을 사회적 신앙이라는 측면에서 조명해 보았다. 도대체 그가 가진 신앙의 내용과 결단은 어떤 것이었기에 교단조차 타협했던 신사참배를 단호하게 거절하였고, 두 아들을 죽인 행악자를 아들로 삼았으며, 한센병 환자와 함께하고,

공산주의자들에 맞서서 순교의 길을 선택하였는지를 살펴본 것이다. 결국 그의 신앙은 지극히 수직적이고 개인적이며 체험적인 신앙의 측면만 가진 것이 아니라, 관계적이고 수평적이며 사회적인 측면도 강하게 갖고 있었다는 사실을 연구를 통해 확인하게 되었다. 그리스도가 우리에게 전해준 복음은 이 두 가지 양면을 동시적으로 갖고 있으며 그것이 확실하게 증명된 사건이 바로 십자가 사건이다. 그러므로 수직적이며 수평적인 십자가처럼, 개인적이고 사회적인 기독교 복음의 정신으로 이 사회 속에서 신음하는 수많은 이들을 손양원이 가졌던 균형 잡힌 신앙관을 갖고 다시금 일어나 정진할 때 소외되고, 희생되어가고 있는 우리 곁에서 신음하고 있는 사회적 약자를 진정한 복음정신으로 품고 치유하는 데에 일조할 수 있을 것이다. 이것이 바로 영원히 살아있는 돌(산돌: Living Stone, 손양원의 호)이 신 예수님처럼 되기를 원했던 사회적 신앙인 손양원이 오늘 우리에게 주는 교훈이다. 개인적 신앙의 투철함에서 사회적 신앙으로 승화시키는 또 한 사람의 신앙인을 고대하며!

참 고 문 헌

김광수, 『한국 기독교 인물사』, 기독교문사, 1974.
김지찬, "한국교회 설교의 근본적 문제점" 「성경과 신학」 67 (2013).
김승태 편, 『신사참배 거부 항쟁자들의 증언: 어둠의 권세를 이긴 사람들』, 다산글방, 1993.
김학중, 『손양원』, 넥서스출판사, 2010.
류태선, 『공적 진리로서의 복음』, 한들, 2011.
민경배, 『교회, 민족, 역사』, 한들출판사, 2004.
박구서, "손양원 목사의 가정교육에 대한 기독교교육 신학적 해석." 계명대학교 신학박사학위 논문, 1998.
박현정, 『하얀 불꽃 - 손양원 목사 이야기』, KIATS, 2011.
손동희, 『나의 아버지 손양원 목사』, 아가페출판사, 1999.
손양원, 『손양원: 한국기독교 지도자 강단설교』, 홍성사, 2012.
순천노회, 『순천노회사』 순천노회역사편찬회, 1992.
심군식, 『한국교회 순교자들의 생애』, 영문출판사, 1994.
안용준, 『사랑의 원자탄』, 신망애출판사, 1996.
이덕주, 『예수 사랑을 실천한 목포, 순천 이야기』, 진흥, 2008.
이만열, 『역사에 살아있는 그리스도인』, 한국기독교출판사, 2007.
이상규, "해방 이후 손양원의 생애와 활동" 「한국 기독교와 역사」 35 (2011.9).
이영헌, 『한국기독교사』, 컨콜디아출판사, 1980.
이치만, "손양원 목사의 신학사상" 「한국기독교와 역사」 (2013.3.25).
이홍술, 『순교자 손양원목사의 생애와 신앙』, 누가출판사, 2002.
장신근, "공적신학이란 무엇인가?" 『공적신학과 공적교회』, 킹덤북스, 2010.
주종군, 『칠원교회 80년사』 아가페출판사, 1984.
한국일, "복음전도와 공적 책임", 「장신논단」 35 (2009).
한완상 외, 『한국교회, 개혁의 길을 묻다』, 새물결플러스, 2013.
한인수, 『호남교회 형성인물 III』, 경건신학연구소, 2010.

호레이스 부쉬넬, 김도일 역,『기독교적 양육』장로회신학대학교출판부, 2004.
Freire, Paulo. Pedagogy of the Oppressed. New York: Continuum, 1993.
Leech, Kenneth. The Social God. 신현기 역,『사회적 하나님』, 청림출판사, 2009.
Moltmann, Jürgen, 곽미숙 역,『세계 속에 있는 하나님: 하나님 나라를 위한 공적인 신앙을 지향하며』, 동연, 2009.
Newbigin, Lesslie. Truth to Tell: the Gospel of Public Truth. 김기현 역,『포스트모던 시대의 진리』, SFC, 2008.
Stackhouse, Max L. Public Theology and Political Economy. Lanham, MD: University Press of America, 1995.
Volf, Miroslav. A Public Faith. 김명윤 역,『광장에 선 기독교』, IVF, 2011.

한경직 1902-2000

사 회 적 신 앙 인 의 발 자 취

" 한경직 복사의 3대 목표는 4대 신앙노선에 근거한
실천이라고 할 수 있는 전도, 봉사, 교육이다.
그의 교육은 영성과 지성의 조화와 균형을 이루는 교육이다.
교회 안과 밖의 교육을 다 강조하였는데,
교회, 학교, 가정에서의 교육 등이 그것이다.
교육자로서의 그의 삶과 모범은
오늘의 우리들에게 강한 도전을 주기에 충분하다. "

삶을 나누고, 모범을 보이는 교육자, 한경직

조용선

한경직의 삶과 목회

한경직 목사의 삶과 목회를 알려면 그의 4대 신앙노선과 3대 목표를 알면 된다. 4대 신앙노선은 복음주의 신앙, 청교도적 생활, 에큐메니컬 정신, 사회봉사이다. 3대 목표는 4대 신앙노선에 근거한 실천이라고 할 수 있는 전도, 봉사, 교육이다. 그의 4대 신앙노선과 3대 목표의 근간을 이루는 것은 성경 중심, 그리스도 중심이다.

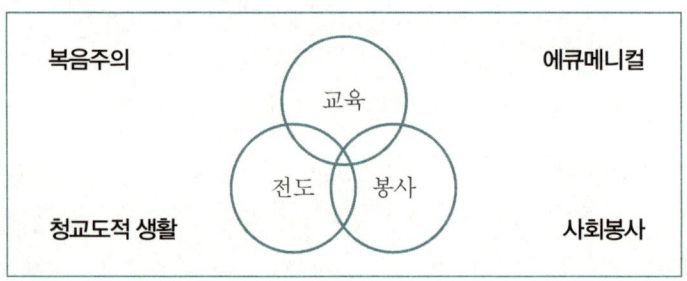

한경직은 미국 유학 시절, 1929년에 폐결핵에 걸린다. 그 당시에는 사형선고나 다름없는 병이었다. 베틀 크릭 요양소, 알버커키 장로교 요양원에서 6개월 이상을 침대에 누워 절대 안정을 취해야만 했다. 앞날을 알 수 없는 상황에서 우울증에 빠져들곤 할 때를 회고하며 이렇게 고백한다.

독방에 누워 지난 시간을 돌아보니 하나님께 고백할 것이 참 많다는 것을 알았다. 내가 하나님의 일을 하겠다고 신학교에 갔지만 돌아보니 죄가 얼마나 많던지, 그동안 깨닫지 못한 죄도 있고 개인적인 야망도 참회할 일이었다 … 이전보다 더욱 온전히 내 몸을 하나님께 맡기기로 결단하고 힘썼다"(한경직, 『나의 감사』, 189).

하나님께서 살려주시면 3년 만이라도 일할 수 있게 해 달라는 기도를 드렸고, 그 응답으로 오랫동안 하나님의 일을 감당하게 된다. 한경직은 앓은 중병도 하나님의 사랑이라고 말한다. 질병이 자신을 좀 더 깨끗이 씻어 주시고자, 신앙의 바른길을 깨우쳐 주시고자, 그리고 지식의 범위를 넓혀 주시고자 한 하나님의 선물이라는 것이다. 이러한 은혜를 체험한 그가 성경 중심, 그리스도 중심의 목회를 한 것은 너무나 당연한 일이었다.

한경직의 4대 신앙노선

한경직의 4대 신앙노선은 복음주의 신앙, 청교도적 생활, 에큐메니컬 정신, 사회봉사이다. 한마디로 복음주의적(evangelical), 청교도적 경건(piety), 교회 연합(ecumenical) 그리고 사회봉사(diakonia)를 지향한 것이다. 이광순은 한경직을 진짜 에반젤리컬하면서 에큐메니컬한 목회자였 다고 회상한다(『한경직목사와 한국교회』, 336).

성경과 그리스도 중심의 복음주의 신앙

한경직에게 복음주의적 신앙이란 성경 중심, 그리스도 중심, 십자가 중심의 신앙을 의미한다. 그의 복음주의적 신앙은 설교에서 자주 드러 났다.

> 복음주의 신앙이라 함은 우리 신교의 중심 사상인 오직 믿음으로 죄 사함을 받고 의롭다 함을 얻는 것을 의미합니다. 이 신앙은 오직 성서를 중심한 신 앙입니다. 성경의 중심은 그리스도요 그 십자가의 진리입니다. 신교에서는 성경 말씀 그대로 오직 그리스도만이 우리의 구주임을 믿고 오직 십자가만 을 통해서 죄 사함을 얻음을 확신합니다(『설교전집』 12, 416-417).

복음주의 신앙을 내포하는 한경직의 설교는 성경적이고, 영혼을 구원 하는 목표를 가지고 있고, 실존적이다(한경직, "목회자의 자세", 59).
첫째, 설교는 성경적이다. 성경의 중심은 그리스도이다. 그의 설교는 복음주의 신앙에서 가장 중요한 성경중심, 그리스도 중심이다. 둘째, 목 표가 분명하다. 분명한 설교의 목표는 영혼을 구원하는 일이다. 한경직 의 설교를 연구하고 분석한 이승하에 의하면 설교 제목 중에 가장 많은 것이 "믿음", "성실과 봉사", "그리스도"라는 것이다(이승하, 151-152). 한경 직은 믿음을 통한 구원을 가장 많이 강조했고, 그 믿음은 필연적으로 성실과 봉사의 삶으로 나타나고, 그 믿음의 기초는 그리스도라는 것이다.
셋째, 실존적인 설교이다. 설교를 듣는 이들의 형편을 이해하고 설교한다. 한경직은 텍스트와 콘텍스트의 조화를 이루는 설교를 하였다. 그의 설교는 두 개의 초점이 분명하다. 변하지 않는 영원한 말씀인 텍스트와 변하는 상황, 성도의 형편인 콘텍스트를 조화시키는 설교이다. 그렇기 때문에 복음을 전할 때 어떤 사람이든 알아들을 수 있는 평이함과 감동을 주는 특색이 있었다.

한경직의 복음주의 신앙은 '이러 이러해야 한다'라는 이론에서 그친 것이 아니다. 그의 설교에서 강조되었을 뿐만 아니라 그의 설교 내용과 삶 속에서 드러났다. 그의 설교를 기억하는 사람들은 그의 설교 내용이 화려하지 않았지만 그 얼굴만 보아도 은혜가 되었다고 말한다. 그것은 그의 복음주의적 삶이 설교를 통해서 자연스럽게 드러났기 때문이다.

청교도적 생활로 청빈한 삶을 보여주다

청교도적 생활은 성경의 말씀대로 새 사람의 새 생활을 의미한다. 복음을 믿어서 거듭난 사람은 그 생활로 열매를 맺는데 이는 성결, 진실, 근면, 절제 그리고 사랑이다. 그의 청교도적 생활은 청지기 사상과 관련된다. 그는 모든 것이 하나님의 것이라고 여기고 청빈한 삶을 살았다. 그는 "내게 주신 모든 은혜를 내가 여호와께 무엇으로 보답할까"(시 116:12)를 평생 가슴에 담고 살았고, 이를 찬송가 444장 "겟세마네 동산에서"로 고백하였다. 한경직은 자신의 이름으로 된 집 한 칸, 땅 한 평, 통장 하나도 남기지 않았는데, 그가 남긴 재산이라고는 휠체어, 지팡이, 옷 몇 가지가 전부였다(한경직, 나의 감사, 380). 이광순에 의하면 한경직은 교회로부터 무엇이든 받지 않았다고 한다. 교회에서 좋은 사택을 준비해 준다고 하면 그것으로 헌금하였다. 마지막 생을 영락교회 성도가 남한산성에 하고 있던 양계장 중에서 가장 꼭대기에 있는 작은 방을 수리해서 지냈다(『한경직목사와 한국교회』, 334).

한경직은 자신의 청빈한 삶을 이웃 사랑으로 실천했다. 그는 "누가 이 세상의 재물을 가지고 형제의 궁핍함을 보고도 도와줄 마음을 닫으면 하나님의 사랑이 어찌 그 속에 거하겠느냐"(요일 3:17)라는 말씀을 지표로 삼아 청빈하게 살면서 이웃 사랑을 실천한 것이다. 한경직은 평생 자신의 사례가 얼마인지도 몰랐고, 필요로 하는 이들에게 베푸는 삶을 살았다.

그의 청교도적 삶은 경건주의적 삶이라고 표현할 수 있다. 그의 복음주의 신앙에 기초하여 개인적으로 경건한 삶을 추구한 것이다. 한경직에게 있어서 경건은 분리주의 혹은 이원론적 삶이 아니었다(『한경직목사와 한국교회』, 329). 그는 분리주의적이거나 수도원적인 삶을 지향하지 않았다. 복음 그대로 삶에서 어려운 이웃들과 삶을 나누는 모습을 보여주었다. 자신은 청빈하게 살면서 경건한 삶의 모범을 보여준 것이다.

복음적인 에큐메니컬 운동을 펴나가다

한경직은 복음주의에 근거한 '복음적인 에큐메니컬 운동'을 폭넓게 펴나갔다. 교파를 초월해서 온 교회가 다 같이 당면하는 일, 즉 국가, 민족, 사회를 위한 봉사나 복음전파에 있어서 서로 협력하는 것을 촉구했다. 그의 에큐메니컬은 복음을 위한 협력이다.

에큐메니컬 정신이라 함은 협력, 협동, 동참, 참여의 정신을 의미한다. 백화만발이란 말로 표현하는 꽃의 세계를 볼 때 그 다양성과 통일성은 실로 놀라 마지 않는다(기념사업회, 16).

사실, 그의 에큐메니컬 정신은 한국교회 초대 선교사들의 모습을 보고 배운 것이다. 그가 공부한 평양 숭실대학의 영어 교명은 'Union Christian College'이다 '연합기독교대학'이란 뜻이다. 숭실대학은 북장로교, 남장로교, 캐나다 장로교, 호주 장로교 네 교회가 연합하여 세웠다. 초대 선교사들은 교육기관만 연합하여 세운 것이 아니라, 교회도 연합하여 설립했는데, '조선예수교장로회'가 그것이다. 선교사들은 교파를 초월하여 연합하며 공동 사업을 펼쳤는데, 성경 번역과 출판을 하는 '성서공회'와 기독교 서적을 출판하는 '기독교서회' 그리고 '주일학교 연합회'를 조직하여 주일 공과도 공통으로 발행하였다(한경직,『나의 감사』, 87).

한숭홍은 한경직의 입장을 정, 반, 합 중에서 '합(合)의 신앙'이라고 표현한다. 보수주의 박형룡도, 자유주의 김재준도 포함하는 합의 신학이라는 것이다(한숭홍, 246). 한경직은 영락교회에서뿐만 아니라 한국교회의 전반에 있어서도 협력과 연합을 추구해 나갔다.

에큐메니컬이라는 단어는 성경에 제가 세어보니 열네 번이나 있습니다. 그 뜻은 '온 세계'라는 뜻입니다. 특별히 상고시대 교회에서는 교회의 전 세계적 집회가 모일 때 그것을 두고 에큐메니컬 회의라고 했습니다. '에큐메니컬 운동' 하면 간단히 말해서 두 가지 사실이 있습니다. 하나는 온 세계에 가서 예수님의 말씀대로 복음을 전하자. 또 하나는 온 세계 교도들이 어떻든 연합해서 하나가 되자(한경직, 『우주시대와 신앙생활』, 312).

한경직은 1982-1984년 한국기독교 100주년 기념사업회 총재를 지내면서, 100주년을 1년 앞둔 1983년 "기독교 100주년 지도자 세미나"에서 지난 100년 동안 하나님께서 한국교회에 베푸신 은혜가 큰데, 경이적인 성장 이면에 분열이 많은 것이 큰 탈"이라고 하면서 회개하고, 화해와 일치를 위해 서로 노력해야 한다고 강조했다. 이러한 내용은 신앙계와 가진 인터뷰에서도 나타난다.

한경직은 생전에 친히 구술 자서전을 녹음해 두었는데 초대 선교사들의 에큐메니컬 정신이 해방 이후 약화된 것을 통탄하고, 한국교회의 귀한 전통을 잃게 된 것을 안타까워하였다(『나의 감사』, 88).

한경직의 사회봉사 정신

한경직은 한국교회의 어느 목회자보다도 먼저 교회가 사회봉사의 책임을 다해야 한다는 것을 인식한 목회자였다. 그는 교회의 사명이 가난한 자, 병든 자, 나그네를 돕는 것임을 강조했다.

그의 사회봉사 목회는 첫째, 성경 중심에서 비롯되었다.

이 상부상조는 첫째로, 참된 사랑의 자연적 발로라고 볼 수밖에 없습니다. 십자가의 사랑이 이 상부상조의 생활로 나타나게 되었던 것입니다. 둘째로 가난한 자나 병자를 섬김은 주님을 섬기는 것이라는 것으로 이는 신앙에서 나온 것입니다. 셋째로, 교회는 상부상조의 단체로 인정하였습니다. 교회의 첫 일곱 집사는 봉사를 위하여 선택되었던 것이지요. 목사와 제직의 근본 사명도 오직 전도와 구제였습니다(『설교전집』1, 50-56).

둘째, 그의 사회봉사 목회는 교회관에서 비롯되었다. 그는 은혜를 서로 나누고 경험을 나누고 특히 물질을 서로 나누는 것이 교회의 본질이라고 여겼다. 그는 성도와 교회에서 중요한 것이 믿음, 소망, 사랑이지만 무엇보다 중요한 것은 사랑이라고 하면서 다음과 같이 설교했다.

예수님의 마음은 온유하고 겸손한 마음이며, 언제나 다른 사람을 도와주려는 봉사의 마음이고 하나님의 종인 동시에 모든 사람의 종이라는 것을 기억하고 사는 마음입니다. … 교회 역사를 보면 시간이 흐를수록 교회 시설과 성직자 의복이 점점 호화스러워졌어요. … 칼빈 선생은 예배당에 있던 호화로운 모든 것을 다 없애고 간소화했습니다. 우리 교회가 늘 기억할 것은 우리 사회 안에 소외되고 가난한 이들을 언제나 잘 돌보아야 한다는 것입니다. … 교회가 하나님의 종이요 모든 민중의 종이라는 것을 기억하고 봉사할 때에 축복을 받습니다(기념사업회, 195-196).

셋째, 그의 사회봉사 목회는 그의 특별한 경험에서 비롯되었다. 1925년 대학을 졸업한 한경직은 미국 유학을 준비한다. 여비를 마련할 형편이 못되어 남강 이승훈 선생을 찾아가서 그가 써 준 편지를 들고 윤치호 선생에게 간다. 편지를 본 윤치호 선생은 아무 말도 없이 여비를 선뜻 내주었다. 한경직은 훗날 갚겠다고 말했는데, 윤치호 선생의 답은 한경직이 평생 잊지 못할 말이 된다. "아니, 나한테 갚을 것 없다. 이다음에 다른 사람들한테 갚아라"(『나의 감사』, 123). 한경직은 이후 목회를 할 때나 사회봉사와 교육을 할 때 이 말을 기억하고 다른 사람들에게 갚는 심정으로 감당했다.

한경직 목회의 3대 목표인 전도, 봉사, 교육

한경직은 자신의 목회철학이라고 할 수 있는 3대 목표를 다음과 같이 말한다.

> 교회가 서면 열심히 전도하여 새로운 교회를 개척해야 하고, 교회가 서는 곳에 교육기관이 설립되어야 하며, 교회가 있는 곳에 가난하고 헐벗고 의지할 데 없는 이웃을 돌보는 사회사업 기관이 있어야 한다(『영락교회 35년사』, 19-20).

교회의 주요 사명인 전도(선교), 봉사, 교육이 그의 목회 철학에 담겨 있다. 이러한 것들을 초대 선교사들에게 배우기도 했지만 성경 중심, 그리스도 중심의 근간에서 성립되고 실천된 것들이다. 예수님의 사역이 전도, 섬김의 봉사, 교육이었고 이 세 가지는 분리된 것이 아니라 통합되어 있다. 마찬가지로 한경직은 이 세 가지 목표와 사업을 균형 있게 확장시키는 목회를 하였다. 한경직은 전도, 봉사, 교육을 다 강조하였는데, 이 글에서는 교육자 한경직에 초점을 맞추어 교육 부분을 좀 더 비중 있게 다루었다.

한경직의 교회관은 전도하는 교회

한경직의 교회관은 한마디로 전도하는 교회였다. 그가 개척한 교회를 '베다니 전도교회'라고 명명한 것을 보더라도, 전도는 한경직 목회의 최대의 목표였다. 노방전도, 빈민가전도, 문서전도, 방송전도, 농어촌전도, 군선교, 학원선교, 병원선교, 산업선교, 실업인선교, 북한선교, 전국복음화운동, 세계복음화운동 등과 같은 전도 사업은 그에게서 최초로 시작되었거나, 그가 처음으로 주도하면서 추진된 사업들이었다.

한경직의 전도는 개인 구원에서 끝나는 것도 아니고, 자신이 목회하는 교회의 숫자적 부흥만을 의미하는 것도 아니었다. 그의 전도는 개인의 영혼 구원, 민족 구원, 더 나아가 세계 인류 구원으로 나아가는 것이었다.

백만 명 구령 운동이 전개되었을 때 한경직은 교회가 없는 마을을 찾아가 전도하였다. 그 때 한경직은 '날연보'라는 말을 듣게 되었다. 돈으로 하나님께 바치는 것이 연보라면 하루를 온전히 하나님께 바치는 것을 '날연보'라 했던 것이다. 교회가 없는 동네에 가서 며칠씩 지내며 전도해서 교회를 세웠다. 한경직은 이를 '시간의 청지기'라고 표현했다(『나의 감사』, 106).

한경직은 전도를 강조하면서 자신의 교회만 부흥시키려 한 것이 아니라 교회 개척을 중시하였다. 영락교회는 1945년 베다니 전도교회로 출발하였다. 1945년부터 1972년까지 27년 동안 목회하면서 영락교회가 개척한 교회는 74개에 이르렀다. 1년에 2개 이상의 교회를 개척한 셈이

| 영락교회 전도대

다. 한경직은 베다니 전도교회를 개척한 지 10개월밖에 되지 않았을 때 '인천제일교회'를 개척한다. 이 일은 개척교회가 개척교회를 세운 최초의 일로 한국 교회사에 기록될 만 한 일이다. 전쟁으로 피난 갔을 때도 부산영락교회, 대구영락교회, 제주영락교회를 세운다. 한경직 목사는 '영락'이라는 글자를 빼고 교회 이름을 짓도록 권유했으나 결국 그렇게 되지 않았음을 부끄러워하였다(『한경직 목사 성역 50년』, 56-57).

1946년 8월 여집사 30명이 모여 여전도회 창립총회를 하였고, 2개월 후에 인천제일교회 개척 지원을 한다. 이후 1979년까지 개척교회에 교역자를 파송하고, 후원한 교회가 100여 개가 넘는다. 영락교회 50년사에서 여전도회 회원들은 영락의 마르다와 마리아들이며, 이들의 헌신과 봉사의 손길, 그리고 끊임없는 눈물의 기도가 없었다면 오늘의 영락은 상상할 수 없었을 것이라고 한다. 한경직이 여전도회를 통한 전도와 선교의 중요성을 잘 알고 있었고, 그에 순응한 전도회 회원들이 있었기에 가능한 일이었다. 오늘날 '교제'에 더 집중하고 있는 여전도회, 남선교회가 주목해 보아야 할 대목이다.

교회의 사랑의 실천인 봉사를 보여주다

앞에서 살펴본 것처럼 한경직은 성경과 교회의 정신은 사랑이라고 말했다. 그 사랑은 사람을 사랑하는 실천으로 이어졌다. 그는 인간에게 잘 봉사하는 것이 곧 하나님께 잘 봉사하는 것이라고 강조하면서 가난하고 불쌍한 사람들을 돕는 인간애 정신을 실천했다.

도움받은 것을 다른 사람에게 갚으라는 윤치호의 말이나, 유학 시절 폐병에서 낫게 된 은혜를 체험한 한경직은 미국 유학을 마치고 돌아와 신의주 제2교회에서 목회를 시작한 후 이웃 섬김을 실천한다.

1938년 고아 복순이라는 소녀를 만나 '고아원'을 세우겠다는 결심을 하게 된다. 성도들의 후원을 받아 1939년 신의주에 30여 명의 어린이들이 지낼 수 있는 보린원을 설립하였고, 1947년에 서울 충무로에 서울보린원을 설립한다(영락사회복지재단 홈페이지). 1930-1940년대에 교회가 고아와 불우아동들을 위한 보호시설을 만들었다는 것은 교회가 어려운 사람을 섬기는 일에 선도적 역할을 했다는 점에서 큰 의미가 있겠다. 이후 영락사회복지재단의 아동복지사업은 아동보호시설, 영유아 보육시설 및 지역아동복지센터 등의 아동복지사역 전반에서 선구자적 역할을 잘 감당해 왔다.

1941년 보린원의 같은 대지에 '노인관'을 만들었다. 이 노인관은 교회에서 설립한 최초의 근대식 노인복지시설이라고 할 수 있다. 전쟁 후에는 서울 돈암동에 양로원을 지어 운영하였다. 이후 영락요양원, 재가복지노인 상담소, 영락노인복지회관을 포함하여 영락노인복지센터 등을 설립하여 운영하고 있다.

1951년 한경직 목사와 피어스 목사는 부산에 '다비다모자원(현, 영락모자원)'을 설립하였는데, 이 시설은 대한민국 모자보호 시설로는 최초이다. 전쟁미망인들을 단순히 보호하는 차원을 넘어서 자립하고 자활할 수 있도록 다양한 교육을 실시하였고, 자녀들을 대상으로도 교육 및 훈련 프로그램을 제공하여 신앙인으로 성장하며 동시에 불우한 환경을 극복하도록 도왔다.

　영락애니아의 집은 한경직목사의 뜻에 따라 뇌성마비 중증 장애 아동을 양육하는 곳이다. 한경직의 목회와 설교를 통하여 항상 교회가 고아, 과부, 장애인들을 섬겨야 한다고 강조한 대로 영락교회 창립 50주년 기념사업으로 애니아의 집을 세우게 된 것이다.

　한경직의 사회봉사는 교회의 사회복지 사역에서도 선구자적인 역할을 담당했을 뿐만 아니라, 우리나라 사회복지 발전에 일조하였다. 허준수는 한경직의 봉사사역처럼 앞으로 한국교회가 봉사사역을 할 때 고려해야 할 것들을 제시한다(허준수, 211).

　첫째, 교회가 복지사역을 확대한다면 공공복지에서 제외된 사각지대의 대상자들을 돌보아야 한다. 둘째, 교회가 외형적인 성장 중심을 지양하고, 성도와 지역사회의 주민들을 위하여 나눔과 섬김을 실현하는 봉사중심의 패러다임을 더 강화해야 한다. 셋째, 섬김의 대상자들의 경제적, 사회적, 심리적 및 영적 문제 등을 보다 전문적으로 다룰 수 있도록 성서학적인 관점에서 체계적으로 정립할 필요가 있다.

영성과 지성의 조화를 이루는 교육

한경직의 교육은 영성과 지성의 조화와 균형을 이루는 교육이다. 교회 안과 밖의 교육을 다 강조하였는데, 교회, 학교, 가정에서의 교육 등이 그것이다.

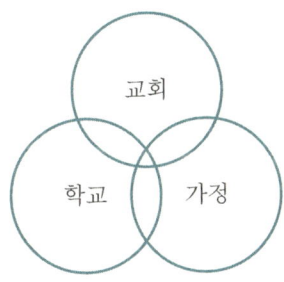

한경직의 교육의 장은 첫째, 교회이다. 그는 교육하는 교회를 지향했다. 교회와 교육, 그것은 결코 분리할 수 없다는 확고부동한 신념이 그에게는 있었다. 그는 기회 있을 때마다 교육하는 교회가 교회의 참모습이며 사명 가운데 하나임을 강하게 역설했다(한숭홍, 169-170).

한경직은 교회들이 전도에는 열심이지만 교육에는 관심이 부족하다고 여기고, "내가 너희에게 분부한 모든 것을 가르쳐 지키게 하라"(마 28:19-20)는 말씀을 따라 신앙교육이 중요하다고 강조하였다. 그는 신앙교육을 통하여 지성과 영성, 학문과 신앙의 균형을 이루면서 하나님을 경외하는 지혜교육을 강조하였다.

한경직은 그의 교육을 강대상에서만 한 것이 아니라 실제 몸으로 보여 주었다. 영락교회에 40년 이상 몸담은 이광순은 이렇게 회상한다.

한 목사님은 1부 예배가 끝나면 계단 한 칸을 올라가서 앉아 계십니다. 예배당 정문으로 아이들이 엄마 손을 잡고 들어오다가 엄마 손을 딱 뿌리치고 '할아버지' 하고 뛰어옵니다. … 아이들의 부모인 교회 집사님들은 할아버지인 한 목사님이 아침마다 아이들을 환영해주시니 좋다고 했습니다. 그리고 한 목사님은 돌아가면서 아이들에게 다 축복기도를 해주셨습니다(『한경직 목사와 한국교회』, 348).

두 번째 교육의 장은 학교이다. 그가 학교에서의 교육을 생각하게 된 것은 선교사들의 영향이고, 자신의 경험에서 비롯되었다. 프린스턴신학교 선배인 킨슬러(Kinsler, 권세열) 선교사는 숭실대학과 숭실중학교에서 가르쳤다. 그는 '성경구락부(Bible Club)' 일을 시작했는데, 성경을 중심으로 한 학교교육운동이었다. 각 교회가 정규학교에 가기 어려운 가난한 학생들에게 매일 성경도 가르치고, 다른 과목도 가르친 곳으로 일종의 무인가 초등학교 형태였다. 전쟁 이후에 성경구락부가 발전하여 초등학교, 중고등학교가 된 곳이 많았다. 그 규모가 전국적으로 발전하였는데 구락부의 교사나 학생 수로 볼 때 위대한 업적이요 장래 한국을 위하여 귀한 사업이었다고 한경직은 회고한다(『나의 감사』, 165-166).

학교에서의 교육을 강조한 것은 자신의 경험에서 나온 것이기도 하다. 그는 어릴 적부터 민족의 선각자들로부터 배웠던 신앙교육과 애국교육들로 인해 학교를 설립하여 기독교 정신으로 인재를 양성해야 할 필요성을 느끼고 있었다.

이런 경험들로 인해 한경직은 학교에서의 신앙교육을 통해 신앙인 양성뿐만 아니라 나라를 위한 일꾼을 양성하려고 하였다. 그는 많은 학교를 설립하거나 지원하였다. 1948년 대광중고등학교, 1950년 성경구락부, 1952년 영락중학교, 1959년 영락고등학교, 1969년 영락신학교를 설립하였고, 1954년 숭실대학을 재건하는 일에 힘썼다. 현재 영락교회는 일곱 개의 학교를 설립하여 운영하고 있다.

세 번째 교육의 장은 가정이다. 한경직은 자녀교육의 중요성을 강조하였다. 부모가 먼저 경건해야 하며, 부모는 자녀를 하나님의 자녀로 생각하고 교육해야 할 의무가 있다.

그는 경건한 가정교육을 위해서는 세 가지 요소가 필요하다고 하였는데, 가정의 영적 분위기, 영적 영양, 그리고 영적 운동이다. 이러한 가정교육을 위해서 부모는 모범을 보여야 할 것을 다음과 같이 강조했다.

| 영락교회 성경구락부 초등학교 제10회 졸업기념

부모들이 가정에서 하는 것이 마치 활동사진의 필름에 박힌 것처럼 어린이의 마음에 박힙니다. 이다음에 그 사진이 그 아이의 일생에 영향을 줍니다. 여러분, 자녀들에게 고귀한 모습을 보여주려고 하면 결국 내 자신이 참된 신앙생활을 하고 온전히 헌신해서 자녀들이 우리 아버지는 참 경건한 분이다. 우리 어머니는 참 진실한 분이다 하는 인상을 받게 해야 합니다(『영원한 스승 한경직목사』, 339).

한 사람이 성장할 때 가정과 학교와 교회의 영향을 받는다. 특히 기독교인으로 자라는 데는 교회와 부모의 교육적 책임이 실로 막중하다. 그런데 한국교회는 교회와 가정의 연계가 약했다. 한경직의 목회 시절에는 더 약할 수밖에 없었다. 대부분의 교회가 성장을 위해서 교회를 강조했지, 가정을 감안하지 않았다. 그런 상황에서 한경직이 부모의 교육적 책임을 강조한 것은 시대를 앞서가는 것이었다. 부모에게 신앙교육의 일차적 책임이 있는 것을 알아야 하고, 교회는 가정과의 연계를 통해 협력해야 한다.

한경직은 교육의 장을 교회, 학교, 가정으로 보았다. 봉사부분에서 살펴보았듯이 고아원 등의 시설에까지 교육의 장을 확대하였다. 모든 삶의 부분들을 교육의 장으로 보고, 그 어느 것 하나 소홀히 하지 않았던 그는 실로 시대를 초월한 참 스승이었다.

교육자 한경직

한경직의 4대 신앙노선인 복음주의 신앙, 청교도적 생활, 에큐메니컬 정신, 사회봉사, 그리고 3대 목표인 전도, 봉사, 교육을 살펴보았다. 그의 신앙노선과 목표에 공통적으로 발견할 수 있는 것은 신앙노선과 목표를 실천한 모범을 보이고 있다는 것이고, 그의 삶과 목회에서 사람들과 삶을 함께 나누고 있다는 것이다. 신앙 교육에서 너무 중요한 두 요소, 모범을 보이는 일과 삶을 나누는 일을 보여주고 있는 한경직은 참된 교육자, 참 스승이라고 할 수 있다.

모범을 보이는 교육자

그는 후배 목회자들에게나 교인들에게 모범적인 모습을 보여준 참 스승이다. 그가 3대 목표를 설정하게 된 데에는 그에게 모범이 되어준 은사 우용진 목사가 있다. 우용진 목사는 한경직이 어린 시절 다녔던 자작교회의 전도사였다. 한경직이 배운 모범을 이렇게 기술한다.

> 불철주야로 애쓰는 그의 모습을 보게 되면서 그의 봉사활동에 많은 감동을 받았다. 그분은 이렇게 복음전파와 사회봉사를 하셨을 뿐만 아니라 농촌개량, 청년운동 등 다양한 방면으로 일하셨다. … 그는 예수님을 전파하고 예수님의 교훈대로 전도와 봉사와 교육사업 등을 최선을 다하여 수행하신 어른이시다. 성경대로 믿었고, 성경대로 살았고, 성경대로 그 역사 환경 속에서 최선을 다하여 주님을 따르려고 힘쓰신 분이다(한경직, 『내 어릴 적의 스승』, 130-131)

좋은 영적 스승에게서 전도, 봉사, 교육이 중요함을 배웠고, 그러한 목표의 근간에는 성경 중심, 그리스도 중심이 되어야 한다는 것이 글에 잘 나타나 있다.

한경직은 스승들에게 잘 배우고, 배운바 대로 실천한 목회자로서 후배 목회자들의 정체성 확립에 대해 강조하면서 다음과 같이 말한다.

> 목회자는 첫째, 진실되게 하나님 앞에서 구원을 받아야 한다. 둘째, 목회적 사명을 과연 열망하는지, 교역자로서의 자질과 은사가 있는지, 사역을 통해 열매가 있는지 등의 성찰을 통해 분명한 소명의식이 있어야 한다. 셋째, 신령한 눈으로 미래를 조망할 수 있는 비전을 가져야 한다. 넷째, 목회자는 먼저 스스로의 지적, 도덕적, 영적 성장을 이루어가야 한다. 다섯째, 성령이 충만한 자로서 교회를 섬기며 지도할 수 있어야 한다(한경직, 목회자의 자세, 56)

위의 내용은 비단 목회자에게만 해당하는 것이 아니라 모든 한국교회 성도들에게 해당하는 것이다. 한경직 목사가 목회 초기부터 강조한 4대 신앙노선은 복음주의 신앙, 청교도적 생활, 에큐메니컬 정신, 사회봉사이다. 3대 목표는 4대 신앙노선에 근거한 실천이라고 할 수 있는 전도, 봉사, 교육이다. 그는 신앙노선과 목표를 단순히 강조한 것이 아니라 자기 스스로에게 먼저 적용하고 실천하였다. 그러한 모습이 후배 목회자들에게나 성도들에게 모범이 되기에 충분하였다.

삶을 나누는 교육자

모범을 보이는 참 스승은 또한 삶을 나누는 사람이다. 한경직은 말로

만 하는 교육이 아니라, 실제 생활로써 모범을 보이는 실천 교육, 다시 말하면 학생(혹은 교인)과 전 생활을 같이 하는 교육을 강조한다. 이는 특별히 고당 조만식 선생으로부터 받은 영향이라고 할 수 있다(영원한 스승 한경직 목사, 66). 교육에 있어서 지적 가르침만이 아니라 삶을 나누는 모범이 얼마나 중요한지를 고당선생으로부터 배웠다는 것이다. 앞에서 살펴본 것처럼 한경직은 교회 내에서 아이들을 포함한 교인들과 함께 삶을 나누는 친숙한 교육자요 할아버지였다. 교회 밖에서도 고아, 노인 등 연약한 사람들을 사랑하고, 그들과 삶의 이야기를 함께 나누는 섬김의 교육자였다.

삶을 함께 나누며, 모범을 보인 한경직의 교육을 박상진은 '성육신적 교육'이라고 말한다.

> 성육신 교육에서 가장 중요한 것은 교사가 교사의 자리에 머무는 것이 아니라 학생의 자리 속으로 들어가는 것이고, 피교육자의 삶에 대해서 지적하기 이전에 교육자가 삶으로 먼저 모범을 보이고 복음적 삶을 사는 것이다(박상진, 184).

성경 중심, 그리스도 중심의 삶과 모범을 보여준 스승들을 본받아 한경직은 성경 중심, 그리스도 중심의 복음적 삶과 목회를 실천하였다. 그가 천명했던 4대 신앙노선과 3대 목표는 그의 삶과 목회 속에 녹아들었다. 이론과 실천이 하나가 된 그의 교육자적인 모습은 모범을 보이는 일, 삶을 나누는 일로 특징지을 수 있다. 그러한 그의 삶과 모범은 오늘날의 교회와 목회자, 성도들에게 반드시 이어져야 한다.

참고문헌

대광중고등학교, 『영원한 스승 한경직 목사』, 대광고등학교, 2000.
박상진, "한경직 목사의 교육관 연구", 「장신논단」(2008)
영락사회복지재단 홈페이지, www.ynswf.co.kr
이승하, "현대교회의 예배와 설교", 「월간목회」(1990).
한경직, 『우주시대와 신앙생활』, 기문사, 1960.
한경직, "목회자의 자세", 「월간목회」(1981).
한경직, "그리스도의 몸이 하나이듯 교회도 하나입니다", 「신앙계」(1983).
한경직, 『나의 감사』, 두란노, 2010.
한경직목사 기념사업회, 『한경직 목사 성역 50년』, 1986.
한경직목사 기념사업회, 『아름다운 사람 한경직』, 2000.
한경직목사 기념사업회, 『한경직 목사 설교전집』, 2009.
한경직목사 기념사업회, 『한경직 목사와 한국교회』, 대한기독교서회, 2015.
한숭홍, "한경직의 생애와 사상", 「목회와 신학」(1992).
한숭홍, 『한경직: 예수를 닮은 인간, 그리스도를 보여준 교부』, 북코리아, 2007.
허준수, 한경직 목사의 봉사 사역2, "한경직 목사 8주기 기념세미나" (2008).

이호운 1911-1969

사 회 적 신 앙 인 의 발 자 취

" 목원은 자신에게 내재되어 있는 영성을
교회 사랑, 나라 사랑으로 승화시켰다.
그래서 자신의 호(號)처럼 동산(園)을 일궈(牧)나가는
행동하는 신앙인, 개혁적 역사신학자, 또 실천하는 목회자로 살아갔다.
그는 학자였지만 결코 현실과 동떨어진 이상론자가 되지 않았다.
한 손에는 성경, 한 손에는 쟁기를 잡고
땅을 일구는 신학자였다. "

이호운, 하늘 쟁기로 땅을 가꾼 사람

정연수

하나님과 동등한 분이었지만 그 높은 보좌를 버리고 사람의 모양으로 땅에 내려오신 예수님이야말로 하늘의 마음을 지니고 땅을 일군 농부였다. 여기 그분을 닮은 목사님 한 분이 계신다. 대한민국의 목회자라면 누구나 가슴 벅차게 불렀던 그 찬송가, 〈부름 받아 나선 이 몸〉의 작사가로도 잘 알려진 목원(牧園) 이호운(李浩雲) 목사가 바로 그분이다.

한국교회 성도들 모두가 애창하는 찬송 〈부름 받아 나선 이 몸〉의 가사는 목원이 게렛(Garrett)신학교 유학 시절(1950) 주님의 부르심에 복종하리라는 신앙의 고백을 담아 쓴 시로, 이호빈 목사가 세운 중앙신학교(현 강남대학교)의 졸업식 노래 가사로 보내 준 시였다. 이 가사에 이유선 씨가 곡을 붙여 탄생한 이 찬송은 신학교에서 교가처럼 불리다가 1967년 개편 찬송가에 수록되면서부터 한국교회 성도들이 가장 애창하는 찬송가로 자리매김하였다.

목회자라면 꼭 한 번쯤은 목이 메어 불러본 찬송일 것이다. 아니, 비단 목회자가 아니더라도 '소명'이라는 단어를 무게감 있게 자신의 삶에 받아들인 성도라면 누구나 이 찬송을 부를 때에 가사 한 구절, 한 구절에 담긴 처절한 사명자의 고백을 되새기며 같은 감동을 받았을 것이다.

'부름 받아 나선 이 몸'이라는 첫 구절만 불러도 목이 메어온다. 주만 따라가기로 작정한 그 길을 걷는 데에는 죽음도 막을 수 없다는 단호한 신앙의 고백이 담겨 있다. 마치 사도바울의 목숨을 건 소명의 고백처럼 말이다.

> 내가 달려갈 길과 주 예수께 받은 사명 곧 하나님의 은혜의 복음을 증언하는 일을 마치려 함에는 나의 생명조차 조금도 귀한 것으로 여기지 아니하노라(행 20:24).

자신의 생명조차 조금도 귀하게 여기지 않고 하나님의 마음으로 이 땅을 너무나 사랑했고, 교회를 일구는 목회자를 누구보다 더 사랑했던 목원의 삶을 '지금, 여기'에서 다시 한 번 되돌아보는 것은 의미가 큰 일이 아닐 수 없다. 목원이 지은 그의 찬송시를 오늘을 사는 우리가 부끄러움 없이 부를 수 있기를 바라기 때문이다.

부름받은 소명의 사람

부름 받아 나선 이 몸 어디든지 가오리다
괴로우나 즐거우나 주만 따라 가오리니
어느 누가 막으리까 죽음인들 막으리까

어느 누가 막으리까 죽음인들 막으리까

이런 감동의 찬송시가 나올 수 있었던 것은 결코 우연이 아니었다. 목원의 가슴 속에 가득 차있던 내면의 울림이 그저 자연스럽게 흘러나왔을 뿐이기 때문이다. 무엇이 그토록 뜨거운 불을 목원의 가슴 속에 지폈던 것일까?

1932년, 이용도 목사에게 보낸 편지에서 그의 가슴속에서 타올랐던 뜨거운 불을 느껴볼 수 있다. 목원은 이 편지에 적은 결심처럼 평생을 십자가를 지는 삶을 살아간다.

> 저도 주님을 위하여 몸 바치기를 원합니다. 평안과 영광과 칭찬을 요구하지 않사오며, 주께서 지고 가는 십자가를 요구합니다. 골고다까지라도 가기를 원합니다. 옛 성도들이 졌던 십자가, 지금 목사님이 지신 십자가를 저도 지려고 합니다. 오로지 저도 주님을 위하여 몸 바치렵니다. 주님 위하여 일하고, 살고, 죽기를 원합니다(1932년 6월 25일, 이용도 목사에게 보낸 편지).

먼저 이 편지의 수신자인 이용도 목사를 얘기하지 않고서는 목원의 삶에 대한 이야기를 풀어가기가 힘들 정도로 목원에게 이용도 목사라는 존재는 그의 삶에 가장 큰 영향력을 끼친 동기부여자였다.

목원은 1911년 5월 3일 평남 강동군 원탄면 상리에서 부친 이민조와 모친 최일구 사이에서 태어났다. 그 당시 한국사회에 짙게 드리웠던 가난의 그늘을 피해 만주 용정으로 이주했고, 그곳에서 영신중학교를 졸업하였다. 바로 그 용정에서 그의 인생을 바꾸어 놓는 만남이 있었다. 용정교회에서 열린 부흥성회에서 이용도 목사를 만났던 것이다.

목원은 기독교사상에 기고한 글, '내가 잊을 수 없는 사람들'이라는 제목의 글에서 자신의 삶에 가장 영향력을 끼친 두 사람을 거명한다. '이용도 목사'와 '채부인 교장'이 바로 그 두 사람이다. 목원이 그 글에서 밝힌 대로 1930년 이른 봄, 만주 간도의 용정감리교회에서 열렸던 부흥사경회에서 이용도 목사를 처음 만난다. 그는 그날의 첫 만남을 이렇게 술회한다.

> 많은 사람들이 30리 밖 '동성용'이라는 곳까지 마중을 나갔다. 나타난 그는 회색 동정을 단 검은 두루마기를 입은 약간 야윈 30대의 젊은이였다. 말이 없고 평화스러운 얼굴에 빛나는 눈에는 어딘지 모르게 따뜻한 자애와 순결한 거룩함이 깃들이고 있었다(기독교사상, 1965. 8-9월호(90호) 100-103).

이윽고 시작된 부흥사경회에서 목원은 하나님의 거룩함을 체험하게 되었다.

> 집회도 용정감리교 예배당에서 모였다. 첫날밤부터 초만원을 이루었다. 사회자가 개회를 선언하고 여러 장의 찬송을 불렀다. 그동안 그는 강단에 납작 엎드려서 일어나지 아니했다. 얼마를 지난 후에야 일어나서 성경을 읽고 기도를 올리었다. 기도를 올리는데 뼈에 사무치도록 절절한 기도였다. 기도는 계속되었다. 격하여 목이 메었다. 장내는 강한 반응을 일으켰다. 한참 동안의 기도에서 분위기는 용광로와 같이 뜨거워졌다"(위의 책).

드디어 그의 인생의 방향을 바꿔놓을 카이로스적인 시간, '그때'가 목원에게 찾아온 것이었다.

내가 지금까지 40여 년에 수없이 많은 사람들의 설교를 들었지만 이용도 목사의 설교처럼 내 심령 깊이를 흔들어주고 은혜가 넘치는 설교를 들려준 이는 아직도 한 사람도 없다. 아마도 하늘에서 주님의 말씀을 듣기까지는 전혀 그런 설교를 들을 길이 없을 것이다"(기독교사상, 1965. 8-9월호(90호) 100-103).

그날의 부흥회에서 받은 감동으로 그는 현 감리교신학대학인 협성신학교에 입학하였다. 가난한 나라, 척박한 선교지였던 이 땅을 하나님의 나라로 일궈나갈 목사로 부름 받은 것이다.

그는 목회자가 되기로 결심한 후 이용도 목사가 거처하던 현저동에 가서 함께 기거하기도 했다. 그곳에서 살면서 가까이에서 들여다본 이용도 목사의 삶은 목원의 인생에 큰 영향을 끼친다. 오직 하나님만 바라보면서 모든 소욕을 버린 이용도 목사의 삶은 어린 그에게 '충격' 그 자체였다.

영들을 아끼는 애타는 마음, 그리스도를 위하는 뜨거운 마음은 완전 자신의 괴로움, 생명까지 잊고 필사적으로 있는 것 전체를 바쳤다. 편-불편, 이-불이가 안중에 없고 죽고 사는 것도 문제 밖이었으며 오직 그리스도의 뜻이 무엇이며 그를 어떻게 기쁘게 해 드릴까가 유일한 관심사이었다. 그리스도에게 취하고 미친 사람이었다.

(중략)

거지가 오면 거지와 겸상을 해서 같이 식사를 하고, 고학생이 있으면 데려다 먹이고 재우고 했다. 그래서 좁은 집에는 언제나 식객이 우글우글했다. 양말이 해졌으면 양말을 주고, 내의가 해졌으면 내의를 주는 것이었다. 자기가 신고 입을 것이라도 그대로 집어주는 것이었다"(위의 책).

숲을 지나니 키가 커지는 것일까? 이토록 큰 나무를 보며 성장한 목원의 신앙이 '괴로우나 즐거우나 주만 따라 가오리니'라는 고백이 된 것은 어쩌면 당연한 것일지도 모른다.

가사 중 '어디든지 가오리다'라는 대목은 그 시절 목원이 고백했던 뜨거움에 비해 온도차가 꽤 날 것이다. 왜냐하면 그 시절의 '어디든지'는 가난의 땅이었고, 목사를 환영하는 곳이 아니었기 때문이다. 그러나 머리가 아닌 가슴으로, 깊은 영적 감동을 통해 만난 주님이었기에 어디든지 가는 믿음의 걸음이 되었다.

목회자가 된 목원은 말 그대로, '부름 받아 나선 자'의 사명으로 자신의 삶을 불태운다. '산화(散花)'라는 표현이 적절한 표현이라 할까? 자신의 온 삶을 열정으로 제단 위에서 불사르는 삶을 사셨다.

목원은 1932년 감리교 신학교에 입학하여 그곳

| 차경화와 함께 찍은 감신 졸업 사진

| 미국 개렛신학교 유학시절
주임 교수와 함께

에서 부인 차경화를 만나 결혼하였다. 그 후 화천감리교회를 시작으로 본격적인 목회자로서의 삶을 살아간다.

1941년에 목사 안수를 받았지만 일본의 앞잡이가 된 교단에 반대하여 당시 담임하였던 옹진교회를 사임하고 일본 동지사(同志社)대학에서 수학한다. 1942년 귀국 후 해방을 맞이하기까지 고향 땅에서 농사를 지으며 때를 기다렸다.

1949년 유학길에 오른 후 1952년 귀국하여 감리교신학교 교수로 재직하다가 1956년 9월 감리교대전신학원(현 목원대학교) 교수로 부임하였다. 그 후 1958년 4월 11일, 목원대학교 2대 학장으로 취임한 후부터 그의 가슴 속에 오래도록 품어왔던 부름의 열정을 아낌없이 태울 수 있었다. 그의 삶은 온통 농촌목회자를 양성하겠다는 일념뿐이었다. 목원대학교가 세워지기까지 '불도저'라는 별명을 얻을 정도로 줄기차게 일을 추진하여 1965년에는 대학인가를 받아냈다.

소명의 사람 목원 이호운, 그는 부르심의 상을 좇아 살아가는 목회자의 본을 보여 준 큰 나무였다.

빈들에 복음을 뿌린 사람

아골 골짝 빈들에도 복음 들고 가오리다

소돔 같은 거리에도 사랑 안고 찾아가서
종의 몸에 지닌 것도 아낌없이 드리리다
종의 몸에 지닌 것도 아낌없이 드리리다

목원은 아골 골짝 빈들로 가는 목회를 지향했다. 그가 건학의 기초를 놓은 목원대학은 그 당시, '도시로! 도시로!' 향하던 목회자들을 계몽하여 농촌을 깨우고 가난한 이 땅의 민중을 섬기는 목회자를 양성하고자 했던 그의 꿈이 고스란히 배어있는 신학교였다.

그가 꿈꾸었던 목원의 꿈은 무엇이었을까? 감리교 대전신학교 창립 10주년을 맞아 그가 『목원의 꿈, 농촌선교』에서 밝힌바 '복음의 실제화, 복음의 생활화, 복음의 대중화, 복음의 민중화'였다.

예수님은 결코 예루살렘을 목회지로 삼지 않으셨다. 예수님의 목회지는 어부들의 땀 냄새가 물씬 풍기는 갈릴리였다. 예수님의 목회 대상자는 화려한 예복을 입은 바리새인이나 서기관들이 아니라 삶의 자리에서 온몸으로 살아가는 그 시대의 민중들이었다.

목원은 자신에게 내재되어 있는 영성을 교회 사랑, 나라 사랑으로 승화시켰다. 그래서 자신의 호(號)처럼 동산(園)을 일궈(牧)나가는 행동하는 신앙인, 개혁적 역사신학자, 또 실천하는 목회자로 살아갔다. 그는 학자였지만 결코 현실과 동떨어진 이상론자가 되지 않았다. 한 손에는 성경, 한 손에는 쟁기를 잡고 땅을 일구는 신학자였다.

앞서 목원이 목회자로서 소명을 받은 큰 원인 가운데 하나가 이용도 목사에게 받은 영향이라 밝힌 바 있다. 이용도 목사에게서 영적 깊음에

| 이호빈 목사, 차경화와 함께

대한 깨달음을 얻은 것이 사명의 원천이었다면, 그 후 서재에 머무르는 신앙이 아닌 농촌을 사랑한 목회자, 땅을 일구는 사회변혁의 주체로 삶을 살아갈 수 있는 힘의 원천은 이호빈 목사를 만나서부터이다.

목원이 용정에서 살 때, 그 당시 남감리교회는 만주지역 이주민들의 생존을 위하여 농촌교회를 돕고 있었다. 당시 교회는 예배당 안에만 머물러 있는 종교단체가 아니었다. 교회는 어두웠던 그 시대에 한민족의 희망이 되어주었고, 사람을 깨우치고 조직하여 기독교 정신으로 삶을 계몽해 나가는 교회, 즉 사회·국가를 책임지는 교회였다. 뜻이 하늘에서 이루어진 것 같이 땅에서도 이루어져야 하기에 교회는 하늘의 뜻을 받들어 이 땅에 실현하는 그리스도의 몸이기 때문이다.

그 당시 남감리교회는 다각도로 한국의 민중들을 섬기고 있었다. 목원이 만주의 용정에서 접한 교회의 모습은 바로 그런 모습이었다. 남감리교회는 농촌사업위원회를 조직하여 만주지역에 이주해 온 농민들의 자활을 돕고 그들을 위한 다양한 자립사업을 하고 있었고, 이를 앞장서서 이끄는 이는 이호빈 목사였다.

목원은 이호빈 목사와의 만남을 통해 교회와 민중은 결코 분리될 수 없는 관계인 것을 깨닫게 되었다. 교회의 선교란 단지 사람들에게 활자화된 복음을 받아들이게 하는 것에 국한되지 않음을 알게 되었다. 나아가서 만주 땅의 떠돌이 민족이었던 한민족 백성들에게 삶의 터전을 만들어 주는 것도 선교요, 그들에게 희망을 주는 실제적인 행동 모두가 선교라는 거시적 틀 안에 합쳐져야 할 가치인 것을 보고 깨달은 것이다.

그때의 경험은 목원으로 하여금 땅을 사랑하고, 땅을 일구는 일꾼으로 살아가게 한다. 목원대학 학장 재임 시 수십만 평의 계족산을 확보하고 그곳에 35만 주(株)의 낙엽송을 심으며 아골 골짜기 같았던 땅이 푸름으로 덮이기를 소망했다. 성산목장을 만들어 목원대학 성장의 기반을 만들어 놓았다.

그의 설교에서 농촌선교와 땅에 대한 그의 열정을 잘 엿볼 수 있다.

> 농촌은 부른다. 창안자, 건설자, 선구자, 개척자, 새로운 이상과 투지를 가진 씩씩한 일꾼을 부른다. 이 민족의 행복과 이 나라의 번영은 자랑하지 아니하고 말없이 제 직분을 지켜 일하며 숨어서 봉사하는 이들의 손으로 건설될 것이다. 손바닥이 솥뚜껑 같고, 어깨가 딱 벌어지고, 살갗이 검붉은 씩씩한 일꾼이 요구된다. 그런 사람을 부른다. 광야 길은 농촌생활의 어려운 길, 힘든 곳임에 틀림없다. 그러나 하나님을 뵈올 수 있고 큰 것, 새로운 것을 얻을 수 있고 건설할 수 있는 곳이다. 주님의 뜻을 받는 자들아, 농촌으로 가자! 새 세계를 건설하자!(1958.11.16. 농민학원 졸업 설교 '광야로 가자' 중)

목원은 신학생과 목회자를 단순하게 교회 안에만 머무르는 종교 기능인으로 보지 않았다. 이 시대의 예언자가 되길 기대했고, 말씀이 육신이 되어 이 땅에 오신 예수님의 성육신처럼 목회자가 농촌으로 가서 민중을 이해하고 그들 속에 살면서 그들의 친구가 될 뿐 아니라 한 걸음 더 나아가서 땅을 일구는 일꾼이 되어야 한다고 외쳤다. 행동하는 신앙인으로 그는 자신의 신앙대로 사람들이 관심을 갖지 않았던 농촌에 들어가 십자가를 지는 삶을 살았던 진정한 이 땅의 농부였다.

땅 위에 세운 십자가를 붙잡고 하늘을 본 사람

존귀 영광 모든 권세 주님 홀로 받으소서
멸시 천대 십자가는 제가 지고 가오리다
이름 없이 빛도 없이 감사하며 섬기리다
이름 없이 빛도 없이 감사하며 섬기리다

서울의 감리교신학대학 교수에서 대전신학원으로 간 것은 어느 누구라도 달가워하지 않는 결단이었다. 찬송가 가사 그대로 '멸시 천대 십자가'를 자청하는 길이었지만 '이름 없이 빛도 없이 감사하며 섬기기'로 작정한 그에게는 걸림돌이 될 수 없었다. 십자가를 진 그의 희생을 통해 오늘날의 목원대학교가 탄생한 것이다.

신학교 학장 재직 시 농촌으로 떠나는 젊은 제자들에게 이렇게 말하곤 했다.

이해에 때 묻지 말고, 명리에 눈 어두워지지 말고, 영원히 순결하라(목원의 꿈, 36).

오늘 다시 가슴 뭉클하며 불렀던 그때의 찬송을 거울삼아 지금의 나를 비춰보면 이름 없이 빛도 없이 살겠노라고 목청껏 불렀던 젊은 날의 열정 앞에 나 자신이 부끄럽다.

그 찬송을 부끄러운 마음 없이 부를 수 있을 때, 그때가 다시 한 번 한국교회 부흥의 시기가 되지 않을까 하는 생각을 해 본다.

꿈의 사람

| 학장 이호운

1968년 12월 15일, 그는 과로로 인한 병을 얻어 신경성 고혈압으로 뇌출혈을 일으켜 쓰러졌다. 그 후 40일 만인 1969년 1월 25일 하나님의 부르심을 받으셨다.

이호운 목사가 영원한 하늘나라의 백성이 되었던 때, 27일 정동제일교회에서 열린 그의 장례식에서 박대선 감독(전 연세대 총장)은 조사(弔詞)를 통해 이호운 목사를 "꿈의 사람이었다"라고 표현했다.

'꿈의 사람'이야말로 이호운 목사를 가장 잘 표현한 말이라 할 수 있다.

이호운 목사의 제자인 곽전태 감독(전 감리교회 감독회장)도 "꿈·사랑 나누어 준 이호운 목사"라는 글에서 그를 잊을 수 없는 사람이라 추억하며 그분에 대한 기억을 이렇게 술회한다.

잊히지 않는 이유라면 세 가지로 말할 수 있다. 첫째는 꿈을 심어 주었기에. 그는 기회 있을 때마다 과거·현재 일 보다는 미래의 일에 대하여 많이 말씀하셨다. 미래의 꿈을 말씀하실 때는 상기된 얼굴에 두 눈이 빛을 발했다. 산에 나무를 심자, 인재를 키우자, 농촌운동을 일으키자, 복음을 전하자… 그의 말씀을 듣고 있노라면 무엇인가 장래 일이 한 주먹에 잡히는 것만 같았다(새가정, 1991.3월호).

한국전쟁의 피폐함 속에 있던 농촌으로 들어가 그 땅을 하나님의 정원으로 가꾸고자 했던 목원의 꿈은 오늘날에도 식지 않고 농촌목회를 꿈꾸는 목회자들에게 든든한 응원의 메시지가 된다. 빈곤층으로 전락한 농민을 깨우는 개척자로서 목회자를 세우고, 새로운 세상을 건설해 나갈 주체자로서 농민을 세워낸 그의 나라 사랑은 여전히 한국교회의 큰 기둥이다.

〈부름 받아 나선 이 몸〉 찬송이 이 땅 곳곳에 세워진 교회에서 불릴 때마다 이호운 목사의 〈목원정신〉도 함께 살아난다면 도시화, 대형화의 레드오션(Red ocean)에 빠져 길을 잃은 한국교회가 새로운 땅 블루오션(Blue ocean)을 향하여 나아가도록 길을 인도하는 영적 나침반이 될 것이다.

참 고 문 헌

이정배, '꿈의 사람' 이호운의 "목원(牧園)신학"연구, 「신학과세계」 (58), 94-123, 2007.
이호운, "내가 잊을 수 없는 사람", 「기독교사상」 9(8), 100-103, 1965.
곽전태, "꿈·사랑 나누어준 이호운 목사", 「새가정」 3, 1991.

김계용 1921-1990

사 회 적 신 앙 인 의 발 자 취

" 그는 진실을 말했고 진실한 사랑을 실천했다. 그렇다.
그에게 뛰어난 점이 있었다면 그것은 진실한 삶, 실천하는 삶,
특별히 사랑이라는 위대한 명령 앞에 순종하며
때를 얻든 못 얻든 성도 한 사람 한 사람을
진실하게 사랑한 것이다. "

김계용, 우리가 찾는 진실한 목회자의 모형

송민호

"이민 목회는 거저 사랑이야.
저마다 사랑해 달라는 거야.
고국 떠나서 누구나 사랑이 그립거든."

현재 북미에 있는 한인 이민교회는 4천 개가 넘는다. 그 많은 교회 중에서 나성영락교회는 역사와 전통에 있어 이민교회를 대표하는 교회 중에 하나라고 말할 수 있다. 이 교회의 초대 목사인 김계용 목사(1921-1990)는 고향 떠나 외롭고 고달픈 이민자들에게 위로와 용기를 실어주며 교회를 크게 부흥시킨 지도자다. 그분의 삶은 모든 이민 목회자뿐만 아니라 기독교 리더십에 관심이 있는 사람이라면 누구나 배워야 할 것이다. 그 역시 한국전쟁으로 처자식과 생이별을 하고, 고향을 떠나 홀로 40년을 살면서 고향을 그리워했던 연약한 인간이었기에 어느 누구보다 외로움을 잘 알고 있었다. 그럼에도 불구하고 온갖 악재를 극복하고 반

듯한 지도자로 삶을 마감한 것은 우리 모두에게 귀감이 된다. 외로움을 뼈저리게 느꼈던 영혼, 삶이 그에게 준 것은 절망과 아픔뿐이었지만, 그 어려움을 인내와 사랑으로 극복하며 가는 곳마다 예수님의 모습을 드러낸 성자였다고 사람들은 말한다.

나성영락교회 도서관에 가면 김계용 목사의 유품이 진열된 장소가 있다. 벽에 걸린 커다란 액자에는 '이민 목회는 거저 사랑이야'라는 김 목사의 목회철학이 한 폭의 시로 아로새겨져 있다. 고향 떠나 외롭고 낯선 자들에게 무엇을 말하고 무엇을 가르쳐야 하는지를 꿰뚫어 말한 진액이다. 이민 목회가 무엇인지, 그 정곡을 찌르는 명언과 함께 오늘닐 삶에 지치고 힘들어하는 영혼들을 상대하는 지도자들이 반드시 배워야 할 멋진 삶을 살았던 한 인간을 소개한다.

가족과의 생이별

김계용 목사는 1921년 평안북도 의주군 고진면 탑상동에서 태어났다. 신의주에서 10여 리 떨어진 조그마한 마을은 팔구십 가구가 옹기종기 모여 사는 그런 곳이었다. 대대로 미신과 우상을 섬기는 가난한 마을에 그의 어머니 고정옥 씨와 외숙모만 예수를 믿었다. 계용의 아버지는 전형적인 유교적 전통에 매여 사는 사람이었다. 학구열이 높은 아버지에 의해 거의 강제로 서당에 다닌 계용은 어린 나이에 천자문, 계몽편, 명심보감, 소학, 대학, 맹자, 논어 등을 다 배웠지만, 고전 수업보다는 현대식 공부에 더 마음이 있었고, 교복을 입고 정규학교에 다니는 것을 꿈꾸었다.

| 결혼식 날의 김계용 목사 부부

서서히 서당과는 멀어졌고, 서당에 간다며 옥수수 밭에 가서 놀기가 일쑤였던 어린 계용이 어디에서 용기가 나왔는지 하루는 아버지에게 선언했다. 더는 '서당에 가기 싫다'는 것이었다. 얻어맞을 줄 알았던 계용은 놀랍게도 자기의 마음을 받아주며 학교에 가라고 허락하신 아버지의 반응에 놀랐다. 곧 그는 고진공립보통학교에 편입하여 현대식 공부를 시작하였다. 워낙 명석하고 배움에 민첩한지라, 그는 수석으로 졸업하는 영광을 얻게 된다.

계용이 처음 교회에 간 것은 4살 때였다. 기독교를 결사반대하는 남편의 눈을 피해 어머니는 막내아들을 데리고 조심스레 교회에 다녔지만, 들키지 않고 계속될 수는 없었다. 어느 날 교회에서 돌아오는 아내를 목격한 남편은 아내를 거의 죽을 지경으로 구타하고 성경과 찬송가를 뺏어서 태워 버렸다. 그런데도 어머니의 신앙은 목숨을 건 신앙이었다. 여기서 어린 계용은 진정한 믿음이 무엇인지를 뼛속 깊이 깨닫게 된다. 이런 확실한 신앙 교육이 또 어디에 있을까? 계용은 온 맘 다해 주를 믿고 따르는 것이 무엇인지를 배우게 된다. 그 당시 교회에 가려면 적어도 30분 이상을 걸어야 했는데, 칠흑같이 어두운 밤에도 모자는 등불을 치켜들고 논길을 걸어 교회에 도착했다. 어머니의 이런 귀한 신앙을 이어받은 계용은 줄곧 교회학교를 열심히 다녔고, 때론 푸짐한 상을 받으면서 열심히 예수를 믿게 되었다.

고진공립보통학교를 졸업한 계용은 남달리 가르침에 대한 관심이 많았다. 특히 일제 치하에서 온 나라가 어려움을 겪고 있는 것을 보며 그는 교사직을 희망하게 된다. 그것이 민족이 살길이라는 생각을 하고 평양 사범학교에 들어가게 된다. 비록 일본식 교육을 받기는 했지만, 맑은 대동강 물을 바라보는 즐거움과 평양 거리를 오가는 전차의 신비함은 그로 하여금 풍성한 인생을 설계하는 소중한 시간을 만들어 주었다. 청년 계용은 배움의 즐거움을 알았고, 기회가 주어질 때마다 열심히 책을 읽고 공부하는 부지런한 학생이었다.

사범학교를 졸업하고 부임한 첫 임지는 평북 강계 회룡 국민학교였다. 거기서 김계용 교사는 성실함을 인정받아 교감으로 승진한다. 얼마 후 광복의 기쁨을 학생들과 나누며 즐거워한다. 얼마나 이날을 기다렸던가! 학생들과 애국가를 부르고 일본어 교과서를 내려놓고 조선어로 교과서를 만드는 일에도 열중한다. 그러나 광복의 기쁨은 잠시, 생각지도 않았던 공산당이 그의 삶을 뒤바꾸어 놓을 줄은 상상도 하지 못했다. 일제가 물러가기 무섭게 공산당원들의 압박이 시작되었다. 이대로 가다가는 인민군에 강제 징용을 당하게 될 것이라는 불안 속에 이남으로 피신을 계획하게 된다. 그러나 그는 곧 경찰에 붙잡혀 신의주 형무소 신세를 지게 되고, 20년 구형을 받게 된다.

이렇게 억울하게 옥살이를 하던 중 하루는 '주의 종이 되라'는 하나님의 음성을 듣게 된다. 이전에 남신의주교회에서 유년부장으로 섬길 때도 이학인 목사로부터 '목사가 되라'는 권고를 여러 번 받은 적이 있었지만, 일제 아래 보았던 목회자의 길이 너무나 험했기에 그는 미쳐 엄두를 내지 못했다. 하지만 감옥에서 들려주시는 하나님의 분명한 음성을 거

역할 길은 없었다. 출옥 후, 김계용은 목회자가 되는 길을 걷기 시작한다. 신의주 형무소에서 하나님의 길을 가기로 작정한 김계용이 신학교에 입학한 것은 몇 년 후의 일이다. 대구에서 그는 허기지는 배를 움켜잡고 3년간의 어려운 공부를 마치고 1953년 장로회 총신 신학교를 졸업하게 된다. 배움은 여기서 그치지 않고, 경북대학교에 편입하여 2년 후 문학사도 받고 드디어 목사 안수를 받게 된다.

여기서 우리는 잠시 그의 결혼과 이별에 대해 알아보아야 하겠다. 처자식과 생이별을 하게 되는 한 인생의 운명이 어째서 이렇게까지 기구해야만 했을까? 김계용은 19살에 한 살 많은 신부 이진숙 씨를 맞아 결혼하게 된다. 결혼식은 신의주 마전교회에서 있었다. 신부 이진숙은 예수 믿는 훌륭한 가문에서 왔고, 꿈만 같은 결혼 생활 9년 동안 2남 2녀를 낳았다. 그러나 1950년 8월24일 인민군에 강제 징용된 남편이 전투현장으로 투입되었다는 소식을 끝으로 생이별을 하게 된다. 원치 않는 전쟁에 가담하게 된 계용은 도저히 동족살상에 참여할 수 없어 고민하다가 개성으로 끌려가던 도중에 극적인 탈출에 성공한다.

간신히 서울에 도착해 신의주 제2 교회에서 담임목사로 섬겼던 한경직 목사를 (1902-2000) 찾아가 도움을 요청하고, 한 목사의 배려로 전쟁고아를 돌보는 일을 하게 된다. 이렇게 해서 본인은 살길이 열렸지만, 북에 두고 온 처와 네 자식을 생각하면 가슴이 무너질 것만 같았다. "여보, 곧 돌아올게"라고 했던 것이 긴긴 생이별이 될 줄은 정말 꿈에도 몰랐다. 이산가족 중에는 상봉의 소망을 포기하고 재혼을 선택한 사람들도 많았다. 그러나 김계용은 평생 독신으로 살면서 두고 온 가족을 그리워했다.

돌이켜보면, 어떻게 사모의 도움 없이 큰 교회를 목회했는지 놀라지 않을 수 없다. 수절 40년, 온갖 유혹을 물리치며 오직 예수만을 외치며 목회에 전념했다는 그 자체가 경이로울 뿐이다.

탁월한 목회자

이제 김계용 목사에게서 배워야 할 점을 몇 가지 정리해 보고자 한다. 먼저, 그는 탁월한 목회자였다. 목회자의 역할 중에서 가장 중요한 부분인 설교를 보자면, 김계용 목사의 설교는 어조가 "낭랑하면서 구슬이 굴러가는 것 같이 거침없이 나간다"고 평가한다(『김계용 목사 전집』 6, 463). 필자가 대학생 때 김계용 목사가 인도하는 부흥회에 참석한 적이 있다. 그때 예수를 믿은 지 얼마 되지 않았기 때문에 강사가 누군지 잘 몰랐던 때였다. 나에게는 그가 무명 강사에 불과했지만, 그의 설교를 들었을 때의 감격은 이루 말할 수가 없었다. 거의 40년이 지난 지금까지도 그의 낭랑한 목소리와 복음적인 설교가 기억에 남아 있다. 그의 설교가 영혼을 깨우고 심령을 흔드는 데는 이유가 있다. 물론, 그의 설교가 철저히 성경 중심이고 복음 중심임에는 틀림이 없지만, 그 이상의 이유가 있다. 누구나 알아듣기가 쉽고 은혜로울 뿐만 아니라, 삶을 바꾸는 힘이 있기 때문이다. 그의 설교는 단상에서 끝나지 않는다. 설교를 듣고 집으로 돌아왔을 때, 그것은 다시금 마음속에서 외쳐지기 시작하여 삶을 바꾸는 현장에까지 이어진다. 이것은 그가 말을 잘해서가 아니라, 그의 설교가 복음 아래, 은혜 아래 있기 때문이다. 즉, 그의 설교는 인격적인 설교다. 언행이 일치되는 삶에서 흘러나오는 설교이기 때문에 청중의 마음속에

| 목회 초기와 은퇴 무렵의 김계용 목사

서 강하게 역사한다.

이것은 쇠퇴하고 있는 한국교회의 지도자와 성도가 주시해야 할 부분이다. 어떤 목회자는 지금 한국교회와 성도들이 회개해야 할 다섯 가지 죄가 있다고 말한다. 바로 불순종, 물질숭배, 분열, 명예욕, 음욕이다(정성진, 『주여! 내가 먼저 회개합니다』). 하나님의 말씀을 대언하는 설교자의 삶이 복음 아래, 은혜 아래 있다면 문제가 없다. 김계용 목사의 목회가 탁월했던 이유는 그가 먼저 하나님의 말씀 앞에 엎드릴 줄 아는 진실한 목회자였기 때문이다. 그의 목회는 인위적인 힘이나 세상의 권위를 빌려서 한 것이 아니다. 하나님의 사랑을 깨달은 나약한 한 인간이 그 사랑을 전하여 온전한 변화를 가져온 것이다.

김계용 목사는 목회자이기 전에 성실한 사람이다. 신학교 시절에 일화가 있다. 산돌회 창립 건이다. 그는 점심시간이 되어 기도실을 찾는 학우들을 유심히 보면서 이상하게 여기기 시작했다. 가만히 보니까 기도실을 찾는 이들이 기도 때문이 아니라 점심 먹을 돈이 없어서 자리를 피하는 것을 알게 되었다. 그래서 그는 절친한 친구 두 명과 함께 산돌회를 창립한다. 굶는 학우를 돕기 위해 오른손이 하는 일을 왼손이 모르게 돕도록 만든 조촐한 모임이었다. 한 가지 특이한 점은 산돌회 창립 구성원 세 명 모두가 평생을 이산가족의 아픔을 안고 독신자로 산 목회자였다는 점이다. 역시 고통을 아는 자가 남의 고통도 아는 법이다. 이렇게 김계용 목사는 신학교 시절부터 성실했다. 남을 배려할 줄 알고 남의 고통에 동참하려는 인간다운 모습이 있었다.

신학교 졸업 후, 김계용 목사는 네 교회를 목회했는데, 한국에서 두 교회(대구중앙교회, 무학교회), 해외에서 두 교회(브라질 상파울루 한인연합교회, 미국 나성영락교회)를 맡아 사역했다. 그중에서도 무학교회 목회는 그의 전성기였다고 볼 수 있고, 나성영락교회는 그가 오랫동안 쌓은 목회 경험을 토대로 하나님께 드린 마지막 열매였다고 말할 수 있겠다.

김계용 목사는 설교뿐만 아니라, 심방, 교육, 선교, 봉사 등 모든 면에서 탁월했다. 그와 오랜 시간을 함께했던 나성영락교회 김주영 장로는 김 목사가 보여준 섬김의 목회에 감탄하며 이런 추모글을 적었다.

> 목사님은 선한 목자요, 목자 중의 목자이셨습니다. 목사님께서 17년 전 저희 교외에 부임하실 때 저희 교인들은 대부분 이민생활을 갓 시작하던 어려운 형편이었습니다. 그때 목사님은 우리 교인들을 일일이 심방하시면서 위로와 용기를 주셨습니다. 어떤 가정은 목사님의 심방이 그들이 교회에 출석한 수보다 더 많았다고 들었습니다. … 먼 길 떠나실 땐 병자를 위해 기도해 주셨고 피곤한 모습이면서도 돌아오시는 공항에서 직접 병원으로 먼저 환자를 찾아가시곤 하셨습니다. 주일과 삼일 저녁에는 은혜로운 하나님의 말

쏨으로 권면해 주셨고 이민 생활로 고달픈 우리의 마음을 포근하게 이끌어 주시곤 하셨습니다. 우리는 목사님의 말씀으로 힘을 얻을 수 있었습니다(내가 본 김계용 목사, 231-232).

그의 탁월함은 하나님의 말씀과 진심 어린 성도의 사랑에 따른 것이었다. 이제 김계용 목사가 섬겼던 네 교회를 돌아보자.

1. 대구중앙교회 (1953-1960)

김계용 목사는 신학교를 졸업한 후, 1953년에 대구중앙교회에서 전도사 사역을 시작했다. 1956년 목사 안수를 받고 부목사가 된 후, 그는 곧 당회장으로 취임하여 1960년까지 7년을 시무하게 된다. 정규 신학을 공부하고 맡은 첫 임지였다. 여기에서 그는 탁월한 목회자임을 증명하게 되는데, 성도들은 그를 권위적인 목회자라기보다는 사랑의 목회자로, 엄격한 성직자라기보다는 그리스도 안에서 한 형제로 대하게 된다. 그만큼 김 목사는 사람들에게 쉽게 다가가는 목회자였고, 노인뿐만 아니라 어린아이들까지도 다 사랑했다. 중앙교회가 '학생 문학의 밤'을 주최하면 대구 시내 학생들이 다 몰려올 정도였다고 하니, 학생들을 향한 김 목사의 열심과 사랑을 엿볼 수 있다. 또한, 김 목사의 설교는 쉽고 교육적이어서 유치부 아이들까지도 목사님의 설교를 경청했다고 한다(『김계용 목사 전집』 6, 190).

중앙교회에는 김계용 목사를 지원하고 키워준 훌륭한 선배 목사가 있었다. 당시 담임이었던 김지석 목사이다. 김계용 목사의 탁월성을 감지한 김지석 목사는 조용히 사표를 내고 교회를 떠난다. 청주 중앙교회로 가기로 되어 있었던 김계용 목사에게 당회장 자리를 넘겨주고 싶었던 것이다. 4년 후 김계용 목사가 무학교회로 가게 될 때 김지석 목사가 다시 대구중앙교회로 돌아오는데, 이것을 통해 후배를 키워주고 싶은 선배 목사의 아름다운 마음을 보게 된다.

2. 무학교회 (1960-1967)

김계용 목사는 대구중앙교회에서 30대를 보내고, 40대는 무학교회에서 보내게 된다. 그 당시 무학교회는 너무나도 심각한 분쟁으로 교회가 거의 둘로 나누어져 있었다. 김 목사가 부임하기 5년 전, 무학교회는 새 예배당 입당 기념으로 부흥회를 개최했는데 이때 설교는 김창인 전도사(현 충현교회 원로)가, 안수 기도는 박태선 장로가 맡았다. 부흥회 후, 일부 교인들이 박태선 장로의 안수와 안찰 집회에 다니며 교인 간에 파벌을 만들었다. 담임목사까지 합류한 은혜파는 본당에서 예배를 드리고, 조용히 예배를 드리길 원했던 경건파는 장로들과 함께 아래층에서 예배를 따로 드리는 심각한 사태에 이르게 되었다. 결국, 당회장 면직, 일곱 명의 집사 제명 처분 등 복잡한 상황까지 가게 되는데, 이런 와중에 김계용 목사의 청빙이 이루어진 것이다.

한때는 400명까지 모이던 교회가 170명으로 줄고, 성도들의 영적 상태는 가뭄으로 갈라진 땅과 같았다. 어느 누가 부임해도 암담하기만 했던 상황 속에서 김계용 목사의 리더십이 드러나기 시작했다. 싸움에 지쳐있던 성도들은 오랜만에 선한 목자 상을 보게 된다. 김 목사는 무학대 일대에 천막을 짓고 하루 벌어 하루 먹고 사는 가난한 성도들을 심방하며 하나님의 말씀으로 위로했다. 그때 김 목사에게서 받은 사랑을 평생 잊지 못하는 황종숙 권사의 간증을 들어보자.

당시는 남편이 실직하여 술만 마시고 집에도 안 들어왔다. 아이가 여섯이었는데 매우 가난했다. 새벽기도 때마다 회개하며 많은 은혜를 받았는데 어느 날 하루 새벽기도회를 못 나갔다. 그런데 그날 목사님이 새벽기도회를 끝내고 심방을 오셨다. 쌀이 떨어져 아이들과 함께 밥을 못 끓이고 있었는데 그때 돈 200원을 주면서 쌀 사다가 아이들 밥해 주라고 하셨다. 그때 돈으로는 상당히 큰돈이었다. 지금까지도 그 은혜를 잊지 못한다.

목사님은 양들을 내 자식같이 사랑하셨다. 목사님한테 '전도하라, 회개하라' 하는 얘기 저는 못 들어 봤지만 김 목사님의 설교는 그의 생활 자체이기 때문에 그저 순순하게 말씀을 전해도 은혜가 저절로 되었다. 그때는 새벽기도회에 오려고 층계 하나만 짚으면 눈물이 왈칵 쏟아졌다. 그렇게 교회에 은혜가 충만했다. 김 목사님을 잊을 수가 없다. 내가 눈을 감아야 잊을까. 그 안에는 잊을 수가 없다(『김계용 목사 전집』6, 259).

어떤 교인은 김 목사를 "걸어 다니시는 예수님"으로 표현했다. 그가 만 3년 동안 무학교회에서 보여준 사랑의 목회는 진심에서 나오는 언행이 일치한 목회였다. 은혜파와 경건파로 나뉘었던 무학교회가 어느덧 김 목사의 사랑의 목회에 응답했다. 하나가 된 것이다. 교회는 다시 성장하기 시작했고 교회를 떠났던 교인들도 돌아왔다. 3년 후 김 목사가 교회의 배려로 미국 유학길에 올랐을 때, 교회는 두 배반으로 성장하여 있었다. 그리고 2년 후, 그는 덴버신학교에서 종교교육학 석사학위를 받고 귀국했다. 그 당시는 미국 유학을 다녀왔다는 것 하나로만도 목에 힘을 주는 세상이었지만 김 목사는 달랐다. 그는 한마디로 겸손한 사람이었다. 유학 갔다 온 내색을 전혀 하지 않고 오직 목회에만 충실했다. 당연히 교회는 안정권으로 들어갔고, 온 성도는 김 목사를 절대적인 신임 속에 따랐다.

김 목사에게는 목회의 전성기라고 말할 수 있을 무학교회 시무 중, 또 다른 도전이 그의 문을 두드렸다. 1967년 어느 날 총회 외지 선교부 부장으로 있었던 한경직 목사가 만나자고 요청을 한 것이다. 이유는 남미 브라질 상파울루에 사는 교포들이 교회를 시작하려고 하는데 갈라진 교포 사회를 하나로 묶을 수 있는 목회자를 보내달라는 요청이 있다는 것이었다. 한경직 목사는 무학교회의 김계용 목사를 생각했다. 김 목사 같은 사람이라면 험한 브라질 이민 목회를 충분히 감당할 수 있을 것이라는 확신이 있었던 것이다. 물론, 무학교회 제직들은 거세게 반대했다. 왜 우리 목사님을 가라고 하느냐는 것이었다. 그러나 그때 김 목사는 만일 이것이 하나님의 뜻이라면 안정된 목회지를 내려놓아야 한다는 믿음을 가졌다. 드디어 총회 선교부의 명령에 순종하겠노라는 선언과 함께 정든 무학교회를 작별한 김 목사는 브라질 이민 목회의 길을 떠나게 된다.

하나님께서는 무학교회에서 갈라진 파벌을 하나로 묶는 일에 이미 검증된 김 목사를 상파울루에서도 사용하실 계획이 있으셨다. 김 목사가 앞으로 5년 동안 일어날 시련이 얼마나 혹독한 것인지를 조금이라도 알았더라면, 아마도 그는 브라질행을 재고했을 것이다. 왜냐하면, 김 목사는 두고두고 브라질 이민 목회가 그의 생에서 가장 힘든 기간이었다고 말했기 때문이다. 그러나 하나님께서는 김 목사가 가야 할 길을 미리 아시고 무학교회에서 그를 철저히 준비시키셨던 것이다.

3. 브라질 연합교회 (1967-1974)

인생의 의미 있는 열매를 맺기 위해서는 반드시 연단의 시간을 거쳐야 한다. 김계용 목사는 그의 목회 40년을 돌아보며 브라질 목회 5년이 가장 힘들었다고 고백한다. "브라질에서는 오장육부를 빼놓고 살다가 미국으로 와서야 다시 집어넣었다"라고 말할 정도였으니 대충 짐작이 간다. 브라질 목회는 한 마디로 지옥이었다. 고향을 떠나 머나먼 타국 땅에서 뿌리를 다시 내린다는 것은 보통 힘든 일이 아니다. 온갖 스트레스가 쌓이게 마련인데, 문제는 이 스트레스를 엉뚱한 방법으로 풀려는 데 있다. 서로에게 깊은 상처가 되는 말을 하고 패를 가르는 일들이 생겼다. 브라질 이민자의 숫자는 늘어났지만, 이민 사회는 하나로 뭉치지 못했다.

지금 생각하면 웃음이 나올 정도로 코믹한 이야기이지만, 그 당시 장본인들에게는 매우 심각했다. 일단 브라질 교포 사회는 크게 신구파로 나누어졌다. 1960년대 배를 타고 일찍이 바다를 건너온 이민자들은 구파이고, 나중에 비행기를 타고 온 사람들은 신파로 나뉘었다. 신파는 구파의 권위를 인정하지 않고, 구파는 신파를 얕잡아 보며 서로 맞서는 상황이 벌어졌다. 결국 문제는 기득권의 다툼이었다(강윤만, 15). 이런 식으로 이민 사회가 분열하는 모습이 너무나도 추했고, 한인들의 이미지도 함께 추락하는 안타까운 상황이었다. 이런 다툼은 교민 사회뿐만 아니라 이민 교회 안에서도 일어나고 있었다.

이때 아르헨티나 집회를 마치고 잠시 상파울루에 들른 한경직 목사는 영락교회 출신 강윤만 장로를 불러 신구파의 화합을 위해 노력할 것을 권면했다. 이에 강 장로는 믿음직한 목사를 보내달라고 한경직 목사에게 부탁했다. 한 목사의 심중에는 아수라장이었던 무학교회를 아름답게 평정한 김계용 목사가 적격이라는 생각이 들었다. 물론 김계용 목사가 거절할 수 있겠지만, 만일 이것이 하나님의 부르심이라면 그가 응할 것이라는 확신이 있었다.

그렇게 되어 김계용 목사는 브라질로 가게 되었고 그곳에서 무학교회의 경험을 살려 브라질의 신구파를 사랑으로 아우르며 인격적인 목회를 하게 된 것이다. 김계용 목사를 청빙했던 강윤만 장로는 김 목사와 같은 인격적인 목회자를 평생 잊지 못한다고 했다.

> 김계용 목사님은 브라질에서 목회하는 동안 처음부터 끝까지 어느 한쪽으로 치우치지 않고 원칙을 지키며 공정성을 유지했다. 어느 한 편으로 기울어지지 않고 묵묵히 목사로서의 걸어야 할 길을 걸어가는 모습이 나에게 적지 않은 감동을 주었을 뿐만 아니라 교포 사회에도 긍정적으로 비치게 되었다. … 김 목사님은 언제나 잔잔한 미소와 과묵한 성격으로 상대방이 돌을 던지면 솜으로 받아 내는 마음의 여유가 있었고 누가 뭐라고 해도 잘 견뎌 내는 사랑과 인내의 소유자였다. 그는 누구에게나 깊은 포용과 관용으로 사랑하였으며, 말씀으로 갈고 닦아 끝내는 '모두의 승리'를 이끌었다. (강윤만, 155)

신구파로 나누어져 서로 물고 뜯는 상황에서 김계용 목사의 전략은 한 목표를 향해 가도록 분명한 방향을 제시한 것이다. 교회가 한 가지 목표를 향해 모두 함께 나갈 때 분쟁은 사라지게 될 것이라는 확신 속에 그는 성전 건축을 추진했다. 자신도 박봉으로 시달렸지만 솔선수범해서 월 2백 달러의 사례비를 전부 내놓았다. 앞으로 6개월분을 헌금하겠다고 했다. 목회자의 진지한 마음을 읽은 교인들이 하나둘씩 성전 건축에 동참하기 시작했다.

김계용 목사의 제안에 반대했던 사람들에게는 시종일관 침묵했다. 누가 아무리 비판을 하거나 오해를 해도 변명 한마디 하지 않고 묵묵히 성전 공사에만 전념했다. 항간에는 김 목사가 시멘트 20포대를 횡령했다는 소문이 자자했지만, 그것 역시 다 헛소문으로 판명이 났다. 서서히 목회자의 마음을 깨달은 성도들은 하나로 뭉치기 시작했고, 지옥과 같았던 브라질 목회도 어느덧 기쁨과 감사의 토양으로 변해가고 있었다. 교회뿐만 아니라 브라질 교포 사회에서도 김계용 목사를 존경했다. 극심히 어려운 상황에서도 김 목사는 성실과 인내로 최선을 다했다. 한마디로 그의 목회는 인격적인 목회였다. 온 정성을 다해 하나님과 하나님의 백성을 섬겼기 때문에 가는 곳마다 아름다운 열매를 맺었다. 북에 두고 온 가족의 생사를 모르는 사람에게는 어떠한 싸움도, 사리사욕도 별 의미가 없었다.

인생에서 만남이란 너무나 중요하다. 누구를 만나느냐에 따라 그의 인생이 결정된다. 김계용 목사의 인생에서도 그가 만난 여러 사람들이 그의 앞길을 인도하였다. 특별히 아래 두 사람과의 만남이 중요했다. 첫째는 한경직 목사, 그리고 둘째는 강윤만 장로다.

한경직 목사와의 인연은 신의주 제2 교회로 돌아간다. 그 당시 북한에서는 가장 큰 교회로 알려졌었는데, 교사 출신 김계용은 신학교육을 받지도 않은 채 이 교회의 전도사로 임명되어 한경직 담임목사와 첫 친분을 맺게 된다. 그가 개성을 탈출해 서울에 왔을 때, 한경직 목사의 도움으로 전쟁고아를 돌보는 일을 하게 된다. 이렇게 시작된 두 사람의 관계는 평생 가게 되는데 김 목사가 브라질 교포 선교사로 파송될 때나, 나성영락교회에 부임할 때나 한경직 목사의 보이지 않는 뜨거운 기도가 있었다.

강윤만 장로와의 관계는 아주 특별하다. 강 장로는 김계용 목사보다 한 살 위였고, 그 역시 이산가족으로 두 살 된 딸과 어머니를 북에 남겨두고 생이별을 해야 하는 아픔을 겪은 동지였다. 평양에서 태어나 전쟁 중 피신차 서울에 오게 된 그는 한경직 목사와 함께 영락교회를 시작하였고, 1958년 38세의 나이에 장로로 피택이 되어 교회를 섬겼다. 강 장로는 1964년 브라질 이민단 첫 세대의 일원으로 브라질에서 농장을 하며, 1967년 김계용 목사를 초청하게 된다.

미국으로 다시 터전을 옮긴 강 장로는 1973년 나성에서 영락교회를 창립하며 다시 한 번 김계용 목사를 청빙하게 된다. 돌아보면 그는 브라질과 미국으로 김계용 목사보다 한 발 먼저 가면서 김 목사의 사역을 준비한 세례요한과 같은 사람이었다고 볼 수 있다. 그렇기에 강윤만 장로가 보고 평가한 김계용 목사의 진실한 삶과 목회는 권위 있는 평가라고 말할 수 있다.

4. 나성영락교회(1974-1989)

하나님께서 그에게 마지막으로 허락하신 목양지는 나성영락교회였다. 이 교회를 담임하여 16년간 생활하며 목회 생활 40년, 독신 생활 40년을 마무리하게 된다. 말씀과 기도로 세워진 나성영락교회는 1973년 성인과 어린이를 합하여 39명으로 시작하였는데 1년 후 김 목사를 담임목사로 청빙해서 그가 은퇴할 때까지 5천 명의 교회로 괄목할만한 성장을 하게 된다. 여기에는 김 목사의 탁월한 영적 지도력이 한몫했다. 온 교우의 영적 성장에 관심을 두고 사랑과 화목의 목회를 펼쳐간 것이다. 앞서 말한 바와 같이 특히 그의 설교는 이민생활로 고달픈 심령을 포근히 만져주고 위로해주는 탁월한 설교였다.

　김 목사의 교육에 대한 시각은 남달랐다. 이북에서 교편생활을 시작으로 이남에서 전쟁고아들을 돌보았던 일, 대구에서 유년 주일학교 어린이와 청소년에게 가졌던 관심, 무학교회와 브라질에서 보였던 교회교육의 강조는 이제 나성영락교회의 교육부를 튼튼히 세우는데 자연스러운 배경이 되었다. 특히 그는 이민 차세대의 자녀교육에 매우 열정적이었다. 이민 1세대는 물러갈 텐데, 누가 이 교회를 맡을 것인가? 한국인으로서의 얼과 긍지를 심어주는 동시에 미국 문화권에서 살아가는 이중적 정체성을 넣어주어야 한다고 자신의 분명한 교육철학을 말했다. 김계용 목사와 10년 가까이 동역하면서 나성영락교회의 교육을 책임졌던 박광자 전도사는 김 목사의 교육철학을 정리하면서, 김 목사가 본 기독교 교육의 목적, 기독교 교육의 기본적 요소를 설명했다.

> 기독교 교육의 목적은 첫째는 예수 그리스도를 믿고 구원함을 얻게 함이요 (신앙인이 되는 것), 둘째는 모든 선한 일을 하기에 온전케 함이라(성숙한 신앙인이 되는 것, 딤후 3:15-17).

또한, 기독교 교육의 기본적 요소는 하나님과 인간이라. 사람이 하나님과 예수 그리스도를 배우고 사귀는 친밀한 생활을 하도록 지도함으로써 인간은 성화 되고 하나님께는 영광이 된다. … 하나님의 영광과 인간의 성화를 달성코자 노력하는 것이 곧 기독교 교육이라(내가 본 김계용 목사, 183).

| 나성영락교회 도서관에 걸려 있는 김계용 목사의 명언

김 목사가 평소 즐겨 사용한 표현은 '우리 교회 교육부는…'이었다. 교회 교육에 항상 전폭적인 지지를 아끼지 않았고, 차세대에 대한 비전을 늘 강조했다. 그 결과, 나성영락교회 2세들을 중심으로 영어 목회가 크게 성장했고, 교회로 독립한 영락 셀레브레이션 교회는 현재 나성영락교회와 한 캠퍼스를 사용하고 있다. 이 교회는 북미 한인 이민 교회 중에서 가장 많은 2세가 모여 회중을 이룬 교회이기도 하다. 이렇게 되기까지 차세대를 향한 김계용 목사의 비전이 밑거름이 되었다고 할 수 있다.

나성영락교회는 큰 어려움 없이 지속적인 성장을 경험했는데, 거의 김 목사의 목회적 리더십 덕분이었다. 그 리더십은 겸손과 인내에서 출발했다. 김주영 장로의 고백을 다시 들어보자.

회의 때나 혹은 사사롭게 우리가 목사님의 마음을 아프게 해드린 일이 종종 있었을 때도 목사님은 침묵하셨고, 홀로 조용히 기도하심으로 인내하시면서 이해와 사랑으로 모든 것을 덮어주셨습니다. 목사님의 이러한 겸손하신 인격과 눈물의 기도가 있었기에 오늘 우리 나성영락교회는 화목한 교회가 될 수 있었습니다. 우리는 그러한 목사님의 신앙 인격을 대함으로써 우리도 화해자의 참모습을 배워왔습니다(내가 본 김계용 목사, 232).

김계용 목사는 교회 안팎에서 진심으로 존경받는 목회자였다. 그는 싸우고 갈라지는 이민 교회가 화합하고 서로를 축복하는 건강한 교회가 될 수 있다는 것을 우리 모두에게 보여주었다.

나만 사랑해 준 목사님

김계용 목사는 진정한 목회자였다. 그를 아는 동료 목사들은 그를 목회자 중에서도 목회자, 진정으로 목회자다운 목회자로 평가한다. 그에게 남다른 목회 비법이 있었을까? 그에게 남이 갖고 있지 않은 신비한 지식이나 영적 체험이 있어서 그랬을까? 김 목사를 아는 사람들은 그렇게 말하지 않는다. 굳이 김 목사에게 '비결'이 있다면 그것은 목회의 기본에 충실했다는 점이다. 그는 시종 목회라는 한 우물만을 팠다는 점을 기억해야 한다. 특히 그는 목회에서 설교와 심방을 가장 중요시했다. 그래서 그의 목양을 받은 교인들은 한결같이 "우리 목사님은 나만 제일 사랑해요"라는 말을 했다. 이것은 그가 담임목사로 섬긴 네 교회 모두에서 이구동성으로 나온 고백이다. 모든 성도가 나만 특히 사랑을 받고 있다는 느낌을 받도록 한 비결은 도대체 무엇일까?

　이렇게 성공하는 목회의 비결을 말하려는 그 자체가 부끄럽다. 성공주의에 빠진 우리는 방법이나 기술에 관심이 많다. 누가 성공했다 하면 그 비결이 무엇인지 알아내어 빨리 그 방법이나 기술을 답습해서 성공하려고 한다. 그러나 그 비결이 삶 자체라면? 김계용 목사가 보여준 모범적인 목회에는 기술과 전략이 들어있지 않다. 그는 진실을 말했고 진실한 사랑을 실천했다. 그렇다. 그에게 뛰어난 점이 있었다면 그것은 진실한 삶, 실천하는 삶, 특별히 사랑이라는 위대한 명령 앞에 순종하며 때를 얻든 못 얻든 성도 한 사람 한 사람을 진실하게 사랑한 것이다. 이런 '비결'을 배우고 싶다면 방법이나 기술을 논하는 책에서 찾아서는 안 된다. 바이러스 옮기듯 신실한 목회자 밑에서 목회 수업을 통해 배우는 길밖에 없다. 만일, 직접 배울 수 있는 기회가 없다면, 진실한 목회자의 전기(傳記)를 통해서라도 배워야 한다.

　김 목사는 심방이 필요하다면 한밤중에도 달려가는 목회자로 유명했다. 대구중앙교회에서 목회할 때도 그는 자전거를 타고 온갖 먼지를 뒤집어쓰며 어려운 가정을 심방하며 격려하고 위로했다. 브라질연합교회에서 시무할 때도 타국살이에 지친 성도들을 일일이 심방하며 내 식구처럼 아픈 심정을 헤아리며 기도해 주었다. 이런 사랑을 받았기에 성도들은 "우리 목사님은 나만 사랑하신다"라는 말을 서슴없이 할 수 있었다. 김계용 목사에게는 목양 자체가 그에게 주신 최대 사명이었고 그의 심방은 참으로 진심에서 우러나오는 사랑의 최고 표현이었다.

　그에게는 이런 표현이 한순간의 생각이 아니라, 뼛속까지 배어있는 철두철미한 목회관이었다. 아마도 본인 자신이 사랑하는 가족과 헤어져 살면서 누구보다 더 사랑에 굶주려있었고, 사랑의 소중함을 처절하게 깨달았기 때문에 외로운 사람을 이해하고 사랑했던 것이 아닐까. 그는 한 마디로 사랑의 챔피언이었다.

40년간의 수절

김계용 목사의 생애 가운데는 40년간의 수절이라는 보통 사람들이 상상할 수 없는 엄청난 고난이 있었다. "곧 돌아올게" 하며 잠시 헤어졌던 것이 40년간의 작별이 될 줄은 몰랐다. 김계용 목사는 여러 차례 재혼 제안을 받았다. 주위에서 홀로 지내는 김 목사를 딱하게 생각하며 재혼하라고 한 것이다. 그때마다 김 목사는 신의주 형무소 담장을 매일 밤 어루만지며 속히 남편이 나오게 해달라고 애절하게 기도하던 아내의 모습을 잊을 수가 없었다. 지금은 장성했을 네 자식의 모습도 눈에 아른거렸을 것이다. 김 목사는 끝까지 남편 없이, 아버지 없이 살아가는 가족에게 미안한 마음을 가졌고, 다시 만날 기대 속에 평생을 독신으로 살았다. 목회 가운데 아내가 항상 옆에 있다는 생각으로 아내 몫의 헌금과 여선교회 회비도 챙겨서 냈다. 아내 생각이 강하게 나면 울적한 마음으로 아내가 좋아했던 '울 밑에선 봉선화야'를 불렀다. 오르간도 함께 울었다.

아내와 작별한지 만 40년이 되던 1990년 8월, 그는 드디어 북에 있는 식구들을 만나기 위해 결단을 하게 된다. 목회에서도 은퇴했기에 홀가분한 마음으로 개인사를 챙길 시간과 여유를 갖게 된 것이다. 사랑하는 나성영락교회 성도들의 뜨거운 배웅을 받으며 그는 북으로 출발했다. 아내가 살아있다는 그 자체가 기적이 아니었던가? 이제 곧 4남매도

만날 것이라는 기대를 하고 갔는데, 막상 가 보니 부인 이진숙 사모와 세 살에 헤어진 막내아들 광훈이만 그를 기다리고 있었다. 그 위로 삼 남매는 전쟁 때 폭격으로 죽었다는 소식을 아내를 상봉하러 가던 길에 차 안에서 안내원이 말해주어서 알게 되었다. 아내는 차마 그 말을 못했고, 김 목사 역시 말을 꺼내지 않았다.

40년간의 수절은 김계용 목사만이 아니라 이진숙 사모도 했다. 아니, 어떻게 보면 남편보다 더 애타게 기다리며 돌아오기만을 바랐다. 행방불명 된 남편에, 삼 남매마저 폭격으로 잃어버린 아내 이진숙은 도저히 견딜 수 없는 심정으로 소망 없이 살아야 했다.

아무 희망 없이 살던 나는 한 줌 바람에도 날아갈 것처럼 야위었고 제대로 일할 만큼도 안 되었기 때문인지 정부에서는 그대로 나를 친정집에 빌붙어

| 1990년 8월 28일, 40년 4일 만에 다시 만난 아내 이진숙 사모와 막내아들 광훈. 옆으로 며느리, 양 옆으로 두 손녀와 함께

먹고살게 내버려 뒀다. 희망이 하나 있다면 막내 광훈이를 잘 길러 그가 약속대로 돌아오는 날 '할 말이 조금이라도 있는 여인'으로 나서는 것이었다. 광훈이, 그분은 이 아이가 태어났을 때 무척 기뻐하며 '세상 빛이 되어 주위를 밝게 비치는 사람이 되라'는 뜻이라며 이름을 그렇게 지었다(『김계용 목사 전집』 5, 399).

지난 40년간의 고생과 시련을 잘 말해주듯 아내는 칠순이 아니라 팔순 노인의 얼굴을 하고 있었다. 고생한 아내의 손을 꼭 잡은 김 목사는 "미안하오", "고맙소"를 번갈아 말하며 4박 5일을 지냈다. 그 후 그는 심장마비로 세상을 떠났다. 아내와 금강산을 가겠다던 약속도 뒤로 하고 부부는 이제 영영 만나지 못할 사별을 한 것이다. 급작스러운 죽음의 비보를 접한 사람들은 한때 시끌벅적 타살은 아닌가 하며 온갖 의혹을 제기했지만, 지금은 모두 다 역사 속으로 사라졌다.

전기를 읽으며 내내 마음이 쩡했다. 한번 사는 인생인데 왜 이렇게 힘들었어야 했나? 전쟁이 무엇이고 이데올로기가 무엇이기에 이런 비극을 초래해야 하는가? 평생 홀로 지내며 이북에 두고 온 식구를 그리워했던 김 목사 마음을 누가 헤아릴 수 있다는 말인가?

"목회가 나의 소명이라고 믿어 목회 하나만의 우물을 팠다"라고 말하는 그는 아내 없이 40년간 고독한 목회를 했다. 아이러니하게도 그가 훌륭한 목회를 할 수 있었던 이유 중에 하나는 가족과의 생이별이 아니었을까? 그는 커다란 것을 잃었기에 작은 것들을 놓기가 상대적으로 수월했을 것이다. 오늘날 많은 지도자들이 개인적인 욕심에 빠져 교회와 사회에 실망을 주고 있지 않는가? 권력에 대한 욕심, 재물에 대한 욕심, 명예에 대한 욕심… 이러한 것들을 포기하지 못해 추한 리더십을 보이고 있지 않는가? 김계용 목사는 가족이라는 너무나 커다란 것을 잃었지만, 오직 예수 한 분만을 보고 나갔기 때문에 오히려 목회에서는 큰 뜻을 이룰 수 있었다.

김 목사의 삶을 통해 우리가 배울 것이 있다. "이 세상도, 그 정욕도 지나가되 오직 하나님의 뜻을 행하는 자는 영원히 거하느니라"(요일 2:17). 김 목사의 40년 수절은 갈수록 문란해져 가는 21세기 성문화에서 우리가 흐트러져서는 안 된다는 것을 가르친다. 안타깝게도 일부 목회자의 부적절한 이성 관계가 많은 사람의 마음을 아프게 하고 있다. 성경은 제사장 엘리의 아들들이 심판을 받은 이유 중에 성적타락이 포함되어 있음을 증언하고 있다. 그들이 회막 문에서 수종 드는 여인들과 동침했다고 고발하며, 이를 간과한 아버지에게 큰 책임이 있음을 말한다(삼상 2:22-24). 오늘도 사탄은 성적인 문제로 교회를 무기력하게 만들고 궁극적으로는 파괴하려 한다. 김 목사는 이런 면에서 너무나도 깨끗했다. 여신도가 목회자를 상담해야 할 때는 반드시 조카나 형수를 동석했다. 그리고 구설에 오를 어떠한 소문도 나지 않도록 각별히 주의했다. 그 결과 목회 40년, 수절 40년의 세월 동안 그는 한 번도 부적절한 소문으로 교회에 피해를 준 적이 없다. 물론, 외롭고 힘든 자신을 지킨 것은 두말할 나위도 없다.

김계용 목사의 삶에 대한 최종적 요약과 평가는 그의 멘토이자 가이드였던 한경직목사의 추모 글이 가장 적절하다고 여겨진다.

김 목사님은 참된 그리스도의 종이었다. 그의 생활이 그러하였고, 그의 성경해석이 그러하였고, 그의 설교와 삶이 그러하였다. 북한에 가족을 두고 이남에 내려와 재혼한 이들도 많다. 그러나 김 목사는 독신으로 일생을 외롭게 사셨다. 사도 바울의 "내게 사는 것이 그리스도니, 죽는 것도 유익함이니라"(빌 1:21)는 말씀 그대로이다.

그의 삶은 바르고 깨끗하였고, 오직 주님만 중심으로 살고 말하고 목회하신 것이었다. 그의 삶은 아름다웠고, 그 향기는 후세에 길이길이 남을 것이다. 지금은 그이가 평소에 소원하던 주님을 직접 만나 "착하고 충성된 종아" 하는 말씀을 들으면서 하늘나라에서 축복받고 계실 것이다(내가 본 김계용목사, 31).

오늘도 교회는 참다운 지도자, 참다운 목자를 찾고 있다. 교회가 찾는 지도자는 방법이나 기술 면에서 탁월한 지도자가 아니다. 무엇보다도 하나님 말씀에 입각해서 진실하게 양무리를 섬기려는 사랑의 목회자를 찾고 있다. 김계용 목사와 같은 목사가 바로 우리가 찾고 있는 진실한 목자다.

참 고 문 헌

강윤만,『지금까지 지내 온 것 주의 크신 은혜라』, 목양사, 2014.
『나성영락교회 20년사』, 나성영락교회 교회사편찬위원회, 1996.
나성영락교회,『내가 본 김계용 목사』, 보이스사, 1991.
박명순,『김계용목사 전집, 제5권, 여보! 곧 돌아오리다. 그리고 40년 ...』, 광야, 1998.
박희성,『김계용목사 전집, 제6권, 독신 40년, 목양 40년』, 광야, 1998.
정경진,『주여! 제가 먼저 회개합니다』, 예영, 2011.

김찬국 1927-2009

사 회 적 신 앙 인 의 발 자 취

" 구약학자로서 예언서가 전공인 김 교수님은
자신의 '앎'을 '삶'으로 드러내신 분이다.
2,500년 전 팔레스타인 거친 땅에서 활동했던 예언자들처럼
김 교수님은 혼동의 역사 한가운데서 우리 사회의 불의에 항거하며,
하나님의 심판의 메시지를 거침없이 내뱉으신 분이다.
동시에 우리 사회의 구원을 노래하며 사회적 약자들을 위로하고,
하나님의 사랑의 메시지를 끈질기게 몸으로 실천하신 분이다. "

김찬국, 시대의 예언자

민경식

민주화의 거장, 우리 곁을 떠나다

이른 아침에 어머니에게서 전화가 왔다. 황급한 목소리였다. "애야, 김찬국 교수님께서 위독하시다는구나. 아버지가 지금 해외출장 중이시니, 네가 나랑 지금 당장 가 뵈어야겠다." 전화를 끊자마자, 나는 주섬주섬 옷을 차려입었다.

김찬국 교수님은 내게는 할아버지와 같은 분이시다. 어려서부터 매년 1월 1일이면 으레 아버지, 어머니를 따라 주위 어른들께 인사를 다녔는데(당시에는 음력 1월 1일이 설날이 아니라 양력 1월 1일인 신정이 가장 큰 명절이었다), 가장 먼저 찾는 집이 문상희 교수님 댁이었고, 점심시간에 맞춰 찾는 집이 김찬국 교수님의 연희동 자택이었다. 당시 김찬국 교수님이 살던 주택은 지금 연세대학교 남문에서 오른쪽으로 꺾어 약 200m쯤 가다 나지막한 언덕을 오르면 골목 안쪽에 있었던, 철 대문이 커다란 집이었는데 마당이 아담했다. 어린 나는 김찬국 교수님께 세배하는 것을 좋아했다. 어떤 분보다도 세뱃돈을 두둑하게 주셨기 때문이다. 물론 어린 나는 당시 해직교수가 무엇을 의미하는지 전혀 알지 못했다. 세뱃돈은 늘 사모님께서 챙겨주셨는데(아마도 경제권을 사모님께서 쥐고 계셨던 듯하다), 사모님께서는 내가 다 큰 다음에도 만날 때마다 용돈을 챙겨주시곤 했다. 아무리 손사래를 쳐도 내 주머니에 꼬깃꼬깃 만 원짜리 몇 장을 넣어주셨다. 무엇이든 더 챙겨주시려는 넉넉한 마음씨를 가지신 분들이다. 고정적 수입이 없었던 해직 시절에도 교수님의 가방에는 늘 두둑한 돈봉투가 있었다. 다른 해직교수들이나 경제적으로 어려운 학생들을 만나면, 스스럼없이 봉투에서 만 원짜리 몇 장을 꺼내주시곤 했다는 이야기는 유명하다.

어머니를 모시고, 급히 김찬국 교수님의 자택을 향해 차를 몰았다. 그

| 김찬국 교수의 장례식이 창천교회에서 열렸다.

러나 지금 가는 곳은 연희동이 아니다. 몇 해 전에 성산동 쪽 아파트로 이사하셨기 때문이다. 김찬국 교수님께서는 이미 10년 전부터 누워계셨다. 고문의 후유증이라고들 했다. 이미 몸은 야윌 대로 야위셔서 40kg도 나가지 않으셨다. 그 모습을 보지는 못했다. 사모님께서는 누구든 찾아오는 것을 한사코 말리셨기 때문에, 오늘 김 교수님을 뵈는 게 몇 년 만인지 모르겠다. 몇 해 전, 아내가 어머니, 아버지를 모시고 김 교수님을 찾아뵈었을 때는 38kg밖에 되지 않으셨다고 한다. 만나면 어떤 기도를 어떻게 해야 할지 생각하며 차를 몰았다.

10시 30분경, 세브란스병원 앞을 지나는데 어머니의 휴대전화가 울렸다. 휴대전화에서는 사모님의 목소리가 희미하게 흘러나왔다. 집으로 오지 말라는 전화였다. 교수님께서는 막 돌아가셨다. 교수님 가시는 마지막 모습을 뵙지 못하고, 차를 세브란스병원 장례식장으로 돌려야 했다. 당시 세브란스 장례식장에는 김대중 전(前) 대통령의 빈소가 마련되어 있었다(김 전 대통령은 하루 전날 돌아가셨다). 우리나라 민주화의 두 거장이 나란히 세브란스에서 마지막으로 만나서 함께 우리 곁을 떠나셨다. 2009년 8월 19일이었다.

삶으로 가르침을 주신 참 스승

아버지의 스승인 김찬국 교수님은 나의 스승이 되셨다. 내가 대학에 입학했을 때, 김 교수님은 두 차례에 걸친 해직생활 10년 후에 복직하셔서, 몇 년째 강의를 하시던 중이었다. 당시에 교학부총장을 지내고 계셨지만, 학생들을 가르치는 일을 결코 소홀히 하지 않으셔서 그 흔한 휴강을 한 기억이 한 번도 없다.

물론 김 교수님은 명강사는 아니셨다. 고인에게는 참으로 죄송하지만, 지금 생각해도 강의하실 때 결코 달변은 아니셨다. 그렇다고 연구업적이 특출한 것도 아니었다. 그런데도 누구 하나 김찬국 교수님을 싫어하는 학생이 없었다. 수업시간에 학생들이 당황스러운 질문을 던지거나 공손하지 않은 태도를 보일 때도 목소리를 높이거나 화를 내시는 일이 없었다. 모르거나 난처한 질문을 받으실 때면, 우선 얼굴이 붉어지셨다. "허허허, 그건 다음 시간에 말씀드리겠습니다." 그러나 다음 시간에 대답을 들은 기억이 별로 없다. 그래도 우리는 김찬국 교수님을 가장 존경했다.

나는 결혼을 조금 일찍 한 편인데, 김찬국 교수님께서 주례를 서주신 것을 본 우리 신학과 동기들이 많이들 부러워했다. 그 가운데 여럿이 나를 통해서 김 교수님께 주례를 부탁드리기도 했다. 지금도 우리 동기들이 모이면 빠지지 않는 화두가 김찬국 교수님이다. 결론은 늘 똑같다. "삶으로 가르침을 주신 참 스승!"

김 교수님 수업 시간에 배운 학술적 내용은 별로 기억에 남는 게 없다. 세월이 많이 흘러서거나 내 기억력이 부족한 탓일 게다. 그러나 그분께 수업을 들은 학생이라면 평생 잊지 못할 것이 두 가지 있다. 하나는 첫인사다. 매 수업 시간 시작 때마다 교수님은 단상에 오르면, 우선 탁상 옆에 똑바로 서서, 자리에 비스듬히 기대앉아있는 학생들에게 정중하게 고개를 숙이고 인사를 하셨다. "안녕하십니까!" 권위주의와는 거리가 먼 분이셨다. 학생들과 단체로 식사할 일이 있으면, 절대로 학생들이 갖다 드리는 밥을 드시지 않았다. 교수님은 직접 식판을 들고 긴 줄 맨 끝에 가서 서셨다. 그러니 자리에 미리 앉아있던 후배 교수들도 일어나 줄을 서지 않을 수 없었다. 교수님의 수업에서 잊지 못할 또 하나는 '시편 23편'이다. 수업 시작할 때마다 우리는 "The Lord is my shepherd"를 합창했다. 여기서 'Lord'는 길게 빼야 한다. 최소한 2초는 끌어줘야 한다. 그렇게 외운 시편 23편은 신약학도인 나에게도 가장 친숙한 구절이 되었다.

시험은 가혹했다. 문제가 따로 없었다. 교수님은 학생들이 책을 많이 읽도록 하셨는데(특히 원서를 많이 읽도록 시키셨다), 시험은 이번 학기에 배운 내용을 아는 대로 다 쓰라는 것이었다. 2시간 동안 B4용지 앞뒤로 3장은 써야 기본은 할 수 있었다. 혹시 다음 시간에 다른 시험이라도 있으면 낭패였다. 그렇게 두 시간을 정신없이 쓰다 보면, 펜을 쥘 수 없을 정도로 손이 저리게 되기 때문이다.

작은 자들에 대한 사랑과 섬김이 각별하셨던 분

김 교수님은 한 편으로는 수줍음이 많았다. 그러나 부끄러워서 못하시는 일은 없었다. 노래라도 부탁하면 빼는 법이 없었다. 얼굴이 붉어져서는 허스키한 큰 목소리로 부르셨다. 시인 윤동주의 〈서시〉에 곡을 붙인 노래를 특별히 좋아하셨다. 그 곡은 김 교수님께서 작곡가 한태근 목사에게 간곡히 부탁하여 탄생한 작품이다. 교수님은 그 곡을 널리 알리기 위해 꽤나 노력하셨다. 어디서나 기회가 닿는 대로 부르셨다. 멜빵끈이 달린 교수님의 까만 가죽가방 안에는 늘 '불온유인물들'과 이 노래의 악보가 들어있었던 것 같다.

교수님은 학생들에게도 먼저 인사를 건네는 분이셨다. "안녕하십니까? 김찬국입니다." 절대 스스로를 교수라거나 목사라 부른 적이 없다. 늘 "김찬국입니다"였다. 학생들을 만나면 으레 한 사람 한 사람에게 이름을 물으시고, 수첩에 적으셨다. "자네는 이름이 뭔가?" 그의 수첩에 10번도 넘게 이름이 적힌 동기도 있다. 그다음에 다시 만나면 또 물으신다. "자네 이름은 뭔가?" "수첩에 보시면, 열 번은 적혀있을 겁니다"라고 그 동기는 말했다. 워낙 많은 사람을 만나시는 분이니, 어찌 학생들의 이름을 다 외우실 수 있겠는가? 다만 수첩을 꺼내 일일이 학생들의 이름을 받아쓰는 정성은 작은 자들에 대한 사랑과 섬김의 마음이리라.

가정환경과 시대적 배경

김찬국 교수님은 1927년 4월 23일 경상북도 영주에서 태어나셨다. 때는 1919년 이후 일제의 식민통치가 문화통치로 이어지던 시기였다. 표면적으로는 일제의 압제가 약해지는 것 같았지만, 민족의 분열을 꾀하는 기만책이었다. 우리 국도가 일본의 상품시장으로 전락하고, 동시에 식자재 수탈이 심해지는 시기였다. 교수님이 태어난 1927년은 조선의 정치적, 경제적 해방과 독립을 위해 좌우익 세력(사회주의 진영과 민족주의 진영)이 의기투합하여 결성한 항일단체인 신간회가 결성된 해이며, 대한민국의 방송인 송해 선생(4월 27일)과 대한민국의 14대 대통령인 김영삼 전 대통령(12월 20일)이 태어난 해이기도 하다. 세계적으로는 훗날 클리블랜드의 첫 흑인 시장이 되는 칼 스토크스(6월 21일)와 뉴욕의 첫 흑인 시장이 되는 데이비드 딘킨스(7월 10일)가 태어난 해이다. 이때는 국내적으로나 세계적으로나 결코 안정된 시기가 아니었다. 1927년은 1차 세계

대전 이후 경제 대공황(1929년 10월)으로 가는 길목의 막바지였다. 1차 세계대전 이후 미국의 경제는 급격하게 팽창하는 것처럼 보였다. 전쟁의 승리로 미국에서 과잉자본이 형성되었으나, 소비할 주체를 찾지 못한 과잉생산은 불황으로 이어질 수밖에 없었다. 김찬국 교수님은 그러한 시대에 모태 신앙을 갖고 태어나셨다.

김찬국 교수님 집안에서는 아버지(김완식 장로)가 미션스쿨인 협성중학교에 입학하여 처음으로 기독교 신앙을 받아들였으며, 아버지의 영향으로 교수님의 할아버지(김호영 장로)와 증조할아버지가 말년에 기독교 신앙을 받아들였다. 말하자면, 김찬국 교수님이 태어나면서 이 집안은 벌써 4대째 기독교 집안이 된 것이다. 이제 그의 자녀들과 손자손녀들, 그리고 그들의 자녀들까지 기독교 신앙 가운데 태어났으니, 이 집안은 우리나라에서 보기 드문 7대째 기독교 집안인 셈이다.

| 김찬국 교수의 할아버지인 김호영 장로의 회갑연

집안에서 절대적인 권위를 갖고 계시던 할아버지 김호영 장로는 당신의 손자가 목사가 되는 게 소원이었다. 그래서 네 살짜리 손자 찬국이를 목사 만들기 위해 그때부터 온 정성을 쏟으셨고 일가친지들에게 매일 정오에 어린 손자를 위해 기도할 것을 명령하셨다. 언제 어디서 무슨 일을 하고 있든지 정오가 되면 모든 일손을 놓고 온 집안이 이 어린아이를 위해 기도했

| 연희대학교 신과 졸업

다. 결국 김 교수님은 연세대학교 신과에 입학하게 되셨고(1946년), 4년 뒤에는 대학원에 진학하셨다(1950년).

대학원에 입학하여 얼마 지나지 않아 전쟁이 일어났다. 그해 6월 25일, 북한은 38선 전역에 걸쳐 기습공격을 감행했고 순식간에 서울은 북한군에 점령되었다. 미처 피난을 떠나지 못한 김 교수님은 숨어 지내다가 북한군에 잡혔지만 극적으로 탈출에 성공하셨다. 당시 김 교수님의 아버지는 배화여학교 서무주임이셔서 교수님의 가족은 필운동에 있는 학교 사택에 살고 있었는데 북한군이 서울을 점령하사 거기서 쫓겨나 길 건너에 있는 방 두 칸짜리 집으로 옮겨야 했다. 김 교수님은 이 집의 지하 골방과 청량리 숙모 집을 옮겨 다니며 숨어 지내셨다. 여러 차례나 위기가 있었지만 기적적으로 발각되지는 않았다. 다음 해 9 · 28 수복 뒤에 김 교수님은 징집영장을 받고 입대하여 포병으로 한국전쟁에 참전하셨다.

김찬국 교수님은 제대 후에 대학원을 마치시고(1954년), 연세대학교에 전임교원으로 발령을 받으셨으나 유학의 길을 떠나셨다. 이듬해 유

니온신학교에서 STM 학위를 받고 귀국하여 후학 양성에 힘쓰셨다.

그러나 한국사회의 혼란은 순수한 성품을 지닌 김 교수님을 평범한 학자로 내버려두지 않았다. 4·19혁명(1960년)으로 되찾은 자유를 5·16 군사쿠데타(1961년)로 잃어버리게 되자, 지금까지의 삶에서 가장 열성적으로 힘을 쏟은 학업을 잠시 뒤로 하고, 교수님은 민주화운동의 고된 길로 들어서셨다. 학생처장의 신분으로 1962년의 학사고시 반대투쟁과 1964년의 한일굴욕외교 반대시위에 앞장서셨다. 물론 시위를 주도했기 때문에 교수님은 학생처장 보직을 사임하셨다.

1970년대의 대학가는 그야말로 군(軍) 주둔지라고 할 정도였다. 민주화의 성지인 연세대학교에는 군부의 탄압이 더욱 심했다. 백양로는 군 트럭이 점령하고 있었고, 학생회관에는 군인들이 수시로 진입하여 총학생회 간부들을 끌고 나와 폭행하고는 했다. 모두가 두려움 가운데 침묵하고 있을 때, 유독 김찬국 교수님만큼은 총으로 무장한 군인들의 행동에 맞서 싸우셨다. "왜 우리 학생들을 잡아가느냐!" 물론 교수님은 군인들에게 맞기도 하고, 땅바닥에 내팽개쳐지기도 하셨다.

| 포병시절

"교수님, 그때 얘기 좀 해주세요." 수십 년이 흐른 뒤에 철없는 제자들은 김찬국 교수님의 영웅담이 듣고 싶었다. 그때마다 교수님은 "무서웠다"거나 "사실 나는 한 게 없다. 용감한 분들이 앞

장섰고, 나는 그냥 뒤에서 따라갔을 뿐이다"라고 하셨다. 그러나 중앙정보부장이었던 김형욱의 회고록에는 달리 기록되어 있다. "학내에 주둔하던 군에 반항하다 폭행당한 것은 오로지 연세대학의 김찬국 교수뿐이었다."

본격적으로 험한 고난의 길을 걷다

1973년 12월 24일, 윤보선, 함석헌, 백기완, 장준하, 김재준 등 각계의 민주인사 50여 명은 박정희의 영구독재를 위한 유신헌법을 철폐하기 위해 〈개헌청원운동본부〉를 발족시키고, "개헌청원 백만인 서명운동"을 벌일 것을 성명문으로 발표했다. 이 성명서에 김찬국 교수님이 서명하셨는데, 이로써 본격적으로 험한 고난의 길을 걷게 되셨다.

이들에게는 '조직'이라는 게 없었다. 100만 명이나 되는 국민의 서명을 받겠다고 선언은 했지만, 각자가 개별적으로 지인들의 서명을 받아내는 수밖에 없었다. 이에 김찬국 교수님은 1974년 1월 1일 새해 인사를 온 제자들에게 서명을 받아냈다. 이 운동은 급속도로 확산되었고, 이에 놀란 박정희 군사정권은 1974년 1월 8일 긴급조치 1호를 발동했다. 유신헌법을 반대하는 일체의 행위를 금지했고 이를 어길 경우에 비상군법회의에 회부된다는 것이었다. 그러나 유신헌법 반대의 목소리는 잦아들지 않았다. 그해 3월, 개학을 맞아 각 대학에서는 반정부·민주화 시위가 줄을 이었다. 급기야 〈전국민주청년학생총연맹〉(민청학련)은 "민중·민족·민주선언" 등 유인물을 살포했고, 이것이 소위 "민청학련사건"으로 비화되었다. 1974년 4월에 박정희 군사정권은 긴급조치 4호를

| 긴급조치 위반 후 형집행정지로 풀려나며 아내와 딸과 기쁨을 나누고 있다.

| 긴급조치 위반 후 형집행정지로 풀려나자 시민들과 학생들이 환영하고 있다.

발동했고, 윤보선 전 대통령을 포함하여 253명에 이르는 민주인사들이 비상군법회의에 송치되었다. 물론 김찬국 교수님도 이 명단에 포함되어 있었다. 민청학련을 배후에서 조종했다는 혐의였다.

김찬국 교수님은 긴급조치 1호와 4호 위반으로 구속되셨고, 징역 5년에 자격정지 5년 형을 받으셨다. 1974년 5월 7일부터 1975년 2월 17일까지 287일간 복역하셨는데 고문을 많이 받으셨다. 돌아가시기 전 10년 동안 극도로 편찮으셨던 것이 바로 이때 받은 고문의 후유증이었다.

김찬국 교수님의 재판에 얽힌 재미있는 일화가 있다. 1974년 8월에 있었던 1심에서 김 교수님은 징역 10년에 자격정지 10년을 선고 받으셨는데, 이에 불복하여 항소하셨다. 1심 변호인의 변론이 마음에 들지 않았던 까닭이다. 당시에 1심 변호인은 미국에서 유학한 피고가 우리나라 실정을 잘 모르니 관대하게 처분해달라고 읍소했던 것이다. 같은 해 10월 있었던 2심에서는 인권변호사로 잘 알려진 한승헌 전 감사원장이 변론을 맡았고, 그는 김 교수님의 뜻에 따라 매우 강경하게 "제대로" 변론했는데, 비상고등군법회의는 오히려 형량을 반으로 줄여주었다.

김찬국 교수님은 1975년 2월 17일 밤에 형집행정지로 풀려나셨다. 급작스러운 소식이었다. 그해 1월 22일 특별담화를 통해 "유신헌법에 대한 찬반 재신임 국민투표"를 실시하겠다고 발표한 박정희 군사정권은, 공정한 투표가 보장되지 않는 한 투표 실시에 찬성할 수 없다는 야당 및 민주인사들의 반대에도 불구하고 국민투표를 강행했다. 유신헌법은 이미 1972년에 92.9%의 투표율에 91.5%의 찬성률을 보였던 바 있다. 1975년 2월 12일에 실시된 유신헌법 재신임 국민투표는 79.8%의 투표율에 찬성이 73.1%라고 발표되었다. 자신감을 얻은 박정희 군사정권은 선심 쓰듯 긴급조치 위반 구속자들을 전격 석방했다. 이때 김찬국 교수님도 5년 형을 다 채우지 않고 석방되신 것이다. 그러나 여론은 악화되었다. 소위 "민청학련사건"으로 구속되었던 이들이 겪은 온갖 고문이 세상에 알려졌기 때문이다. 이들은 물고문과 전기고문 외에도 소위 "육전"(마구 때리기), "해전"(매달아 놓고 물 붓기), "공전"(공중에 달아 놓고 돌리기)이라고들 하는 고문과 잠재우지 않는 고문 등을 받았다(영화 〈변호인〉을 보라).

이때 풀려난 민주인사들은 움츠러들지 않았다. 몸을 찢고 뼈를 깎는 호된 고문의 고통도 그들의 양심을 막지 못했다. 그들은 출소하자마자 "민주회복구속자협의회"(대표 박형규 목사)를 결성했으며, "유신헌법은 철폐되어야만 하고 각계각층의 양심적 민주세력을 지지한다"고 선언했다(1975년 2월 21일). 김찬국 교수님은 지학순, 김동길, 백기완, 강신옥, 김지하, 이철 등과 함께 "민주회복구속자협의회" 운영위원으로 활동하셨다. 그들은 3월 27일 윤보선, 정준하를 고문으로 추대하고 "민주회복구속자협의회"를 정식으로 발족했다.

해직 시절에도 압제당하는 사람들을 위해 목소리를 높이신 분

김찬국 교수님은 군사정권에 눈엣가시였다. 이미 1974년에 강제해직으로 교수직이 박탈당했다. 그러다가 10·26 사건으로 유신정권이 막을 내린 뒤 1980년 2월에 교수님은 국방부로부터 사면장과 복권장을 받음으로써 연세대학교에 복직하셨으나 그해 7월 29일, 다시 해직을 당하셨다. 1980년 5월 15일 발표한 "지식인 134인 시국서명"으로 사표를 제출할 수밖에 없었다. 물론 쿠데타와 광주학살 등 불법으로 정권을 장악한 신군부의 강요였다. 군인에 대해 정치적 중립을 지키라는 시국선언문의 글귀가 신군부를 분개하게 했던 것이다.

해직 시절 김 교수님은 웅크리고 계시지 않았다. 오히려 이 시기에 '교수 김찬국'은 '예언자 김찬국'이 되었다. 1978년 3월 24일 발족한 해직교수협의회에서 활동하시면서, 수차례에 걸친 성명서와 담화문을 통해 민주주의 실현을 촉구하셨다. 해직교수협의회는 주로 기독자교수협의회와 활동을 함께 펼쳤는데, 김 교수님은 훗날 기독자교수협의회 회장을 맡으시기도 했다(1990-1992년). 해직기간 동안 교수님은 한국기독교교회협의회(KNCC)에 깊이 관여하셨다. 진보적 기독교 진영의 구심점 역할을 했던 이 단체는 유신군사독재 시절과 5공 군사독재 시절에 민주화운동과 인권운동을 선도했다. 교수님께서는 한국기독교교회협의회에서 에큐메니칼 위원(1976-1981년)과 신학연구위원(1978-1980년)을 맡

| 해직교수 부부모임

으셨으며, 인권위원(1978-1992년)으로도 활동하셨다. 이 밖에도 헤아리기 어려울 만큼 다양한 인권운동을 펼치셨다. 교수님이 필요한 곳이라면 어디든 달려가셨다. 이 가운데 일부만 열거하면 아래와 같다. 평화시장대책위원회 위원장(1977-1978년)을 지내셨고, 양심수 월동대책위원회 위원장(1979년)도 지내셨다. 인천 동일방직긴급대책위원회 부위원장(1978-1979년), 한국기독교사회문제연구원 이사(1976-1992년)를 맡기도 하셨다. 이러한 인권운동은 복직 후에도 멈추지 않았다. 한국기독교교회협의회 인권위원회 부위원장(1989, 1992년)과 위원장(1992-1993년)으로 활동하시면서 우리 사회의 소외당하고 압제당하고 착취당하는 사람들을 위해 목소리를 높이셨다.

민주화에 대한 끝없는 염원

1984년에야 비로소 김 교수님은 10년에 걸친 해직생활에 종지부를 찍고, 강산이 한 번 변할 세월이 흐르고 나서야 복직하셨다. 엄밀히 말하면, '복직'이 아니라 '신규채용'이었다. 신군부가 자신들의 잘못을 인정하는 듯한 '복직'을 허용하지 않았기 때문이다. 어쨌거나 더없이 반가운 일이 아닐 수 없었다. 대학교와 중고등학교에 다니는 자녀 넷을 둔 가장이 10년 동안 고정적인 수입이 없었으니, 심리적·정신적 고통은 둘째 치고, 이 가족이 겪어야 했을 경제적 어려움은 굳이 따로 설명할 필요가 없겠다. 그런데 얼마나 다행인가? 이제는 안정적인 교수생활을 누릴 수 있게 되었으니 말이다.

그러나 복직했다고 해서 민주화에 대한 그의 염원이 수그러들 수는 없었다. 그를 포함한 복직교수들 모두 그러했을 것이다. 우리 사회는 여전히 군홧발 밑에서 신음하고 있었다. 군사독재 정권이 막을 내렸지만 또 다른 군사독재 정권이 들어섰으니 예전과 바뀐 게 없었다. 그러나 누군가는 바꾸어야 했다. 그래서 만들어진 단체가 "복직교수협의회"이다. 10년을 (또는 80년에 해직된 경우에는 4년을) 해직생활 하던 교수들이 다시 복직되었으니, 이제는 몸을 사릴 만도 한데 그들의 양심이, 당시의 우리 사회가 그들을 가만 내버려두지 않았다. 신군부는 학생운동을 탄압하기 위해 소위 '학원안정법' 시안을 발표했고(1985년 8월 7일), 이에 복직교수협의회는 겁도 없이 야당 및 재야세력과 함께 또다시 공동성명을 발표했다. 위기도 있었지만 뜻밖에도 학원안정법은 곧 철회되었다.

1989년부터 김 교수님은 해직교사후원회 공동대표를 맡아 해직교사들을 후원하는 일에 힘쓰셨다. 참교육 실천과 교육 민주화 실현을 위해 1989년 5월 28일 전국교직원노동조합(전교조)이 결성되었고(예전에 4.19 혁명 이후에 이미 교원노조가 결성된 적이 있었는데, 박정희 군사정권이 이를 해체시켰고, 이번이 두 번째로 결성된 노조였다), 이에 노태우 정부는 노조설립신고서를 반려하고, 대대적으로 전교조와 전교조 가입교사들을 탄압했다. 이때 해직된 교사가 1,527명이고, 이 가운데 85명은 구속되었다. 직장을 잃은 교사들의 피폐한 삶을 누구보다도 더 잘 아시는 김 교수님을 물심양면으로 그들을 후원하시는 일에 앞장서셨다. 총칼로 권력을 쥔 정권을 향해 예언자적 목소리를 내는 일도 멈추시지 않았다. 몇 월이었는지는 모르겠지만, 1989년에 있었던 학생들의 대정부시위 맨 앞에 김찬국 부총장님이 서 계셨다. 학생들을 보호한다는 명분으로 시위가 격렬해지지 않도록 부총장이 시위대를 말리러 오는 것은 당연하다. 그러나 그게 아니었다. 현직 연세대학교 교학부총장은 학생들과 함께 구호를 외치고 계셨다. 결국 수년 후에 김영삼 문민정부가 들어서면서 전교조 해직교사들은 전원 복직되었고(1994년 3월 2일), 이후 김대중 국민의 정부는 전교조를 완전히 합법화했다(1999년 1월 6일).

김찬국 교수님은 연세대학교에서 교학부총장을 지내시다 명예교수로 은퇴하셨다(1992년 8월). 그러나 우리 사회에는 여전히 할 일이 많았다. 은퇴 이후 교수님은 새로운 역사를 세우려는 포부를 품고 "민주유공자장학재단"을 설립하는 일에 힘을 보태셨다(1993년 8월, 이사장: 서석재, 회장: 김찬국). 일제의 압제에 맞서 싸우다가 희생당한 독립투사들과 30여 년에 걸친 군사정권에 맞서 싸우다 희생당한 민주열사들을 기억하고, 또 부당하고 억울하게 고통당한 그들의 가족들의 아픔을 함께 나누고 실질적인 도움을 주기 위한 재단이다. 그래서 이 재단은 장학사업을 비롯하여 지난날 왜곡된 역사를 바로잡는 일과 그 결과물을 출판하는 일을 목표로 했다.

사랑해요 총장님

그러던 중 김찬국 교수님이 상지대학교 총장으로 가시게 됐다는 소식을 접했는데, 두 가지 마음이 교차했다. 기대 반, 걱정 반. 김 교수님이 상지대학교 총장으로 취임한 1993년 9월, 당시 상지대학교의 상황은 말이 아니었다. 학기는 시작되었지만 수업은 열리지 않았다. 재단의 비리로 김문기 재단이사장이 구속되었고, 비리에 얽힌 많은 교수들이 재판에 회부되었다. 김 교수님께서 혼란에 빠진 이 학교를 얼마나 멋지고 슬기

| 상지대학교 12대 총장으로 취임

롭게 회복시키실지에 큰 기대를 걸고 싶었다. 교수님의 성품과 뚝심이라면 충분히 하실 수 있다는 믿음도 있었다. 다만 그곳의 갈등의 틈바구니에서 또 얼마나 고생하실까 하는 걱정이 앞섰는데 걱정은 기우가 아니었다.

김찬국 총장님을 중심으로 학교를 빨리 정상화하려는 교수들과 학생들의 노력에도 불구하고, 사태가 쉽게 해결되지는 않았다. 구(舊)재단 측과 깊은 관련을 맺고 있던 인사들이 여전히 임시이사회(관선이사회)에 여럿 포진하고 있었기 때문이다. 호시탐탐 구재단의 복귀를 노리던 그들은 정당하지 않은 방법으로 민주적 과정을 통해 선임된 총장을 해임하기에 이르렀다(1995년 8월 30일). 이에 상지대학교 교수협의회는 철야농성에 들어갔고, 학생들 역시 단식투쟁에 들어갔다. 상지대총장 해임사건

| 상지대학교 학생들과 함께

은 학내 갈등의 단계를 넘어 전국적으로 큰 논란이 되었고, 각계각층에서 빗발치듯 성명서가 발표되었다. 결국 정부는 김찬국 총장님에 대한 임시이사회의 해임 조치를 승인하지 않았으며, 이로써 상지대 총장 해임파동은 일단락되었다. 오히려 총장을 불법적으로 해임하려 한 임시이사회는 전면 해체되었으며, 이사들 역시 전원 교체되었다. 이후 상지대학교는 빠르게 안정화의 길을 가게 되었고, 그 중심에는 김찬국 총장님이 희망의 상징으로 자리를 굳건히 지키고 계셨다. "사랑해요 총장님"이라는 배지(badge)를 본 적이 있는가? 당시 우리 사회의 대학생들에게 총장은 투쟁과 퇴진운동의 대상이지 사랑의 대상은 아니었고 지금도 크게 다르지는 않다. 학생들이 가슴에 "사랑해요 총장님"이라는 배지를 달고

다니는 것은 상상조차 할 수 없는 일이었다. 그럴 학생은 어디에도 없다. 그렇지만 그때 상지대학교에는 있었다. 총학생회에서 제작하여 전교생에게 나누어준 그런 것이었다.

김찬국 교수님은 민주 총장으로서의 첫 임기를 성공적으로 마치고, 한 번 더 총장으로 선임되셨으나, 건강상의 문제로 1999년 8월 30일 사표를 제출하셨다. 한 해 전인 1998년 7월에 유학을 앞두고 가족들과 함께 원주로 가서 김 교수님을 찾아뵈었는데, 그때 이미 몸이 조금 불편하셨다. 그 이후에 급속도로 건강이 악화되신 것 같다. 교수님께서 사표를 제출한 다음 날 열린 이사회에서 사표가 반려되었다. 그러나 김 교수님은 이제 떠나야 할 때임을 잘 아시고, 사퇴의 뜻을 굽히지 않으셨고, 결국 9월 20일에 사표가 수리되었다. 안타까운 점은 훗날 이명박 정권 때 세종대학교, 조선대학교 등과 더불어 상지대학교에도 비리로 쫓겨난 예전의 부패재단이 복귀함으로써 학내 분규가 재연되고 있다는 사실이다. 사학의 공공성보다 사유재산권을 더 중시하는, 보수·수구화된 사학분쟁조정위원회의 개선이 시급하다.

무죄 선고를 받음

2013년 11월 3일, 김찬국 교수님의 내란선동죄가 결국 무죄로 선고됨으로써 교수님은 38년 만에 명예를 회복하셨다. 교수님께서 우리 곁을 떠나고 2년 뒤인 2011년에 부인 성윤순 여사가 서울고등법원에 재심을 청구했는데, 서울고법 형사4부는 대통령긴급조치 1호·4호 위반과 내란 선동 혐의로 기소돼 징역 5년에 자격정지 5년을 선고받은 교수님의 재심에서 무죄를 선고한 것이다. 3년 뒤인 2014년, 서울중앙지방법원 민사합의19부는 억울하게 희생당한 김 교수님의 유족에게 국가가 5억여 원을 배상하라고 판결했다. 재판부는 판결문에서 "김 전 교수와 같은 소수의 용기 있는 시민들의 민주화에 대한 열망과 노력이 국가의 민주화에 큰 밑거름이 됐다"고 했으며 또한 "이러한 노력에도 불구하고 김 교수와 그 가족들은 국가의 위법행위로 억울한 누명을 쓰고 오랜 기간 신체적, 정신적, 경제적인 어려움, 사회적 고립과 냉대를 겪어야 했으므로 보호의 필요성이 크다"라고 밝혔다.

착하고 겸손하신 분

김찬국 교수님은 때 묻지 않은 착한 분이셨다. 한번은 아펜젤러관 108호 계단식 강의실에서 시험을 보는데(당시에는 신과대학이 본관 옆에 있는 아펜젤러관을 사용했다), 시험 감독을 들어오신 교수님께서 뚜벅뚜벅 창가에 앉은 학생에게 다가가셨다. 갑자기 그 학생의 필통을 들더니 뚜껑을 열어 학생들을 향해 보여주며, "이런 데다 답 써놓는 학생들이 가끔 있어요. 여러분은 그러지 마세요" 하시고는, 필통 뚜껑을 닫고 내려놓으셨다. 물론 필통 뚜껑 안쪽에는 빼곡하게 뭔가가 씌어있었다. 교수님이 못 보신 건지, 알고도 못 보신 척하신 건지.

김찬국 교수님은 몸으로 섬기시는 겸손한 분이셨다. 아펜젤러관 지하층은 학생들의 공간이었다. 남쪽 마지막 방 한 개만 강의실이었고 나머지는 다 학생회실과 동아리방이었으니, 지하층 수업이 아니면 교수들이 내려올 일은 거의 없었다. 더군다나 학교 일에 바쁘신 부총장 아니셨던

가? 그런데 무슨 일이었는지는 몰라도 그날 김 교수님께서 학생들의 지하세계에 내려오셨다. 교수님께서는 누군가를 열심히 찾고 계셨다. "혹시 김 아무개 학생인가요?" "아닌데요." "그러면 김 아무개 학생 어디 있는지 아세요?" "아니요. 모르겠습니다." 그러자 교수님은 이 방 저 방을 기웃거리시며 "여기 혹시 김 아무개 학생 있나요?" 하시며 찾아다니셨다. '안 그래도 바쁘신 분께서 왜 직접 나서서 김 아무개를 찾으실까?', '부총장님께서 저렇게 직접 내려와서 찾으시는 것을 보면, 얘가 무슨 대형 사고라도 쳤나?' 하는 생각이 들 정도였다. 그러나 그게 아니었다. 그날 교수님께서는 우연히 아펜젤러관 지하에 내려오셨는데, 마침 어느 동아리방에서 전화기가 울렸다. 아무도 받지 않으니, 전화기는 혼자서 계속 울어댔고, 교수님은 아무도 없는 빈 동아리방에 들어가서 전화를 받으신 것 같다. 아마도 매우 정중하게 받으셨을 것이다. "안녕하십니까? 김찬국입니다. 무엇을 도와드릴까요?" 그리고는 전화를 건 상대방이 통화하기를 원하는 그 학생을 그렇게 애타게 찾아다니신 것이다. 그렇게 교수님은 학생들의 전화교환수 역할도 마다하지 않으셨다.

우리 가슴속에 살아 숨 쉬는 참 예언자

2009년 8월 22일 오전 7시, 우리는 창천교회 본당에서 김찬국 교수님의 발인예배를 드렸다. 김 교수님을 존경하는 각계각층의 인사들이 모여 교수님의 삶을 기억하며 죽음을 애도했다. 하나님과 한국사회의 중재자이자 대언자(예언자, navi)이셨던 김찬국 교수님을 우리는 그렇게 하나님 곁으로 떠나보냈다. 구약학자로서 예언서가 전공인 김 교수님은 자신의 '앎'을 '삶'으로 드러내신 분이다. 2,500년 전 팔레스타인 거친 땅에서 활동했던 예언자들처럼 김 교수님은 혼동의 역사 한가운데서 우리 사회의 불의에 항거하며, 하나님의 심판의 메시지를 거침없이 내뱉으신 분이다. 동시에 우리 사회의 구원을 노래하며 사회적 약자들을 위로하고, 하나님의 사랑의 메시지를 끈질기게 몸으로 실천하신 분이다.

한 번은 예언서 수업시간에 어느 학생이 교수님께 질문했다. "불의에 저항하는 용기는 신앙에서 나오는 것인가요?" 그러자 교수님은 "옳은 걸 옳다 하고, 아닌 걸 아니라 하는 것은 사람으로서 당연한 도리"라고 말씀하실 뿐이었다. 부당하게 착취당하고 억울하게 짓눌리는 우리 이웃과 함께 울기도 하고 웃기도 하신 김 교수님은 우리 가슴속에 살아 숨 쉬는 참 예언자이며, 오늘 밤 바람에 스치는 맑은 별이다.

감사와 존경과 사랑을 얹어서

지난여름, 푹푹 찌는 신촌 길거리에서 우연히 사모님을 뵈었다. 몇 년 만이던가? 김 교수님께서 돌아가신 뒤로 한 번도 뵙지 못했었다. 연락도 드리지 못했다. 횡단보도 앞에 서서 잠시 몇 마디 안부를 나누고는 헤어졌다. 사모님의 뒷모습이 바삐 움직이는 사람들 사이로 사라졌고, 나는 다시 선글라스를 끼고 발걸음을 재촉했다. 발이 무겁다. 이마와 등줄기에 땀이 흘러내렸다. 자동차 매연 섞인 한낮의 뜨거운 열기와 높은 습도 때문만은 아닐 것이다. 아무리 바쁘고 정신이 없었어도, 그랬으면 안 되었다. 두 분의 웃음소리가 귓가를 스친다. 두 분의 다정한 미소가 마음을 적신다. 예전에 사모님께서 억지로 내 주머니에 꼬깃꼬깃 넣어주신 만

원짜리 몇 장에 감사와 존경과 사랑을 얹어서 억지로라도 되돌려 드림이 마땅했다.

곧 설이다.

참고문헌

김찬국, 『인간을 찾아서: 김찬국 수상집』, 한길사, 1980.
김찬국, 『지금 자유는 누구 앞에 있는가: 김찬국 수상록』, 오상사, 1984.
김찬국, 『고통의 멍에 벗고: 김찬국 수상록』, 정음문화사, 1986.
김찬국, 『희생자와 상속자』, 전망사, 1987.
김찬국, 『사랑의 길, 사람의 길: 김찬국 인생수상』, 제삼기획, 1992.
김찬국 외, 『나의 삶 나의 이야기』 1권, 도서출판 연이, 1997.
김찬국 외, 『나의 삶 나의 이야기』 2권, 도서출판 연이, 1997.
연세대학교 신과대학 동문회(편저), 『인물로 보는 연세신학 100년』, 도서출판 동연, 2015.

저 자 소 개

| 김도일 |

서울에서 출생했고 프린스턴신학교에서 신학을 공부했다. Presbyterian School of Christian Education에서 교육학 박사학위를 취득했고 사라 리틀 교수를 사사했으며 현재 장로회신학대학교에서 기독교교육학 교수로 재직 중이다. 가정, 교회, 마을 연구소 공동소장, 제주교육선교연구원 원장, 한국기독교교육학회 출판기획위원장, 늘푸른청소년미래 이사로 섬기며 교회가 가정과 마을을 살리는 플랫폼이 되어야 한다는 확신으로 사역하고 있고 기독교교육이 무엇을 어떻게 해야 인류의 삶에 기여할 수 있을지를 고민하며 연구 중이다. 대표 저서로는 『온전성을 추구하는 기독교교육』, 『맑은 영성 맑은 가르침』, 『기독교교육의 흐름과 중심사상』이 있으며 『기독교 영성교육』 이외 다수의 공저와 연구논문이 있다.

| 민경식 |

서울에서 출생했고 연세대학교에서 신학을 공부했다(B. A. & M. Div.). 독일 뮌스터대학교에서 바바라 알란트(Barbara Aland) 교수의 지도를 받으며, 신약성서본문비평학과 사본학을 공부했고(Dr. theol.), 지금은 연세대학교 학부대학 교수로 재직 중이다. 한국신약학회와 세계신약학회(SNTS) 정회원으로 왕성하게 학술활동을 하고 있으며, 세계성서공회연합회(UBS) 명예번역자문으로서 성서번역 관련 일도 하고 있다. 또한 인문학과 자유교양교육(liberal education)에 관심을 두고 대중과 소통하고자 한다. *Die früheste Überlieferung des Matthäusevangeliums*, 『신약성서, 우리에게 오기까지』, 『쉽게 풀어 재미있게 읽는 성경: 누가복음』, 『연세신학백

주년기념성경주석: 마태복음』등의 책을 썼으며,『성경 왜곡의 역사』,『기독교의 탄생: 예수운동에서 종교로』,『젤롯』등을 번역했다.

| 박종수 |

호주 이민교회교육연구소장이며, 오션그로브연합교회 담임목사로 호주인 성도들을 섬기고 있다. 장로회신학대학교 및 동 대학원에서 공부하였고(B. A. & M. Div.), 멜번신학대학교(UD)에서 기독교교육전공으로 MTheol과 PhD를 취득하였다. SCD 한국어학부 기독교교육학 강사로 섬기며 이민교회 차세대 리더들에게 신앙교육의 새로운 패러다임을 제시하고 있고, 동시에 주일학교 중심의 주입식 신앙교육을 극복하고 가정과 부모를 세우는 일을 교회현장에서 실천하고 있다. 저서로는『Christian Education Curriculum for the Digital Generation, Wipf and Stock』과『Who Do You Say I Am?, ACME』이 있다.

| 서성환 |

장로회신학대학교(B. A.)와 신대원(M. Div.), 연세대학교연합신학대학원(Th. M.)에서 공부하였다. 대한예수교장로회(통합) 평양노회에서 목사안수를 받고, 영주교회 부목사(서울 후암동), 다락방교회(서울 신림동) 담임목사로 일하였다. 예장통합의 선교사로 독일 뷔르템베르크 주교회 선교동역자 겸 독일남부지방한인교회 위임목사를 역임하고, 제주성안교회 위임목사로 일하였다. 네 번의 개척교회를 경험하였으며, 현재 사랑하는교회(제주시) 위임목사로 일하고 있다. 시집『가난하지만』,『꿈을 캐내어라』, 담론『제주선교 100년 어제와 오늘과 내일』, 탐방『사랑이 피워낸 꽃-유럽영성공동체탐방』과 다수의 성경공부 교재를 출간하였고, 다수의 CCM(강명식 곡, 승리, 하나님 아버지 등)을 작사하였다.

| 송민호 |

송민호 목사는 1974년 중학교 3학년 때 캐나다로 이민 가서 캐나다와 미국에서 고등학교, 대학교, 신학교를 마쳤다. 폴 히버트 교수의 지도 아래 2세들의 교회 이탈 현상(the Silent Exodus)을 연구하여 트리니티 복음주의 신학교에서 Ph. D.를

받았다. 토론토영락교회에서 2세 목회를 12년간 했고, 필리핀 케존시티에 있는 아시아 신학교(Asian Theological Seminary)에서 교수를 역임하며 현지인 교회를 목회했으며, 2004년 토론토영락교회로 돌아와 담임목사로 섬기고 있다. 건강한 교회, 선교적 교회를 지향하고 있다. 현재 한동대 아시아언어문화연구소(아릴락), 아시아 신학교, 틴데일 신학교에서 객원교수로 섬기고 있다. 선교, 제자도, 이민목회에 대한 다수의 학술 논문을 발표했다.

| 장동학 |

서울에서 출생, 한국 외국어 대학교와 장로회신학대학교 신대원(M. Div.) 미국 Fuller 신학교에서 가정 사역(D. Min.)을 공부하였다. 현재 하늘꿈 연동교회를 개척하여 복음과 상담을 기반으로 건강한 십자가 목회를 꿈꾸고 있다. 총회에서는 상담학교 서기로, 총회 개척교회 세미나 부부사랑학교 강사로 섬기고 있다. 저서로는 『부부 사랑 만들기』, 『발칸 하늘 꿈을 꾸다』, 『아동 상담 이론』 등이 있다.

| 정연수 |

충청남도 당진에서 태어나 목회하시는 부모를 따라 안양에서 청소년기를 보냈다. 감리교신학대학, 대학원을 거쳐 Wesley Theological Seminary에서 목회학 박사학위를 받았다. 대학 졸업 후 World Vision에서 일하던 중 성남의 민중을 만나면서 인생의 큰 전환점을 맞았다. 성남에서 새순교회 목회자로 섬기며 목회의 뿌리를 심었고 지금은 인천에서 효성중앙교회를 섬기며 지역사회를 품는 목회를 꿈꾸고 있다. 감리교신학대학 객원교수로 재직 중이며 논문으로는 "정보화 시대의 도래와 미래교회의 목회적 대응", 공저로는 『트위터와 페이스북의 선교적 활용』이 있다.

| 조성돈 |

서울 출생으로 대학 3학년에 독일로 유학하여 킬대학교(Chrisitian Albrecht Unviersitaet zu Kiel)에서 신학석사를, 마르부르크대학교(Phillips Unviersitaet Marburg)에서 신학박사를 받았다. 한국에서는 목회사회학이라는 분야를 개척하여 발전시켰고, 실천신학대학원대학교에서 목회사회학 교수로 재직 중이다. 한국

사회의 큰 문제인 자살에 대해서 연구하다가 직접 LifeHope,기독교자살예방센터를 설립하여 대표로 있다. 대표 저서로는 『목회사회학. 현대사회 속의 기독교회와 생활신앙』,『교회 다니면서 그것도 몰라?』,『한국교회를 그리다』 등이 있다.

| 조용선 |

장로회신학대학교에서 공부했고, 독일 뮌스터대학에서 신학 박사학위(전공: 기독교교육)를 취득했다. 장로회신학대학교 초빙교원, 서울장신대학교 겸임교수를 역임했고, 현재 온무리교회 담임목사로 사역하고 있다. 논문으로는 "어린이세례를 통한 기독교교육적 가능성 모색", "청소년교육에 있어서 성만찬의 역할에 관한 연구", "주5일 수업제와 기독교교육 현장에 관한 연구" 이외 다수의 공저와 연구논문이 있다.

| 조은하 |

연세대학교 신학과와 동대학원에서 기독교교육학(Ph. D.)을 공부했고, 기독교교육현장에 대한 관심으로 연구와 실천의 경계를 통합하는 기독교교육을 지향하고 있다. 목원대학교 신학대학에서 기독교교육을 가르치며 신학대학원장으로서 미래 목회자 양성에 힘쓰고 학생상담센터장을 맡아 학생들의 건전한 인성 형성 및 진로지도, 양성평등의 인식확산을 위해 활동하고 있다. 가정, 교회, 마을연구소 공동대표로서 가정과 교회와 마을이 연대하여 세워가는 다음세대에 대하여 관심을 가지고 연구하고 있다. 저서로는 『통전적 영성과 기독교교육』, 공저로는 『기독교교육의 앎과 삶』,『각성, 갱신, 부흥』,『미래시대, 미래세대, 미래교육』,『기독교교육 학습공동체』,『풀어쓰는 신앙교육 이야기』,『참스승』,『교회교육, 현장으로 나가다』,『주님을 기다리며』 등이 있다.